Gratzl

Von Logik zu Metalogik

Norbert Gratzl

Von Logik zu Metalogik

Einführung in die Metatheorie der Prädikatenlogik

HANSER

Print-ISBN: 978-3-446-48611-9
E-Book-ISBN: 978-3-446-48643-0

Die allgemein verwendeten Personenbezeichnungen gelten gleichermaßen für alle Geschlechter.

Bibliografische Information der Deutschen Nationalbibliothek:
Die Deutsche Nationalbibliothek verzeichnet diese Publikation in der Deutschen Nationalbibliografie; detaillierte bibliografische Daten sind im Internet über http://dnb.d-nb.de abrufbar.

Vilshofener Straße 10 | 81679 München | info@hanser.de
www.hanser-fachbuch.de
Lektorat: Lisa Hoffmann-Bäuml
Herstellung: Liese Richter
Coverkonzept: Marc Müller-Bremer, *www.rebranding.de*, München
Covergestaltung: Max Kostopoulos
Titelmotiv: © Max Kostopoulos
Satz: le-tex publishing services GmbH, Leipzig
Druck: Elanders Waiblingen GmbH, Waiblingen
Printed in Germany

Inhalt

Vorwort

Zueignung

Dieses Buch richtet sich an alle, die schon etwas von Logik gehört haben und jetzt mehr darüber wissen wollen – wirklich mehr. Es ist jedoch kein bis ins letzte Detail formalistisches Werk, das ohne einen Funken Prosa auskommt. Wenn Sie das erwarten, ärgern Sie sich nicht, legen Sie das Buch weg! Dieses Buch ist genau genug, aber für manche sicherlich zu gesprächig. – An alle, die sich an klaren Gedanken erfreuen: Lesen Sie weiter!

Anfängerinnen und Anfänger sind ebenso willkommen. Seien Sie aber gewahr: An manchen Stellen könnte es etwas hurtig zugehen.

Auch wenn Sie nie vorhaben, eine *Theorembeweiserin* zu werden, so schadet es sicherlich nicht, ein paar Methoden zur Hand zu haben, um sich selbst und selbständig zu überlegen, ob etwa ein Argument folgerichtig (logisch gültig) ist. Was Ihnen logisches Denken eröffnet, ist etwas mehr Klarheit und damit etwas mehr Autonomie. Sapere aude! Ja, die Logik ist ein Anfang in ein selbständiges und damit auch kritisches Denken. Schärfen Sie Ihren Geist!

Mein besonderer Dank gilt Daniel Misselbeck-Wessel, Diego, Elio La Rosa, Jonas Raab, Marcus Rossberg, Michael Kurt Hermann, Nils Kürbis, Nina Tod und Xanthippe für ihre wertvollen Anregungen und die Unterstützung während der Entstehung dieses Buches. Ebenso danke ich den Teilnehmenden meiner Kurse, deren reges Interesse maßgeblich zur Entstehung dieses Bandes beigetragen hat.

Ebenso möchte ich mich herzlich bei Frau Lisa Hoffmann-Bäuml und Frau Sophia Zschache vom Hanser Verlag bedanken, die mir stets mit Rat und Tat zur Seite standen und dieses Projekt professionell begleitet haben.

1 Einleitung

Lernziele

- Zentrale Bausteine der Klassischen Logik.
- Einige zentrale Fragestellungen der Metalogik.
- Sie kennen die grundlegende Entsprechung zwischen semantischer Folgerung ($\models$) und syntaktischer Herleitbarkeit ($\vdash$) in der Klassischen Logik.
- Sie kennen zwei Formulierungen der kritischen Sätze der Metalogik (Korrektheit und Vollständigkeit).
- Sie wissen, wie das Buch aufgebaut ist.

Nach diesem Kapitel finden Sie Übungen. Durch das Lösen dieser können Sie Ihr Verständnis des Inhalts aktiv überprüfen und festigen.

Los geht's!

1.1 Logik, Metalogik, Zentrale Sätze

Beginnen wir mit einer Frage, die Sie gestellt haben könnten:

Was soll das Buch?

Dieses Buch bietet eine konzise Einführung in die Metalogik der Klassischen Logik, genauer gesagt der Prädikatenlogik erster Stufe. Doch was verstehen wir unter **Klassischer Logik**? Wie fast alle Logiken lässt sie sich sowohl semantisch als auch syntaktisch charakterisieren. Eine semantische Charakterisierung beruht auf drei grundlegenden Prinzipien:

Prinzip der Bivalenz

Jede Formel ist unter jeder Interpretation entweder *wahr* oder *falsch* – aber niemals beides und niemals keines von beidem.

Existenzvoraussetzung 1

Jeder singuläre Term (jeder Name) muss etwas in einem Gegenstandsbereich (alternative Bezeichnungen: in der Domain bzw. dem Universum der Interpretation) bezeichnen. Leere Namen sind nicht erlaubt.

Existenzvoraussetzung 2

Der Gegenstandsbereich (die Domain, das Universum) einer Interpretation ist niemals leer. Sofern es mindestens einen Namen gibt, folgt Existenzvoraussetzung 2 aus Existenzvoraussetzung 1.

Diese auf den ersten Blick unscheinbaren Prinzipien haben weitreichende Konsequenzen.

Nach der üblichen Vorgehensweise können Formeln einer formalen Sprache die logische Struktur von Aussagesätzen einer natürlichen Sprache repräsentieren. Nehmen wir an, die Formel $P(c)$ repräsentiere den Aussagesatz 'Diego ist ein Hund'. Das **Prinzip der Bivalenz** besagt nun, dass $P(c)$ unter jeder Interpretation entweder wahr oder falsch sein muss. Daraus folgt direkt, dass die Formel $P(c) \vee \neg P(c)$ ('Diego ist ein Hund oder es ist nicht der Fall, dass Diego ein Hund ist', kürzer: 'Diego ist ein Hund oder Diego ist kein Hund') unter *jeder* Interpretation wahr sein muss – sie ist eine **logische Wahrheit**. Wir können auch sagen: Diego ist in der Extension des Ausdrucks 'ist ein Hund'; wobei unter der *Extension* eines Prädikats (hier: 'ist ein Hund') die Menge aller Dinge eines Gegenstandsbereichs (Universums/einer Domain) zu verstehen ist, auf die der Ausdruck zutrifft.

Betrachten wir ein zweites Beispiel: 'Wenn Diego ein Hund ist, dann gibt es Hunde.' In der Klassischen Logik ist die entsprechende Formel, '$P(c) \rightarrow \exists x P(x)$', ebenfalls eine logische Wahrheit. Warum? Wegen der **Existenzvoraussetzungen**! Wenn die Formel '$P(c)$' überhaupt als wahr bewertet wird, muss der Name 'c' (Diego) auf ein Objekt im Universum der Interpretation verweisen. Wenn dieses Objekt in der Extension von 'Hund' liegt, gibt es trivialerweise etwas, das ein Hund ist. Andererseits: Wenn '$P(c)$' unter einer Interpretation falsch ist, dann ist wegen der Wahrheitsbedingung für Implikationsformeln die Formel '$P(c) \rightarrow \exists x P(x)$' unter dieser Interpretation wahr. Weitergedacht heißt das: '$P(c) \rightarrow \exists x P(x)$' ist sowohl wahr, wenn '$P(c)$' wahr ist, als auch wenn '$P(c)$' unter einer Interpretation falsch ist. Wegen des Prinzips der Bivalenz gibt es keine weiteren Fälle. Also gilt: '$P(c) \rightarrow \exists x P(x)$' ist logisch wahr.

Formeln fallen aber nicht einfach so vom Himmel, sondern sind Teil einer formalen Sprache. Wir widmen dem Aufbau einer **formalen Sprache** ein ganzes Kapitel – zugegebenermaßen werden in diesem auch andere Dinge angesprochen. Eine formale Sprache bildet die Grundlage für die Entwicklung einer formalen Semantik und von formalen Systemen.

Wie wir in diesem Buch zeigen werden, entsprechen sich in der Klassischen Logik die syntaktische Herleitbarkeitsrelation und die semantische Relation der logischen Folge hervorragend, nachgeradezu *optimal*. Das bedeutet insbesondere: Alles, was in einem formalen System beweisbar ist, ist auch logisch wahr. Umgekehrt gilt auch: Alles, was logisch wahr ist, ist auch in einem formalen System beweisbar. Folglich sind die beiden logischen Wahrheiten, die wir gerade entdeckt haben – $P(c) \vee \neg P(c)$ und $P(c) \rightarrow \exists x P(x)$ – auch **Theoreme**, die sich formal herleiten/beweisen lassen.

Logiken, die insbesondere die Existenzvoraussetzungen der Klassischen Logik in Frage stellen, werden als *Freie Logiken* bezeichnet und sind Gegenstand eines späteren Kapitels.

Der **syntaktische Zugang** zur (mittlerweile) Klassischen Logik war historisch gesehen der erste. Gottlob Frege gelang in seiner *Begriffsschrift* von 1879 [Fre79] – wenn auch in einer anderen Notation – der Durchbruch. Frege ging von einer (damals) neuartigen, logischen Satzanalyse aus und schuf, wie sich später zeigte, das erste **korrekte** und **vollständige** System der Prädikatenlogik erster Stufe.

Was ist Metalogik?

In der Klassischen Logik, so haben wir schon festgestellt und werden wir sehen, entsprechen sich die semantische Folgerungsrelation und die syntaktische Herleitbarkeitsrelation exakt. Alles, was logisch wahr ist (wie unsere beiden Beispiele), ist auch in einem formalen System beweisbar. Untersuchungen solcher Zusammenhänge sind paradigmatische Themen der **Metalogik**. Sie ist die Disziplin, die nicht *in* der Logik argumentiert, sondern *über* die Logik. In der Metalogik oder **Metatheorie** analysieren wir die Eigenschaften von formalen Systemen (auch von formalen Sprachen und formalen Semantiken). Typische metalogische Fragen sind: Ist unser System widerspruchsfrei? Oder: Können wir alles, was logisch wahr ist, auch beweisen?; und umgekehrt: Ist alles, was beweisbar ist, auch logisch wahr? Allgemeiner können wir fragen: Wenn eine Formel aus einer Formelmenge (auch: Prämissen- bzw. Annahmemenge) in einem formalen System herleitbar ist, folgt die Formel aus der Formelmenge auch semantisch?

Zusammenfassend sei gesagt: Die Metalogik ist die Disziplin, die Logik selbst zum Gegenstand der Untersuchung macht. Sie entsteht auch aus dem intellektuellen Bedürfnis, unser formales Handwerkszeug – das Beweissystem – zu rechtfertigen. Wir werden eine präzise semantische Definition von logischer Folge angeben; unser Hauptziel in der Metalogik ist es, mathematisch exakt zu beweisen, dass unser formales Kalkül logische Folge adäquat abbildet. Genau dieser Beweis der Adäquatheit – der Nachweis, dass unser syntaktisches Herleitungsverfahren weder zu wenig noch zu viel herleitet – ist das Zentrum dieser Einführung in die Metalogik der Klassischen Logik.

Zielsetzung des Buches

Das Kernanliegen dieses Buches besteht darin, ein tiefes und klares Verständnis von zwei zentralen Sätzen der Metalogik zu erarbeiten: dem **Vollständigkeitssatz** und dem **Korrektheitssatz**.

Sie stellen die fundamentale Verbindung zwischen der semantischen Welt der logischen Folgerung und der syntaktischen Welt der Herleitbarkeit her. Im Folgenden sei Γ eine Formelmenge einer (noch näher zu bestimmenden) formalen Sprache, A sei eine Formel eben dieser.

Vollständigkeit (Version 1)

Wenn aus einer Formelmenge Γ eine Formel A logisch folgt (wir werden das später so schreiben: $\Gamma \models A$), dann ist A aus Γ auch (in einem formalen System, FS) herleitbar (wir werden das später so schreiben: $\Gamma \vdash_{FS} A$).

Korrektheit (Version 1)

Wenn eine Formel A aus Γ herleitbar ist ($\Gamma \vdash A$), dann folgt A aus Γ auch logisch ($\Gamma \models A$).

Beide Sätze haben auch eine zweite Version:

Vollständigkeit (Version 2)

Wenn eine Formelmenge Γ widerspruchsfrei/konsistent ist, dann hat Γ ein Modell.

Korrektheit (Version 2)

Wenn eine Formelmenge Γ ein Modell hat, dann ist Γ widerspruchsfrei/konsistent.

Falls Sie noch da sind, haben Sie die erste Hürde bereits genommen! Wir wollen uns nun so weit in die Materie vertiefen, dass uns diese Fachtermini vertraut werden und wir ganz locker (und präzise) mit ihnen arbeiten können.

Aus Korrektheits- und Vollständigkeitssatz (in beiden Versionen) ergibt sich sofort (wobei Γ und A immer zu einer formalen Sprache relativiert sind):

Adäquatheitssatz (Version 1)

Eine Formel A folgt logisch aus einer Formelmenge Γ genau dann, wenn (kurz gdw.) A aus Γ (in einem formalen System) herleitbar ist.

Adäquatheitssatz (Version 2)

Eine Formelmenge Γ ist widerspruchsfrei/konsistent gdw. Γ ein Modell hat.

Das war jetzt sehr viel Inhalt in sehr komprimierter Form.

Raucht Ihnen der Kopf?

Wir gehen das alles Schritt für Schritt mit zahlreichen Beispielen und Übungen an und zwar so:

1.2 Aufbau des Buches (Roadmap)

Um diese zentralen Resultate systematisch darzustellen und zu beweisen, folgt das Buch einem klaren, schrittweisen Aufbau:

Kapitel 2: Formale Sprache

Jede formale Untersuchung beginnt mit der exakten Definition ihrer Sprache. Dieses Kapitel legt daher das Fundament für alle weiteren Entwicklungen, indem es die Syntax der prädikatenlogischen Sprache $\mathcal{L}$ präzise festlegt. Wir definieren zuerst die grundlegenden Bausteine – das **Alphabet** – und legen dann in einer **Grammatik** die Regeln fest, nach denen diese Bausteine zu sinnvollen Ausdrücken zusammengesetzt werden.

Im Zentrum steht die induktive Definition einer **wohlgeformten Formel**, die es uns erlaubt, jede beliebige Zeichenreihe zu überprüfen, ob sie eine wohlgeformte Zeichenreihe bzw. Zeichenkette unserer Sprache ist. Als ein erstes metalogisches Resultat werden wir beweisen, warum jede Formel eine gleiche Anzahl von linken und rechten Klammern aufweisen muss. Das dazu benötigte Beweisprinzip ist eine Version von **Induktion**. Schließlich führen wir das Konzept der **Codierung** ein, eine Variante der Gödel-Nummerierung. Diese kluge Technik erlaubt es uns nicht nur, Formeln als Ziffern darzustellen, sondern auch, alle Formeln unserer unendlichen Sprache systematisch aufzuzählen – eine entscheidende Voraussetzung für den späteren Vollständigkeitsbeweis.

Kapitel 3: Semantische Methoden

In diesem Kapitel entwickeln wir die formale Semantik für unsere Sprache. Unser Ziel ist es, semantische Begriffe präzise zu definieren. Was bedeutet es, dass etwa eine *Formelmenge ein Modell hat* oder eine *Formel logisch wahr ist*? Das Kapitel ist in zwei Hauptteile gegliedert:

Semantische Grundlagen I: Interpretation und Wahrheit

Dieser Teil legt die Grundlage, indem er die folgenden Konzepte einführt:

- Die formale Definition einer **prädikatenlogischen Interpretation** $\mathfrak{I}$.
- Die rekursive Definition der **Wahrheitsrelation** $\mathfrak{I} \models A$ (gelesen als 'A ist wahr unter der Interpretation $\mathfrak{I}$', oder 'A ist wahr in $\mathfrak{I}$').
- Das **Prinzip der Bivalenz**, welches besagt, dass jede Formel in jeder Interpretation entweder wahr oder falsch ist.
- Das **Koinzidenzlemma**, auch bekannt als Prinzip der lokalen Determination – kurz gesagt: Der semantische Wert eines Ausdrucks ist bestimmt durch die in ihm vorkommenden syntaktischen Teile und deren Interpretation.

Semantische Grundlagen II: Zentrale Begriffe und Folgerungen

Aufbauend auf dem Wahrheitsbegriff definieren wir die zentralen Konzepte der Semantik:

- Die Begriffe: **logische Wahrheit**, **logische Falschheit** (Kontradiktion), **Kontingenz** sowie **Modell** und **Gegenmodell**.
- Das Konzept der **logischen Folgerung**, notiert als $\Gamma \models A$.
- Wichtige Eigenschaften der Folgerungsrelation, wie zum Beispiel **Monotonie** und **Transitivität**, aber auch etwa **Vollständige Fallunterscheidung** und **Konditionaler Beweis**.

Kapitel 4: Syntaktische Methoden

Nachdem wir uns ausführlich mit der Semantik beschäftigt haben, wenden wir uns nun den syntaktischen, beweistheoretischen Methoden zu. In diesem Kapitel werden wir:

- Ein formales System, das **Schlussweisenkalkül** S, einführen; dieses Kalkül basiert auf Grundschlussweisen und Grundschlussregeln. Dieses Schlussweisenkalkül ist eine Variante eines Systems, das in Johannes Czermaks (leider unveröffentlichtem) Manuskript [Cze78] entwickelt wurde. Die strukturellen Eigenschaften der Herleitbarkeitsrelation treten in einem Schlussweisenkalkül sehr schön hervor.
- Einen präzisen **Herleitungsbegriff** definieren.
- **Theoreme und weitere Schlussregeln** innerhalb des formalen Systems herleiten, um dessen Funktionsweise zu demonstrieren.
- Ein schlankeres System Se entwickeln und beweisen, dass beide Systeme **deduktiv äquivalent** sind.

Die parallelen Entwicklungen in den Kapiteln zu den semantischen und syntaktischen Methoden legen bereits nahe, dass zwischen beiden Methoden ein starker Zusammenhang besteht. Genau diese Verbindung zwischen logischer Folgerung und Herleitbarkeit werden wir im folgenden Kapitel entwickeln.

Kapitel 5: Widerspruchsfreiheit & Modell

Dies ist das Zentrum dieses Buches. Wir beweisen die zentralen Metatheoreme der Logik: den **Korrektheitssatz** und den **Vollständigkeitssatz**. Die Beweise werden sehr ausführlich und nachvollziehbar (**down to earth**) entwickelt. Die Gliederung des Kapitels folgt dieser Strategie:

- Zuerst wird der einfachere Beweis der **Korrektheit** durch Induktion über die Herleitungshöhe geführt. Tatsächlich werden wir den Korrektheitssatz auf verschiedene Arten beweisen.
- Danach folgt der anspruchsvollere Beweis der **Vollständigkeit** nach der berühmten **Methode von Henkin**.
- Um die Komplexität zu reduzieren, wird der Henkin-Beweis zunächst für ein System *ohne* Gleichheit geführt und erst im Anschluss auf ein System *mit* Gleichheit erweitert.

Kapitel 6: Konsequenzen & Anwendungen

Dieses Kapitel untersucht einige der wichtigsten Konsequenzen, die sich aus den metalogischen Resultaten der Korrektheit und Vollständigkeit ergeben. Die Themen umfassen:

- Die formale Sprache wird um **Konstanten und Funktionszeichen** erweitert und es wird skizziert, wie die Beweise (von Korrektheit und Vollständigkeit) daran angepasst werden können.
- Wir betrachten die **Bedeutung der Korrektheit** für den Nachweis der Nichtherleitbarkeit von Formeln durch die Methode der Gegenmodelle.
- Danach wird das Konzept einer **konservativen Erweiterung** eingeführt und bewiesen, dass die Hinzufügung der Gleichheit zu unserer Logik eine solche ist.
- Als Beispiel für eine formale Theorie wird die **Peano-Arithmetik (PA)** eingeführt. Mithilfe des **Kompaktheitssatzes** beweisen wir die Existenz von **Nicht-Standardmodellen der Arithmetik**.
- Anschließend zeigen wir den **Satz von Löwenheim-Skolem** und seine (paradoxe?) Konsequenz für die axiomatische Mengenlehre (ZFC), bekannt als **Skolems Paradoxon**.
- Gut zum Thema passend definieren wir **elemantare Äquivalenz** und **Isomorphie**.
- Abschließend werfen wir Schlaglichter auf **Interpolationssatz von Craig**, **Definierbarkeit nach Beth** und auf **relative Interpretierbarkeit und relative Widerspruchsfreiheit**.

Kapitel 7: Platons Bart – Kleine Einführung in die Freie Logik

Wir haben bereits von Existenzvoraussetzungen gesprochen. In diesem Kapitel wird anhand des klassischen philosophischen Problems von Platons Bart eine Familie von nichtklassischen Logiken eingeführt: die sogenannten **Freien Logiken**.

Freie Logiken können als eine Variation der Klassischen Logik betrachtet werden, die deren Existenzvoraussetzungen explizit macht und hinterfragt. Im Speziellen betrachten wir die **Negative Freie Logik**, deren semantische These besagt, dass einfache/elementare Sätze mit nicht-bezeichnenden Termen (z. B. ‘Pegasus ist ein geflügeltes Pferd’) falsch sind.

Wir entwickeln diese Logik semantisch und syntaktisch, wobei viele der Beweise als Übungsaufgaben für die nun geübte Leserin verbleiben. Das Kapitel schließt mit der Untersuchung von **bestimmten Kennzeichnungen** (definite descriptions) und einer formalen Theorie dazu ab.

Der didaktische Zweck dieses Kapitels liegt darin, die in diesem Buch entwickelten metalogischen Methoden auf ein neues System anzuwenden. Es kann und sollte erneut nach Korrektheit und Vollständigkeit gefragt werden – eine schöne Gelegenheit für die Leserin, ihr Verständnis zu erproben und zu vertiefen.

Kapitel 8: Coda

Dieses abschließende Kapitel dient als Coda zu unserer Wanderung durch die Metalogik. Es wirft einen Blick zurück auf das Erreichte und fasst die Korrektheit und Vollständigkeit nochmals konzise zusammen.

Gleichzeitig dient es als Ausblick und wirft ein Schlaglicht auf einige der vielen wichtigen Themen, die in diesem Buch nicht behandelt werden konnten. Dazu gehören:

- Ein kurzer Überblick über weitere **philosophische Logiken** jenseits der Klassischen und Freien Logik.
- Eine Andeutung der berühmten **Grenzen formaler Systeme**, wie sie durch die Sätze von **Tarski** (Undefinierbarkeit der Wahrheit), von **Gödel** (Unvollständigkeit) und **Gentzen** (Widerspruchsfreiheit der Arithmetik) aufgezeigt wurden.

Kapitel 9: Musterlösungen

Im Kapitel Musterlösungen finden Sie einige detaillierte Lösungen, Lösungsstrategien, und Lösungsskizzen für ausgewählte Übungsaufgaben aus den vorhergehenden Kapiteln, um das Selbststudium zu unterstützen. Erproben Sie sich vorher, bevor Sie sich auf die Präsentation stürzen!

Je nach Interesse können Sie das Buch auch selektiv lesen. Wenn Sie primär an den Beweisen der Korrektheit und Vollständigkeit interessiert sind, konzentrieren Sie sich auf die Kapitel zu Sprache, Semantik, Syntax und den entsprechenden metalogischen Resultaten.

Methodische Vorbemerkungen

Ein paar Worte zum Stil und zu den Voraussetzungen dieses Buches sind angebracht, um Erwartungen zu klären:

- **Philosophische Begriffe:** Wir verwenden manche Ausdrücke wie 'Begriff' oder 'Konzept' relativ naiv – wohlwissend, dass dazu in der Philosophie mehr gesagt werden müsste. Unser Fokus liegt auf der formalen Analyse.
- **Umgang mit Anführungszeichen (Use vs. Mention):** Wir sind bei der Unterscheidung zwischen der Gebrauchs- und der Erwähnungsebene bisweilen pragmatisch. Korrekterweise müssten wir immer dann Anführungszeichen verwenden, wenn wir *über* einen sprachlichen Ausdruck sprechen, anstatt ihn zu verwenden. Man müsste also schreiben:

  > Die Formel '$P(c)$' ist wahr unter bzw. in einer prädikatenlogischen Interpretation.

  Da dies den Lesefluss jedoch oft stört, verzichten wir an vielen Stellen auf die Anführungszeichen, im Vertrauen darauf, dass der Kontext unmissverständlich klar macht, wann eine Formel erwähnt und wann sie gebraucht wird.

  Eine allgemeine Anmerkung: Sie werden feststellen, dass in vielen Logikbüchern Anführungszeichen konsequent oben gesetzt werden (als einfache ' '...' '). Dies ist eine bewusste typografische Entscheidung. Anführungszeichen sind in der Logik ein technisches Hilfsmittel zur Kennzeichnung von Erwähnungen von sprachlichen Ausdrücken. Sie teilen zwar das Aussehen mit den Anführungszeichen in nichtlogischen Texten, aber nicht deren Funktion (wie z. B. die Kennzeichnung direkter Rede). Die einheitliche Setzung oben dient dazu, diese technische Funktion visuell von der alltagssprachlichen zu unterscheiden.

- **Formeln vs. Formelschemata:** Ähnliches gilt für die Unterscheidung von Formeln und Formelschemata. Auch hier vertrauen wir darauf, dass die Leserin erkennt, wann ein Formelschema und wann eine spezifische Instanz (Formel) gemeint ist.
- **Voraussetzungen:** Ein gutes Einführungsbuch enthält oft ein Übersetzungsmanual von der natürlichen in die formale Sprache. Da es hier um andere Inhalte geht, wird eine grundlegende Vertrautheit mit diesem Prozess vorausgesetzt. Ebenso verzichten wir auf eine grundlegende Einführung der Wahrheitstafeln für Junktoren.
- **Genau dann, wenn:** Zu den Schreibweisen 'gdw.' Beziehungsweise ':gdw.' gilt das Folgende: Wir schreiben immer dann ':gdw.', wenn wir ein definitorische Äquivalenz meinen ansonsten verwenden wir 'gdw.' im Sinne einer Äquivalenz.
- **Terminologie: Axiom, Theorem, These**
  In der Rede über formale Systeme werden die Begriffe *Axiom, Theorem* und *These* oft verwendet. Wir legen für dieses Buch den folgenden Sprachgebrauch fest:
  - Ausgangspunkt unserer formalen Systeme sind **Grundschlussweisen**. Manche Autoren bevorzugen Axiome.
  - Theorem: Ein Theorem ist eine Formel (oder ein Schluss ohne Prämissen), die innerhalb des formalen Systems nach dessen Regeln **hergeleitet** wurde. Wir werden auch zu logischen Wahrheiten ab und an Theorem sagen.

  Hinweis zur Metalogik: Der Ausdruck 'Theorem' findet auch in der Metalogik Gebrauch (z. B. etwa: Löwenheim-Skolem-Theorem). Hier hat er eine pragmatische Funktion und hebt die Wichtigkeit einer bewiesenen metatheoretischen Aussage hervor, im Gegensatz zu einem (oft) einfacheren *Lemma* oder *Korollar*.

Noch kurz zur Frage: Soll ich mehr Logikbücher lesen? Einfache Antwort: Ja, unbedingt! Jedes Buch erfordert Zeit und Ausdauer, aber je mehr Sie studieren, desto mehr intellektuelle Freude werden Sie haben. Bedenken Sie jedoch, dass jede Autorin und jeder Autor einen eigenen Zugang hat und sich Terminologie, Aufbau und Durchführung unterscheiden können und werden. Logisches Arbeiten erfordert ein großes Maß an Disziplin und Kreativität. Ist beides gegeben, steht einem freudigen Forscherleben weniger im Wege.

Zu diesem Forscherleben gehört aber auch der Mut zur Lücke. Mir ist bewusst, dass es unzählige wichtige Themen in der Klassischen Logik und ihrer Metalogik gibt, die in diesem Buch nicht einmal angesprochen werden. Dem ist so – und das ist eine bewusste Entscheidung. Dieses Buch konzentriert sich auf einen klaren Pfad, in der Hoffnung, diesen so verständlich wie möglich zu beleuchten.

Übrigens folgen alle Kapitel im Wesentlichen dem Aufbau dieses Kapitels.

Persönliches Wort

Und noch etwas Persönliches: Auch wenn die Logik nur notwendige Wahrheiten zum Thema habe und die mathematische Welt abstrakt und zwingend sei, so ist die Logik als Disziplin doch ein menschliches Produkt. Das Denken über Logik ist faszinierend und lebendig. Nicht so lebendig wie Ihre Katze oder mein Hund Diego, aber doch eine unaufhörliche Suche nach dem, was der Fall ist.

Wir benutzen oft griechische Buchstaben; hier ist eine Übersicht dazu:

Symbol (klein)	Name	Symbol (groß)
α	Alpha	A
β	Beta	B
γ	Gamma	Γ
δ	Delta	Δ
ϵ	Epsilon	E
ζ	Zeta	Z
η	Eta	H
θ	Theta	Θ
ι	Iota	I
κ	Kappa	K
λ	Lambda	Λ
μ	My	M
ν	Ny	N
ξ	Xi	Ξ
o	Omikron	O
π	Pi	Π
ρ	Rho	P
σ	Sigma	Σ
τ	Tau	T
υ	Ypsilon	Υ
ϕ, φ	Phi	Φ
χ	Chi	X
ψ	Psi	Ψ
ω	Omega	Ω

1.3 Einführung: Übungen

1. Was sind typische Fragestellungen der Logik im Gegensatz zur Metalogik?
2. Kennen Sie schon Prädikate im logischen Sinne? Wenn ja, wie unterscheiden sie sich von Prädikaten einer natürlichen Sprache und im Sinn deren Grammatik?
3. Was sind die zentralen Existenzvoraussetzungen der Klassischen Logik? Wie können solche den Aufbau eines formalen Systems, einer formalen Semantik beeinflussen?
4. Oben steht: Als ein erstes metalogisches Resultat werden wir beweisen, warum jede Formel eine gleiche Anzahl von linken und rechten Klammern aufweisen muss. Warum ist das ein metalogisches Resultat?
5. Betrachten Sie die beiden Beispielsätze aus der Einleitung:
   a. 'Diego ist ein Hund oder Diego ist kein Hund.' $(P(c) \vee \neg P(c))$
   b. 'Wenn Diego ein Hund ist, dann gibt es Hunde.' $(P(c) \rightarrow \exists x P(x))$

   Wie wirken die genannten drei Prinzipien (Bivalenz; Existenzvoraussetzung 1: Namen bezeichnen; Existenzvoraussetzung 2: Domain ist nicht leer) zusammen, damit sowohl a. als auch b. als logische Wahrheiten ausgezeichnet sind bzw. a. und b. überhaupt in der Sprache der Prädikatenlogik formalisiert werden können?
6. Was soll das alles? Sind Sie schon auf Sätze gestoßen wie:
   - Dieser Satz ist nicht wahr.
   - Alle Münchner lügen, sagt ein Münchner.
   - Der Barbier rasiert alle und nur diejenigen Männer, die sich nicht selbst rasieren.

   Warum sind diese *merkwürdig*? (Tipp: Denken Sie daran, dass wir später die Grenzen formaler Systeme diskutieren werden: Welches Problem deutet sich hier an?)
7. **Kniffelig:** Vielleicht kommen Sie später darauf zurück. Es gibt starke Zusammenhänge zwischen den Konzepten der logischen Folge, Modell-haben und Herleitbarkeit, Widerspruchsfreiheit. Vor diesem Hintergrund: Können Sie die Richtigkeit der folgenden Äquivalenzen begründen?
   a. $\Gamma \models A$ genau dann, wenn $\Gamma \cup \{\neg A\}$ kein Modell hat.
   b. $\Gamma \vdash A$ genau dann, wenn $\Gamma \cup \{\neg A\}$ widerspruchsvoll ist.

2 Formale Sprache

Lernziele

- Die grundlegenden Bausteine der Sprache $\mathcal{L}$ (das Alphabet) und die Regeln ihrer Zusammensetzung (die Grammatik) erklären.
- Wohlgeformte Formeln von $\mathcal{L}$ nach den formalen Regeln konstruieren.
- Eine gegebene Zeichenreihe darauf überprüfen, ob sie eine wohlgeformte Formel von $\mathcal{L}$ ist.
- Die Eigenschaft verstehen und begründen, warum jede Formel von $\mathcal{L}$ eine gleiche Anzahl von linken und rechten Klammern aufweist.
- Das Konzept der *Codierung* (eine Version einer Gödel-Nummerierung) erläutern, Eindeutigkeit der Lesbarkeit von Formeln verstehen und eine Methode kennenlernen, um alle Formeln von $\mathcal{L}$ systematisch aufzuzählen.

Im Anschluss an dieses Kapitel finden Sie Übungen. Indem Sie diese lösen, können Sie Ihr Verständnis des Inhalts aktiv überprüfen und festigen.

Los geht's!

2.1 Alphabet, Grammatik und Formeln

Wir entwickeln in diesem Abschnitt eine **formale Sprache**. Es gibt viele formale Sprachen, die alle etwas (oder sehr) voneinander abweichen.

Für die Entwicklung der formalen Sprache geben wir uns einen Grundstock von Zeichen vor, davon sind einige **deskriptiv** – sie dienen dazu, über die Welt sprechen zu können (falls das gewünscht wird). Darüber hinaus benötigen wir noch **logische** Zeichen. Damit die konstruierten Formeln eindeutig lesbar sind, werden zudem **Hilfszeichen** herangezogen.

Alle drei Gruppen von Zeichen bilden das **Alphabet** unserer formalen Sprache $\mathcal{L}$.

Alphabet

Deskriptive Zeichen:

- Abzählbar unendlich viele freie Individuenvariablen
- Abzählbar unendlich viele *n*-stellige Prädikate (für beliebiges *n*)

Logische Zeichen:

- Abzählbar unendlich viele gebundene Individuenvariablen
- Junktoren: $\neg$, $\wedge$, $\vee$, $\rightarrow$, $\leftrightarrow$
- $\forall$, $\exists$
- Logisches Prädikat: = (Gleichheit, Identität)

Hilfszeichen:

-), (, und ′ (als da sind: linke runde Klammer, rechte runde Klammer, das Komma und das Hochkomma)

Sie wissen ja bereits, wie wir die verschiedenen logischen Zeichen zu lesen haben. Zur Erinnerung: '$\neg$' ist das Negationszeichen, '$\wedge$' das Konjunktions-, '$\vee$' das Disjunktions- und '$\rightarrow$' das materiale Implikations- und '$\leftrightarrow$' das Äquivalenzzeichen. Die Lesart des Existenzquantors (mit gebundener Variable *x*), '$\exists x$': es gibt mindestens ein Objekt *x*, sodass gilt. Erschrecken Sie nicht beim Ausdruck 'Existenzquantor'! Die großen Mathematiker David Hilbert und Paul Bernays nannten (vor fast 100 Jahren) dieses Zeichen auch *Seinszeichen*. Die Lesart von '$\forall x$' (mit gebundener Variable *x*) ist einfach: für alle Objekte *x* gilt.

Fragen Sie sich: Das ist eine interessante Einteilung von Zeichen, es gibt logische und deskriptive. Aha! Wie ist denn diese motiviert? Nun, diese Frage ist zwar auf den ersten Blick einfach, die Antwort darauf reicht jedoch tief in die Philosophie der Logik hinein.

Die Unterscheidung von **deskriptiven** und **logischen** Zeichen ist dadurch motiviert, dass die Bedeutung der logischen Zeichen in einem bestimmten Sinne fixiert ist. Wir werden dies im Kapitel zur Semantik sehen, wo beispielsweise Konjunktionsformeln ganz klare und bestimmte Wahrheitsbedingungen haben, die für alle Interpretationen gelten. Die Bedeutung der deskriptiven Zeichen hingegen – wie Prädikate oder freie Individuenvariablen/Namen – kann über die Interpretationen hinweg variieren.

Die Frage, wie genau logische von nicht-logischen Zeichen abzugrenzen sind, wurde von dem Logiker Alfred Tarski untersucht. Tarski schlug vor, logische Zeichen als diejenigen zu definieren, deren Bedeutung invariant unter allen Permutationen des Universums ist. Dieses Thema ist nach wie vor Gegenstand aktueller logischer und philosophischer Forschung und zeigt, dass grundlegende Fragen der Logik zu tiefen Debatten führen. Nun aber weiter im Text.

Wir verwenden als syntaktische Variablen folgende Zeichen:

- Für freie Individuenvariablen (mit und ohne Indizes):
  - Offiziell: a_i, mit $i \in \mathbb{N}_0$, i ist die Anzahl der Hochkommata $'$.
  - Inoffiziell: $a, b, c, a_1, a_2, a_3, \ldots, b_1, b_2, b_3, \ldots, c_1, c_2, c_3, \ldots$
- Für gebundene Individuenvariable (mit und ohne Indizes):
  - Offiziell: x_i, mit $i \in \mathbb{N}_0$, i ist die Anzahl der Hochkommata $'$.
  - Inoffiziell: $x, y, z, x_1, x_2, x_3, \ldots, y_1, y_2, y_3, \ldots, z_1, z_2, z_3, \ldots$
- Für Prädikate:
  - Offiziell: P_i^n, mit $i, n \in \mathbb{N}_0$, n, i ist die Anzahl der Hochkommata $'$.
  - Inoffiziell: $P, Q, R, P_1^n, P_2^n, P_3^n, \ldots Q_1^n, Q_2^n, Q_3^n, \ldots, R_1^n, R_2^n, R_3^n, \ldots$

Falls wir konkrete Anwendungen betrachten wollen, dann wählen wir immer einen Teilabschnitt der Sprache, d. h. in unserem Fall: einen Teilabschnitt der deskriptiven Zeichen. So einen Teilabschnitt bezeichnen wir mit $\mathcal{S}$. Beispiel: $\mathcal{S} = \{P_5^2, R_2^2, a_1, b_2\}$. Ob die Gleichheit immer in jedem $\mathcal{S}$ drin liegen soll, lassen wir gegenwärtig noch offen; auf alle Fälle sollte es so sein, dass falls die Gleichheit nicht drin liegt, dann ist wenigstens ein anderes (deskriptives) Prädikat enthalten. Übrigens statt von 'Teilstücken' zu sprechen, spricht man oft auch von: **Symbolmengen** oder von einer **Signatur**. (Das motiviert auch die Wahl des Buchstabens.)

Singuläre Terme dienen dazu, sich auf Individuen/Dinge zu beziehen. Wir werden später noch weitere, nicht nur freie Individuenvariablen als singuläre Terme zulassen. Deswegen schreiben wir an manchen Stellen gleich (mit oder ohne Indizes): s, t für singuläre Terme. (Nur freie Individuenvariablen wollen wir jetzt in diese Kategorie geben.) Wir verwenden $A, B, C, \ldots$ als syntaktische Variablen für Formeln von $\mathcal{L}$ und $\Gamma, \Delta, \Phi, \Psi, \ldots$ für Mengen von Formeln von $\mathcal{L}$. Doch halt! Wir haben noch nicht definiert, was denn Formeln der Sprache sind, das passiert jetzt! Sprich, wir geben die **Grammatik** der formalen Sprache $\mathcal{L}$ an. Ein Wort der Pedanterie: Die gleich folgenden Regeln sind naturgemäß nicht selbst Teil der Sprache.

Ein weiteres Stückchen Notation, **Substitution**, müssen wir noch klären, nämlich: $A[a]$ – die freie Variable kommt in A evtl. an mehreren hervorgehobenen Stellen vor. $A[x]$ ist dann diejenige Zeichenreihe, die aus $A[a]$ entsteht, indem die freie Variable a an den hervorgehobenen Stellen durch die gebundene Variable x ersetzt wird. Die freie Individuenvariable a in $A[a]$ ist ein Repräsentant der (syntaktischen) Kategorie der freien Individuenvariablen; die linke und rechte eckige Klammer sind nicht Teil der Sprache $\mathcal{L}$, sondern dienen dazu, das auszudrücken, was im ersten Satz dieses Absatzes geschrieben steht. Die **Grammatik** von Formeln der formalen Sprache $\mathcal{L}$ wird nun wie folgt definiert:

Definition 2.1: (Wohlgeformte) Formeln der Sprache $\mathcal{L}$

1. Sind $t_1, \ldots, t_n$ freie Individuenvariablen und ist P_i^n ein n-stelliges Prädikat, dann ist $P_i^n(t_1, \ldots, t_n)$ eine Formel von $\mathcal{L}$. Eine sogenannte *Primformel* oder auch *atomare Formel*.
2. Sind s, t freie Individuenvariablen, dann ist $(s = t)$ eine Formel von $\mathcal{L}$ (ebenfalls eine Primformel, atomare Formel).
3. Nullstellige Prädikate sind Formeln von $\mathcal{L}$ (ebenfalls eine Primformel, atomare Formel; diese übernehmen die Rolle der Aussagenvariablen).
4. Ist A eine Formel von $\mathcal{L}$, dann ist auch $\neg A$ eine Formel von $\mathcal{L}$ (eine Negationsformel).
5. Sind A, B Formeln von $\mathcal{L}$, dann sind auch $(A \land B), (A \lor B)$, $(A \rightarrow B)$ und $(A \leftrightarrow B)$ Formeln von $\mathcal{L}$ (das sind: Konjunktions-, Disjunktions-, Implikations- und Äquivalenzformeln).
6. Ist $A[a]$ eine Formel von $\mathcal{L}$ und kommt in $A[a]$ die gebundene Individuenvariable x nicht vor, dann ist auch $\forall x A[x]$ eine Formel von $\mathcal{L}$ (Allformeln).

   Ist $A[a]$ eine Formel von $\mathcal{L}$ und kommt in $A[a]$ die gebundene Individuenvariable x nicht vor, dann ist auch $\exists x A[x]$ eine Formel von $\mathcal{L}$ (Existenzformeln).
7. Nur solche Zeichenreihen, die sich gemäß 1.-6. bilden lassen, sind Formeln von $\mathcal{L}$.

Diese Definition ermöglicht nun die Konstruktion von Formeln der Sprache $\mathcal{L}$. Dazu machen wir gleich ein paar Beispiele. Sie sollten auch einige Formeln konstruieren und auch begründen, warum das eine Formel der Sprache $\mathcal{L}$ ist.

Beispiel 2.1: Konstruktion einiger Formeln

- $(P'_{,}(a_{,}) \land \neg P'_{,}(a_{,,}))$ ist eine Formel von $\mathcal{L}$, denn:
  - $P'_{,}$ und $a_{,}$ sind Zeichen von $\mathcal{L}$.
  - Nach Def. 2.1.1 ist dann $P'_{,}(a_{,})$ eine Formel.
  - $P'_{,}$ und $a_{,,}$ sind Zeichen von $\mathcal{L}$.
  - Nach Def. 2.1.1 ist dann $P'_{,}(a_{,,})$ eine Formel von $\mathcal{L}$.
  - Nach Def. 2.1.4 ist dann $\neg P'_{,}(a_{,,})$ eine Formel von $\mathcal{L}$.
  - Nach Def. 2.1.5 ist dann $(P'_{,}(a_{,}) \land \neg P'_{,}(a_{,,}))$ eine Formel von $\mathcal{L}$.

Dabei ist die offizielle Hochkommaschreibweise natürlich die richtige, aber auch die kompliziertere und wir gehen im Normalfall zur inoffiziellen Notation über, etwa:

- $(P_1^1(a_1) \land \neg P_1^1(a_2))$ ist eine Formel von $\mathcal{L}$, denn:
  - P_1^1 und a_1 sind Zeichen von $\mathcal{L}$.
  - Nach Def. 2.1.1 ist dann $P_1^1(a_1)$ eine Formel von $\mathcal{L}$.
  - P_1^1 und a_2 sind Zeichen von $\mathcal{L}$.

  - Nach Def. 2.1.1 ist dann $P_1^1(a_2)$ eine Formel von $\mathcal{L}$.
  - Nach Def. 2.1.4 ist dann $\neg P_1^1(a_2)$ eine Formel von $\mathcal{L}$
  - Nach Def. 2.1.5 ist dann $(P_1^1(a_1) \land \neg P_1^1(a_2))$ eine Formel von $\mathcal{L}$.
- Die Formel $\exists x_1 P_1^1(x_1)$ können wir auch konstruieren:
  - P_1^1 und a_1 sind Zeichen von $\mathcal{L}$.
  - Nach Def. 2.1.1 ist dann $P_1^1(a_1)$ eine Formel von $\mathcal{L}$.
  - Nach Def. 2.1.6 ist dann $\exists x_1 P_1^1(x_1)$ eine Formel von $\mathcal{L}$.
- Allerdings können wir $\exists x_1 \exists x_1 P_1^1(x_1)$ nicht konstruieren, denn:
  - P_1^1 und a_1 sind Zeichen von $\mathcal{L}$.
  - Nach Def. 2.1.1 ist dann $P_1^1(a_1)$ eine Formel von $\mathcal{L}$.
  - Nach Def. 2.1.6 ist dann $\exists x_1 P_1^1(x_1)$ eine Formel von $\mathcal{L}$.
  - Aber dieser Schritt ist durch Def. 2.1.6 nicht gerechtfertigt, da die gebundene Variable x_1 in $\exists x_1 P_1^1(x_1)$ bereits vorkommt.

Die handelsüblichen Klammerersparnisregeln dienen dazu, logische Formeln prägnanter zu gestalten, ohne die Lesbarkeit zu beeinträchtigen. Sie legen die Priorität (Bindungsstärke) der logischen Junktoren und Quantoren sowie die Konventionen zur Gruppierung fest:

1. **Bindungsstärke der Junktoren und Quantoren**

   Die Rangfolge der Junktoren und Quantoren, von der stärksten zur schwächsten Bindung, bestimmt, welche Operationen zuerst ausgeführt werden:

   a. **Stärkste Bindung:** Die Negation ($\neg$) und die Quantoren ($\forall$, $\exists$) binden am stärksten.

   b. **Mittlere Bindung:** Konjunktion ($\land$) und Disjunktion ($\lor$) folgen in der Bindungsstärke.

   c. **Niedrigste Bindung (gleich stark):** Implikation ($\rightarrow$) und Äquivalenz ($\leftrightarrow$) binden am schwächsten.

2. **Assoziativität und Gruppierung**

   a. **Implikation:** Sie ist rechtsassoziativ, d. h., bei einer Kette von Implikationen erfolgt die Klammerung von rechts nach links: $A \rightarrow B \rightarrow C$ steht für $A \rightarrow (B \rightarrow C)$.

   b. **Konjunktion** und **Disjunktion:** Diese sind assoziativ. Standardmäßig wird die Linksklammerung verwendet: $A \land B \land C$ steht für $(A \land B) \land C$ (analog für Disjunktion).

   c. **Äquivalenz:** Sie ist ebenfalls assoziativ. Dennoch ist es bei Mehrfachverwendung dringend empfohlen, Klammern zu setzen, um die Struktur klar hervorzuheben.

3. Wirkungsbereich (Scope) der Quantoren

Ein Quantor bezieht sich nur auf die unmittelbar folgende (kleinstmögliche) Teilformel.

4. Weggelassene Klammern

a. **Atomare Formeln** (z. B. $P(a)$, $a = b$) erfordern keine Klammern.

b. Die **äußersten Klammern** einer vollständig geklammerten Formel dürfen weggelassen werden.

Beispiel 2.2: Beispiele zur Klammerersparnis

- Die Formel $\neg P_2^1(a_1) \wedge P_3^1(b_1)$ ist eine Konjunktion(sformel) (zu lesen als $\neg P_2^1(a_1) \wedge P_3^1(b_1)$ mit $\wedge$ als Hauptjunktor) und damit verschieden von der Negation(sformel) $\neg(P_2^1(a_1) \wedge P_3^1(b_1))$.
- Die Formel $P_2^1(a_1) \wedge P_3^1(b_1) \rightarrow P_1^1(c_1)$ ist eine Implikation(sformel) (zu lesen als $(P_2^1(a_1) \wedge P_3^1(b_1)) \rightarrow P_1^1(c_1))$ und damit verschieden von der Konjunktion(sformel) $P_2^1(a_1) \wedge (P_3^1(b_1) \rightarrow P_1^1(c_1))$.

Kehren wir nochmals zur **Notation** $A[a]$ zurück. Wir haben gesagt, dass die freie Variable a an einer oder mehreren hervorgehobenen Stellen in der Formel A vorkommt. Sei nun $A[a_1]$ die Formel:

$$R_1^3(a_1, b_2, a_1) \vee \exists x_5(x_5 = a_1 \wedge P_1^2(a_1, a_1))$$

Zunächst sehen wir, dass die vorgelegte Zeichenreihe tatsächlich eine Formel von $\mathcal{L}$ ist. Hier liegt eine systematische Mehrdeutigkeit vor, diese werden wir, wenn wir später ein formales System betrachten, geschickt ausnützen.

Worin liegt die Mehrdeutigkeit?

Es ist nicht von vornherein klar, welche Vorkommnisse von a_1 gemeint sind. Das erste Vorkommnis? Also dasjenige Vorkommnis direkt nach der ersten linken Klammer? Oder das zweite Vorkommnis direkt vor der ersten rechten Klammer? Oder das vierte oder das fünfte, oder nur das erste und fünfte oder überhaupt alle? Das ist insofern wichtig, da wir dazu in der Lage sein sollten, Vorkommnisse einer freien Variablen in einer Formel durch eine andere freie Variable zu ersetzen. Sei nun $A[c_1]$ diejeninge Formel, die aus $A[a_1]$ hervorgeht, wenn das erste und fünfte Vorkommnis von a_1 durch c_1 ersetzt wird. Somit erhalten wir:

$$R_1^3(c_1, b_2, a_1) \vee \exists x_5(x_5 = a_1 \wedge P_1^2(a_1, c_1))$$

Wir können auch alle Vorkommnisse von a_1 durch c_1 ersetzen und erhalten:

$$R_1^3(c_1, b_2, c_1) \vee \exists x_5(x_5 = c_1 \wedge P_1^2(c_1, c_1))$$

Im Unterschied zu anderen formalen Sprachen ist die folgende Zeichenreihe keine Formel unserer formalen Sprache $\mathcal{L}$:

$$R_1^3(x_1, b_2, x_1) \vee \exists x_5(x_5 = x_1 \wedge P_1^2(x_1, x_1))$$

Gebundene Variablen müssen (in diesem Zugang) durch einen variablenbindenden Operator gebunden sein. In Überstimmung mit den Formelbildungsregeln der Definition 2.1 ist aber

$$\forall x_1(R_1^3(x_1, b_2, x_1) \vee \exists x_5(x_5 = x_1 \wedge P_1^2(x_1, x_1)))$$

eine Formel von $\mathcal{L}$.

2.2 Beweise mittels Induktion

In der Metalogik werden viele Theoreme mittels **Induktion** bewiesen. Solche Beweise variieren im Schwierigkeitsgrad. Zur Einübung beginnen wir mit einem ganz einfachen Theorem, nämlich, dass alle Formeln von $\mathcal{L}$ genauso viele linke wie rechte Klammern haben.

Die Behauptung, um die es geht, ist:

Alle Formeln von $\mathcal{L}$ haben genauso viele linke wie rechte äußere Klammern.

Das schaut verdächtig nach einer richtigen Behauptung aus!

Aber wie zeigt man das?

- Betrachten wir Primformeln. Wir haben derer dreierlei Sorten, nämlich: Aussagenvariablen, atomare Formeln und Gleichheitsformeln. Alle haben keine äußeren Klammern (beziehungsweise nur solche Klammern, die freie Individuenvariablen/singuläre Terme sozusagen *umschließen*). Wir sind aus dem Schneider.
- Weiter geht's! Wenn A eine Formel ist und n Klammern hat, dann hat auch $\neg A$ n Klammern. Negationsformeln: erledigt.
- Wenn A und B gleich viele linke wie rechte Klammern haben, dann haben $(A \wedge B)$, $(A \vee B)$, $(A \rightarrow B)$ und $(A \leftrightarrow B)$ jeweils eine linke und eine rechte Klammer mehr. Also haben sie gleich viele linke wie rechte Klammern.
- Wenn $A[a]$ die Eigenschaft des Theorems – das ist genauso viele rechte wie linke Klammern haben – besitzt, dann besitzen diese Eigenschaft sowohl $\forall x A[x]$ als auch $\exists x A[x]$.

Das heißt, wir haben das folgende Theorem gezeigt:

Theorem 1.
Alle Formeln von $\mathcal{L}$ haben genauso viele linke wie rechte äußere Klammern.

Wir haben das Gefühl, etwas über die Formeln unserer formalen Sprache $\mathcal{L}$ bewiesen zu haben. Mittels **Induktion nach der Komplexität der Formeln** beziehungsweise mittels **Induktion nach dem Aufbau einer Formel**. Erfreuen wir uns doch kurz darüber, wie natürlich das geschehen ist, fließend und praktisch ohne Aufwand.

Doch halt!

Definieren wir zunächst **Komplexität einer Formel** (von $\mathcal{L}$) und dann geben wir den Beweis, den wir mittels starker Induktion nach der Komplexität einer Formel führen, genauer an. Das ist hilfreich, denn Beweise mittels Induktion sind das tägliche Brot in der Metalogik. Wir führen den Beweis ziemlich detailliert durch, d. h. detaillierter als üblich, denn üblicherweise genügt die Genauigkeit des obigen Beweises (sofern die gleich folgende Definition von Komplexität einer Formel gegeben ist).

Definition 2.2: Komplexität von Formeln – k(·)

1. $\mathrm{k}(A) = 0$, falls A eine Primformel ist.
2. $\mathrm{k}(\neg A) = \mathrm{k}(A) + 1$.
3. $\mathrm{k}(A \circ B) = \mathrm{k}(A) + \mathrm{k}(B) + 1$, für $\circ \in \{\wedge, \vee, \rightarrow, \leftrightarrow\}$.
4. $\mathrm{k}(\forall x A[x]) = \mathrm{k}(A[a]) + 1$.
5. $\mathrm{k}(\exists x A[x]) = \mathrm{k}(A[a]) + 1$.

Auch dazu machen wir zwei kleine Beispiele. Sie sollten ebenfalls etwas *rechnen*!

Beispiel 2.3: Komplexität von Formeln

- Wir haben bereits die Formel $(P_1^1(a_1) \wedge \neg P_1^1(a_2))$ konstruiert; wegen der Klammerersparnisregeln ist auch $P_1^1(a_1) \wedge \neg P_1^1(a_2)$ eine Formel. Was ist nun die Komplexität von dieser Formel?
  - $\mathrm{k}(P_1^1(a_1)) = 0$, wegen Def. 2.2.1.
  - $\mathrm{k}(P_1^1(a_2)) = 0$, wegen Def. 2.2.1.
  - $\mathrm{k}(\neg P_1^1(a_2)) = 1$, wegen Def. 2.2.2.
  - $\mathrm{k}(P_1^1(a_1) \wedge \neg P_1^1(a_2)) = 2$ wegen Def. 2.2.3.
- Ähnlich führen wir das auch noch für die Formel $\exists x_1 P_1^1(x_1)$ durch:
  - $\mathrm{k}(\exists x_1 P_1^1(x_1)) = \mathrm{k}(P_1^1(a_1)) + 1$, wegen Def. 2.2.5.
  - $\mathrm{k}(P_1^1(a_1)) = 0$, wegen Def. 2.2.1.
  - Also $\mathrm{k}(\exists x_1 P_1^1(x_1)) = 1$.

Zusammenfassend: Die Komplexität der Formel, oder wie wir auch sagen: der **Komplexitätsgrad** von $P_1^1(a_1) \wedge \neg P_1^1(a_2)$ ist 2 und die Komplexität der Formel $\exists x_1 P_1^1(x_1)$ ist 1.

Wir erkennen, dass jede Formel einen Komplexitätsgrad und keine Formel mehr als einen Komplexitätsgrad hat und dass viele Formeln denselben Komplexitätsgrad haben. Etwa haben alle Primformeln den Komplexitätsgrad 0, und alle einfachen Negationen von Primformeln haben den Komplexitätsgrad 1, alle doppelten Negationen von Primformeln haben den Komplexitätsgrad 2.

Dadurch schaffen wir Ordnung im Dickicht und Gewirr der Formeln, nämlich so, dass wir alle Formeln ihrer Komplexität gemäß in Klassen einteilen. Demnach gibt es Formeln der Komplexitätsklasse 0, der Komplexitätsklasse 1, der Komplexitätsklasse 2, Formeln der Komplexitätsklasse 3, usw. Das heißt, wir haben die Ordnung der natürlichen Zahlen (beginnend mit 0) erhalten.

Methodisches: Vollständige vs. Starke Induktion

Bevor wir mit dem Beweis des Satzes fortfahren, ist eine wichtige methodische Unterscheidung notwendig. Es gibt mehrere Versionen der Induktion. Die für uns interessanten sind **vollständige Induktion**, auch bekannt als **schwache Induktion**, und **starke Induktion**. Beginnen wir mit der Vollständigen Induktion, das ist das bekannte Schema:

$$(\mathrm{P}[0] \wedge \forall n(\mathrm{P}[n] \rightarrow \mathrm{P}[n+1])) \rightarrow \forall n \mathrm{P}[n]$$

In Beweisen wird das dann so genützt:

1. Induktionsanfang/Induktionsbasis: Man zeigt, dass die Eigenschaft P für den Basisfall (z. B. $n = 0$) zutrifft.
2. Induktionsschritt: Man beweist, dass, wenn P für einen beliebigen Fall n gilt (die Induktionshypothese $P[n]$), dann auch für den direkten Nachfolger $n+1$ ($P[n+1]$).

Für den nun folgenden Beweis benötigen wir jedoch eine Variante, die **starke Induktion**. Das Prinzip der starken Induktion lautet:

$$\left(\mathrm{P}[0] \wedge \forall n \left((\forall k(k < n \rightarrow \mathrm{P}[k]) \rightarrow \mathrm{P}[n]\right)\right) \rightarrow \forall n \mathrm{P}[n]$$

In Beweisen wird das Prinzip dann so angewendet:

1. Induktionsanfang/Induktionsbasis: Man zeigt, dass die Eigenschaft P für den Basisfall (z. B. $n = 0$) zutrifft.
2. Induktionsschritt: Man beweist für ein beliebiges $n > 0$, dass unter der Induktionshypothese (IH) $\forall k < n\colon \mathrm{P}[k]$ auch die Behauptung $\mathrm{P}[n]$ folgt. Dabei ist $\forall k < n\colon \mathrm{P}[k]$ eine Kurzform von $\forall k(k < n \rightarrow \mathrm{P}[k])$

Warum ist die Starke Induktion hier erforderlich?

Der rekursive Aufbau einer Formel mit einem binären Junktor garantiert nicht, dass alle unmittelbaren Teilformeln die Komplexität $n-1$ haben, wenn die Gesamtformel die Komplexität n hat. Um den Beweis korrekt und vollständig zu führen, muss die Induktionshypothese alle kleineren Komplexitätsgrade abdecken.

Deswegen ist die erforderliche Induktionshypothese (IH) der starken Induktion: Wenn die Eigenschaft für alle Formeln B mit $\mathrm{k}(B) < n$ gilt, dann gilt sie auch für die Formel A mit $\mathrm{k}(A) = n$.

Bevor wir zum Beweis schreiten, betrachten wir dazu ein Beispiel.

Beispiel 2.4: Induktionshypothesen im Vergleich

Sei P die Eigenschaft, die bewiesen werden soll (z. B. *gleich viele linke wie rechte äußere Klammern*). Sei $\mathrm{k}(A) = n$ die Komplexität der Formel A.

Schwache Induktionshypothese (IH):

P gilt für alle Formeln der Komplexität n, d. h.: $\forall n \mathrm{P}[n]$.

Starke Induktionshypothese (IH):

P gilt für alle Formeln der Komplexität $k < n$, d. h.: $\forall k(k < n \rightarrow \mathrm{P}(k))$, kürzer: $\forall k < n\colon \mathrm{P}(k))$

Die Induktionshypothesen im Vergleich

Wir starten mit einem Beispiel: $\exists x(\neg P(x) \vee \neg Q(x)) \vee R(a, b)$. Mithilfe der Definition von Komplexität einer Formel berechnen wir: $\mathrm{k}(\neg P(a)) = 1$, $\mathrm{k}(\neg Q(a)) = 1$, somit $\mathrm{k}(\neg P(a) \vee \neg Q(a)) = 3$, das ergibt $\mathrm{k}(\exists x(\neg P(x) \vee \neg Q(x))) = 4$; $\mathrm{k}(R(a, b)) = 0$. Alles in allem: $\mathrm{k}(\exists x(\neg P(x) \vee \neg Q(x)) \vee R(a, b)) = 5$.

Die schwache Induktion scheitert, denn:
Sei A nun $(\exists x(\neg P(x) \vee \neg Q(x)) \vee R(a, b))$, B sei $\exists x(\neg P(x) \vee \neg Q(x))$ und C sei $R(a, b)$. Um $\mathrm{P}(A)$ (mit $\mathrm{k}(A) = 5$) zu beweisen, müssen wir $\mathrm{P}(B)$ und $\mathrm{P}(C)$ zeigen. Die schwache Induktionshypothese besagt: P gilt nur für Formeln der Komplexität $n - 1$, das ist 4 in unserem Beispiel.

Wenn $(B \vee C)$ mit $\mathrm{k}(B) = 4$ und $\mathrm{k}(C) = 0$: Wir können $\mathrm{P}(B)$ mit der IH ($\mathrm{P}(4)$) begründen.

Wir können $\mathrm{P}(C)$ nicht begründen, da $\mathrm{k}(C) = 0$ und die IH nichts über Komplexität 0 aussagt (außer es war die Induktionsbasis, die aber nur den Startpunkt liefert, nicht den Schritt). Die schwache IH ist nicht anwendbar, da sie nur Behauptungen über die Komplexität 4 macht.

Die starke Induktion ist erfolgreich, denn:
Um $\mathrm{P}(A)$ (mit $k(A) = 5$) zu beweisen, zeigen wir $\mathrm{P}(B)$ und $\mathrm{P}(C)$. Die starke Induktionshypothese besagt: P gilt für alle Formeln der Komplexität $k < 5$ (also $\mathrm{k} \in \{0, 1, 2, 3, 4\}$). Alle Fälle sind durch die IH abgedeckt, somit funktioniert die starke Induktion hier immer.

Zusammenfassend:

Bei rekursiven Definitionen, in denen die Teilformeln (Definition folgt sogleich!) nicht notwendigerweise die Komplexität $n - 1$ haben, sondern irgendeine Komplexität kleiner als n, muss die starke Induktion verwendet werden, um sicherzustellen, dass die Induktionshypothese alle Teilfälle abdeckt.

Wir führen den induktiven Beweis nun ziemlich genau durch. Wir beginnen mit der Induktionsbasis.

1. Induktionsbasis:

Wir zeigen, dass P[A] für alle Formeln A mit Komplexität $\mathsf{k}(A) = 0$ gilt. Formeln der Komplexitätsklasse 0 sind die Primformeln (Aussagenvariablen, atomare Formeln, Gleichheitsformeln). Primformeln enthalten per Definition keine äußeren Klammern. Somit gilt für jede Primformel A: Anzahl linke Klammern ist 0 und Anzahl rechte Klammern ist 0. Wir schreiben im Folgenden für: 'die Anzahl der linken Klammern (von)' kurz: $L(\cdot)$. Analog dazu: 'die Anzahl der rechten Klammern (von)' kurz: $R(\cdot)$.

2. Induktionsschritt (IS):

Sei $n > 0$ eine beliebige natürliche Zahl. Wir nehmen als **starke Induktionshypothese (IH)** an, dass die Eigenschaft P für alle Formeln B mit $\mathsf{k}(B) < n$ gilt. Wir zeigen nun, dass P[A] auch für jede Formel A mit $\mathsf{k}(A) = n$ gilt, indem wir alle Möglichkeiten des Aufbaus von A betrachten:

Fall 2.1: A ist eine **Negationsformel**. A sei $\neg B$, wobei $\mathsf{k}(B) = n - 1$. Da $\mathsf{k}(B) < n$, gilt nach IH: B besitzt die Eigenschaft P, d. h. $L(B) = R(B)$. Die Konstruktion $\neg B$ fügt keine zusätzlichen äußeren Klammern hinzu. Somit gilt $L(A) = L(B)$ und $R(A) = R(B)$. Da $L(B) = R(B)$, folgt $L(A) = R(A)$.

Fall 2.2: A ist eine Formel mit einem **binärem Hauptjunktor**. A sei $(B \circ C)$, wobei $\circ \in \{\wedge, \vee, \rightarrow, \leftrightarrow\}$ und $\mathsf{k}(A) = \mathsf{k}(B) + \mathsf{k}(C) + 1 = n$. Da $\mathsf{k}(B) < n$ und $\mathsf{k}(C) < n$, gilt nach IH: B besitzt P ($L(B) = R(B)$) und C besitzt P ($L(C) = R(C)$). Die Konstruktion $(B \circ C)$ setzt B und C zusammen und fügt genau eine linke äußere Klammer und eine rechte äußere Klammer hinzu. Die Gesamtzahl der Klammern ist: $L(A) = L(B) + L(C) + 1$ und $R(A) = R(B) + R(C) + 1$.

Da nun $L(B) = R(B)$ und $L(C) = R(C)$, folgt: $L(A) = R(A)$.

Fall 2.3: A ist eine **quantifizierte Formel**. A sei $\forall x B[x]$ (oder A sei $\exists x B[x]$), wobei $\mathsf{k}(A) = k(B[a]) + 1 = n$. Da $\mathsf{k}(B[a]) < n$, gilt nach IH: $B[a]$ besitzt die Eigenschaft P. Die Konstruktion der quantifizierten Formel $\forall x B[x]$ fügt keine zusätzlichen äußeren Klammern hinzu. Somit gilt: $L(B[a]) = R(B[a])$, daher folgt $L(A) = R(A)$.

3. Also:

In allen möglichen Konstruktionsfällen gilt die Eigenschaft P. Nach dem Prinzip der starken Induktion gilt das Theorem für alle Formeln von $\mathcal{L}$.

Geschafft. Professioneller wird oft *q.e.d.* geschrieben: *quod erat demonstrandum*, oder einfach: ✓

Schwache und starke Induktion sind äquivalente Prinzipien; das kann man etwa in der Peano-Arithmetik beweisen. Wir führen den Beweis hier nicht durch. Dennoch macht es einen Unterschied, welches der beiden Prinzipien in einem Beweis verwendet wird.

An einigen Stellen werden wir auch von *Teilformeln* sprechen. Diese definieren wir gleich, damit wir sie später zur Verfügung haben. Welche Definition von Teilformel verwendet wird, ist oft eine pragmatische Angelegenheit. Wir verwenden die folgende, da sie sehr gut zu unserem Vorgehen passt.

Definition 2.3: Teilformel

1. Sei A eine atomare Formel, dann ist A eine Teilformel von A.
2. Sei A die Formel $\neg B$, dann sind die Teilformeln von A A selbst und alle Teilformeln von B.
3. Sei A eine Formel der Form $(B \wedge C), (B \vee C), (B \rightarrow C)$ oder $(B \leftrightarrow C)$, dann sind die Teilformeln von A A selbst und alle Teilformeln von B und C.
4. Sei A eine Formel der Form $\forall x B[x]$ (oder $\exists x B[x]$), die gemäß Definition 2.1 Punkt 6 aus einer Formel $B[a]$ gebildet wurde (indem eine spezifische freie Individuenvariable a in $B[a]$ durch x ersetzt wurde, um $B[x]$ zu erhalten). Dann sind die Teilformeln von A:
   a. A selbst und
   b. $B[a]$ sowie alle Teilformeln von $B[a]$.
5. Nichts anderes ist eine Teilformel von A.

Betrachten wir doch zur Veranschaulichung ein paar Beispiele.

Beispiel 2.5: Teilformeln

- $(P_1^1(a_1) \wedge \neg P_1^1(a_2))$ ist eine Formel von $\mathcal{L}$, nach unserer Definition von Teilformel sind die folgenden Formeln Teilformeln von ihr:
  - $(P_1^1(a_1) \wedge \neg P_1^1(a_2))$,
  - $P_1^1(a_1)$,
  - $\neg P_1^1(a_2)$, und
  - $P_1^1(a_2)$.
- $R_1^3(a_1, b_2, a_1) \vee \exists x_5(x_5 = a_1 \wedge P_1^2(a_1, a_1))$ ist eine Formel von $\mathcal{L}$. Die Formel $\exists x_5(x_5 = a_1 \wedge P_1^2(a_1, a_1))$ sei aus $(a_5 = a_1 \wedge P_1^2(a_1, a_1))$ erzeugt. Dann sind Teilformeln von $R_1^3(a_1, b_2, a_1) \vee \exists x_5(x_5 = a_1 \wedge P_1^2(a_1, a_1))$ die folgenden Formeln:
  - $R_1^3(a_1, b_2, a_1) \vee \exists x_5(x_5 = a_1 \wedge P_1^2(a_1, a_1))$,
  - $R_1^3(a_1, b_2, a_1)$,
  - $\exists x_5(x_5 = a_1 \wedge P_1^2(a_1, a_1))$,
  - $a_5 = a_1 \wedge P_1^2(a_1, a_1)$,
  - $a_5 = a_1$, und
  - $P_1^2(a_1, a_1)$.

2.3 Codierung, Lesbarkeit, Aufzählbarkeit

An einigen Stellen in diesem Buch müssen wir sichergehen, dass wir etwa die Formeln der Sprache $\mathcal{L}$ aufzählen können. Dazu geben wir ein Verfahren an. – Sie können diesen Abschnitt beim ersten Lesen gerne überspringen. Wenn Sie wollen, dann kommen Sie doch zu einem späteren Zeitpunkt hierher zurück und studieren diesen Abschnitt!

Wir zeigen nun, dass die Formeln der Sprache aufgezählt werden können. Das ist von allgemeinem Interesse, aber im besonderen Fall wichtig, wenn wir die Vollständigkeit unserer Logik(en) beweisen wollen.

Dazu ordnen wir den Grundzeichen unserer Sprache $\mathcal{L}$ Codes wie folgt zu:

Symbol	Nummer
′	1
a	2
x	3
P	4
=	5
(	6
)	7
,	8
$\neg$	9
$\wedge$	91
$\vee$	911
$\rightarrow$	9111
$\forall$	91111
$\exists$	911111
$\leftrightarrow$	9111111
Trennzeichen	0

Das ist eine Variante einer **Gödelcodierung**, die auf den berühmten Logiker Kurt Gödel zurückgeht. Unsere ist viel einfacher, aber sie funktioniert auch.

Sehen wir uns doch ein paar Beispiele an! Dabei schreiben wir zunächst die Formelkonstruktion in inoffizieller, dann in offizieller Schreibweise. Somit erhalten wir den Code der Formel – wie man so schön sagt – auf natürliche Art und Weise. Es sieht komplizierter aus, als es ist! Tatsächlich ist das Verfahren, welches darin besteht, von einer Zeichenreihe, etwa einer Formel (von $\mathcal{L}$), zu ihrem Code zu kommen, rein mechanisch.

Bestimmen wir zunächst den Code von $P'_{,}(a,)$.

Wir sehen damit, wozu die Trennung – markiert durch 0 – benutzt wird – etwa: $P'_{,}$ wird codiert als: 4 – Trennung 0 – welchen Index P hat, nämlich Index 1 – Trennung 0 – gefolgt von der Stellenzahl von P, d. i. 1, also erhalten wir: 40101. Der Code von $a,$ ist 201, da der Code von a 2 ist – Trennung 0 – und der Code vom Hochkomma ist 1; zwischen jedem einzelnen Code kommt noch das Trennungszeichen.

Jetzt codieren wir noch $\exists x, P'_{,}(x,)$: Der Existenzquantor, $\exists$, mit Code 911111 – dann 0 – gefolgt von der gebundenen Individuenvariable $x,$, mit Code 301, – dann 0 – gefolgt von $P'_{,}$, mit Code 40101, – dann 0 – gefolgt von (– mit Code 6 – dann 0 – gefolgt von der gebundenen Individuenvariable $x,$ – mit Code 301 – dann 0 – gefolgt von) mit Code 7, ergibt also den Code der Formel $\exists x, P'_{,}(x,)$, der da nun ist 911111030104010106030107.

Viel einfacher und sehr viel übersichtlicher lässt sich das so darstellen:

- $\exists \hookrightarrow$ Code: 911111
- $x, \hookrightarrow$ Code: 301
- $P'_{,} \hookrightarrow$ Code: 40101
- ($\hookrightarrow$ Code: 6
-) $\hookrightarrow$ Code: 7
- $\exists x, P'_{,}(x,) \hookrightarrow$ Code: 911111 0 301 0 40101 0 6 0 301 0 7 das ist:

  911111030104010106030107

Bestimmen wir noch den Code von $\exists x_1(P_1^1(x_1) \wedge P_2^2(a_1, a_2))$. Dabei schreiben wir diese Formel nicht um, sondern bleiben in der inoffiziellen, aber ungemein nützlichen Sprache:

- $\exists \hookrightarrow$ Code: 911111
- $x_1 \hookrightarrow$ Code: 301
- $P_1^1 \hookrightarrow$ Code: 40101
- ($\hookrightarrow$ Code: 6
-) $\hookrightarrow$ Code: 7
- $\wedge \hookrightarrow$ Code: 91
- $P_2^2 \hookrightarrow$ Code: 4011011
- $a_1 \hookrightarrow$ Code: 201
- , $\hookrightarrow$ Code: 8
- $a_2 \hookrightarrow$ Code: 2011
- $\exists x_1(P_1^1(x_1) \wedge P_2^2(a_1, a_2)) \hookrightarrow$ Code: 911111 0 301 0 6 0 40101 0 6 0 301 0 7 0 91 0 4011011 0 6 0 201 0 8 0 2011 0 7 0 7 das ist:

  91111103010604010106030107091040110110602010802011070 7

Das funktioniert wie folgt:

Die Formel mit dem kleinsten Code ist P_0^0. Nach unserer Codierungsmethode (4, gefolgt von Trenn-Null, Index 0, Trenn-Null, Stelligkeit 0) ist ihr Code 40000. Danach folgt P_1^0 mit Code 40100. Wir können die Formeln nun nach der Größe ihres Codes anordnen, um eine Aufzählung zu erhalten.

Wir können zeigen, dass keine zwei syntaktisch verschiedenen Formeln denselben Code haben und dass jeder Code einer Formel eindeutig zurück übersetzt werden kann. Also:

1. **Eindeutigkeit der Codierung:** Keine zwei syntaktisch verschiedenen Formeln haben denselben Code. Unsere Codierungsfunktion g ist injektiv.
2. **Eindeutigkeit der Lesbarkeit (Unique Readability):** Jede Ziffernfolge, die ein Code einer Formel/Zeichenreihe ist, kann nur auf *eine einzige Weise* zurück in eine Folge von Symbolen zerlegt werden. Somit sind Formeln/Zeichenketten der formalen Sprache $\mathcal{L}$ eindeutig.

Die genaue Begründung für diese Eigenschaften ist eine knifflige Übungsaufgabe.

Das bedeutet: Wir haben nicht nur eine **Codierungsfunktion** g (in Anlehnung an Gödel) definiert, die jeder Formel eindeutig eine Ziffer zuordnet, sondern auch eine **Decodierungsfunktion** g^{-1}, die von den Codes zurück zu den Formeln abbildet.

Nur zur Veranschaulichung nehmen wir ein Beispiel von eben und schreiben das auf!

Betrachten wir den Code 911111030104010106030107.

Die Decodierung der einzelnen Teile ergibt:

- 911111 $\hookrightarrow$ Zeichen $\exists$ – gefolgt vom Trennzeichen/Seperator 0.
- 301 $\hookrightarrow$ Zeichen $x,$ – gefolgt vom Seperator 0.
- 40101 $\hookrightarrow$ Zeichen P'_1 (Prädikat mit Index 1 und Stelligkeit 1) – gefolgt vom Seperator.
- 6 $\hookrightarrow$ Zeichen (– gefolgt vom Seperator.
- 301 $\hookrightarrow$ Zeichen $x,$ – gefolgt vom Seperator.
- 7 $\hookrightarrow$ das Zeichen).

Zusammengesetzt ergibt der Code 911111030104010106030107 also eindeutig die Formel $\exists x' P'_1(x')$.

Aufzählung der Formeln

Wir können *im Prinzip* die Formeln nach der Größe ihres Codes anordnen. Das erzeugt eine natürliche Aufzählung der Formeln beginnend mit 1, also der Formel P_0^0 und Code 40000. Wir beginnen also bei 40000 zu zählen und überprüfen dann anhand von Definition 2.1 und der vorgestellten Codierung, ob die gezählte Zahl ein Code einer Formel von $\mathcal{L}$ ist. Wenn dem so ist, dann wird sie als nächste Formel der Aufzählung der Formeln von $\mathcal{L}$ hinzugefügt, wenn nicht, dann wird weitergezählt und weiter überprüft.

Dadurch erhalten wir *im Prinzip* eine Aufzählung der Formeln von $\mathcal{L}$. Diese ist nicht super-elegant, doch sie funktioniert.

Noch ein Wort zur Vorsicht: So wie es viele verschiedene formale Sprachen gibt, so gibt es auch viele verschiedene Verfahren zur Aufzählung der Formeln einer formalen Sprachen. Wir haben dieses gewählt, da es sowohl einen gewissen Witz als auch einen gewissen Charme hat.

2.4 Formale Sprache: Übungen

1. Konstruieren Sie Ihre Lieblingsformeln, wenigstens aber von fünf Formeln der formalen Sprache $\mathcal{L}$.
2. Konstruieren Sie:

   $(P(a) \vee P(b)), (P(a) \vee \neg P(b)), (\neg P(a) \vee P(b)), (\neg P(a) \vee \neg P(b))$

   und auch (falls das geht): $R(a, b) \rightarrow \exists x R(x, b) \vee \forall y R(a, y), R(a, b) \rightarrow \exists x R(x, b) \vee \forall x R(a, y), R(a, b) \rightarrow \exists x R(x, b) \vee \forall x R(a, x), R(z, b) \rightarrow \exists x R(x, b) \vee \forall y R(a, y)$
3. Geben Sie jeweils den Grund an, warum folgende Zeichenreihen keine Formeln sind:

   $P), (P \wedge Q, (P(a) \wedge \exists x), \forall x \exists x(x = x)$
4. Lösen Sie nur solche Aufgaben, die Sie nicht selbst lösen. Eine Aufgabe im Geiste von Bertrand Russells Barbier-Paradoxie.
5. Zeigen Sie Theorem 1, für Äquivalenzformeln.
6. Fügen Sie in Aufgabe 3 alle Klammern hinzu. Löschen Sie in Aufgabe 2 alle gemäß den Klammerersparnisregeln überflüssigen Klammern. Bestimmen Sie die Komplexität dieser Formeln.
7. Konstruieren Sie die folgenden Formeln und begründen Sie mittels der Klammerersparnisregeln das Weglassen der Klammern: $\neg P_2^1(a_1) \wedge P_3^1(b_1)$ ist eine Konjunktionformel und damit verschieden von der Negationsformel $\neg(P_2^1(a_1) \wedge P_3^1(b_1))$. Die Konjunktionsformel $P_2^1(a_1) \wedge (P_3^1(b_1) \rightarrow P_1^1(c_1))$ ist verschieden von der Implikationsformel $P_2^1(a_1) \wedge P_3^1(b_1) \rightarrow P_1^1(c_1)$.

8. Bestimmen Sie die Komplexität von:

   $\forall x_1 \exists x_2 \forall x_3 \forall x_4 \exists x_5 \exists x_6 \exists x_7 \exists x_8 \exists x_9 \exists x_{10} P(x_1, x_2, x_3, x_4, x_5, x_6, x_7, x_8, x_9, x_{10})$
9. Ist $(P(a) \wedge P(a) \wedge P(a) \wedge P(a) \wedge P(a))$ eine Formel von $\mathcal{L}$?
10. Zeigen Sie mittels Konstruktion, dass $R_1^3(a_1, b_2, a_1) \vee \exists x_5(x_5 = a_1 \wedge P_1^1(a_1))$ nicht exakt den Formelbildungsregeln von $\mathcal{L}$ entspricht. Schreiben Sie diese Formel richtig auf! Bestimmen Sie ihre Teilformeln!
11. Wenn Sie $R_1^3(a_1, b_2, a_1) \vee \exists x_5(x_5 = a_1 \wedge P_1^1(a_1))$ richtig aufgeschrieben haben, dann übertragen Sie diese Formel in unsere offizielle Notation und bestimmen Sie ihren Code. Lernen Sie die inoffizielle Notation zu schätzen!
12. Nur zur Sicherheit: Die Komplexität einer Formel ist etwas anderes als ihr Code. Sie kennen jetzt den Code (der richtig geschriebenen Formel) von $R_1^3(a_1, b_2, a_1) \vee \exists x_5(x_5 = a_1 \wedge P_1^1(a_1))$. Bestimmen Sie auch ihre Komplexität.
13. Die Zeichenreihe $R_1^3(x_1, b_2, x_1) \vee \exists x_5(x_5 = x_1 \wedge P_1^2(x_1, x_1))$ ist keine Formel von $\mathcal{L}$. Bestimmen Sie dennoch ihren Code.
14. Können Sie ein Verfahren angeben, welches die freien Individuenvariablen aufzählt?
15. Sind folgende Behauptungen wahr:

    Alle Codes von korrekt aufgebauten Konjunktionsformeln beginnen mit einer 6 und enden mit einer 7.

    Alle Codes von korrekt aufgebauten Disjunktionsformeln beginnen mit einer 6 und enden mit einer 7.
16. **Kniffelig:** Der Code einer Formel A (von $\mathcal{L}$) und die syntaktische Struktur von A sind *isomorph*. Können Sie das zeigen?
17. **Kniffelig:** Die Eindeutigkeit der Codierung (keine zwei Formeln haben denselben Code) ist entscheidend und wird plausibel gemacht – wenn auch nicht formal bewiesen. Haben Sie eine Beweisidee? [Hinweis: Die Eindeutigkeit der Codierung basiert auf der sorgfältigen Wahl der Einzelcodes, sodass:
    a. jedes Symbol genau einen Code erhält und
    b. das Hintereinanderschreiben – die Konkatenation – dieser Codes eindeutig in ihre Bestandteile zerlegt werden kann (keine Mehrdeutigkeiten beim Lesen der Ziffernfolge).
18. Wir haben das Thema Codierung hier nur gestreift. Es ist ein wichtiges Thema und von großer Bedeutung für Arithmetisierung der Syntax im Zusammenhang mit den Gödelschen Unvollständigkeitssätzen. Zum Thema Codierung siehe etwa [SKP12]. Eine Codierung ist präfix-frei :gdw. kein Code ein Teil des Anfangs (das Präfix) eines anderen Codes ist. Unsere Codierung ist nicht präfix-frei im Sinne der Definition. Zeigen Sie das geschwind! Können Sie eine (einfache) präfix-freie Codierung angeben?

3 Semantische Methoden

Wir lassen die Welt der reinen Zeichen hinter uns. In diesem Kapitel entwickeln wir die Grundlagen einer formalen Semantik und definieren auch, was es bedeutet, dass eine Formel der Sprache $\mathcal{L}$ wahr ist unter einer Interpretation.

Lernziele

Semantische Grundlagen I: Interpretation und Wahrheit

- Die formale Definition einer prädikatenlogischen Interpretation $\mathfrak{I}$.
- Die Definition der Wahrheitsrelation $\mathfrak{I} \models A$ (gelesen als 'A' ist wahr unter der Interpretation $\mathfrak{I}$, oder auch 'A' ist wahr in einer Interpretation $\mathfrak{I}$).
- Das Prinzip der Bivalenz, welches besagt, dass für jede Interpretation $\mathfrak{I}$ und jede Formel A entweder $\mathfrak{I} \models A$ oder $\mathfrak{I} \not\models A$ gilt.
- Das Koinzidenzlemma, auch bekannt als Prinzip der lokalen Determination (local determination).

Semantische Grundlagen II: Zentrale Begriffe und Folgerungen

- Die Definitionen der zentralen semantischen Begriffe: logische Wahrheit (Tautologie), logische Falschheit (Kontradiktion), logische Folge, Modell und Gegenmodell, sowie Kontingenz.
- Das Konzept der logischen Folgerung, notiert als: $\Gamma \models A$ – kann verschieden gelesen werden, etwa: Γ ist eine $\mathcal{L}$-Formelmenge, A eine Formel von $\mathcal{L}$: A folgt logisch aus Γ, Γ impliziert A logisch.
- Wichtige Eigenschaften der Folgerungsrelation, wie zum Beispiel Monotonie und Transitivität.
- Ein Überblick über weitere metalogische Zusammenhänge und Theoreme.

Nach diesem Abschnitt finden Sie Übungen. Indem Sie diese lösen, können Sie Ihr Verständnis des Lehrstoffs aktiv überprüfen und festigen.

Los geht's!

Wir erinnern uns, dass unsere Sprache ein rein syntaktisches Objekt ist bzw. nur syntaktische Objekte enthält. Wenn wir uns aber fragen: ist '$P(a) \wedge \neg P(c)$' wahr – dann ist das eine semantische Frage und wir müssen eine *Interpretation* angeben. Denn wie üblich in der Logik können wir nicht über Wahrheit oder Falschheit einer Formel sprechen, sondern nur relativ zu einer semantischen Interpretation.

3.1 Einige Vorüberlegungen

Wir beginnen nicht sofort mit den formalen Definitionen, sondern motivieren den hier gewählten Zugang mit ein paar grundlegenden Erklärungen. Dabei wird – wie üblich in diesem Buch – vorausgesetzt, dass bei der Leserin eine gewisse Vertrautheit mit formaler Semantik bereits gegeben ist.

3.1.1 Prädikatenlogische Interpretationen

Eine **Interpretation** $\mathfrak{I}$ für unsere formale Sprache $\mathcal{L}$ ist ein geordnetes Paar $\langle D, \varphi \rangle$.

Der erste Teil, D, ist die **Domain** (auch *Universum* oder *Gegenstandsbereich* genannt). Sie ist die Menge der Dinge, über die wir in unserer Interpretation sprechen. Wir folgen dem allgemeinen Sprachgebrauch und verwenden zumeist den englischen Ausdruck *Domain*.

Der zweite Teil, die **Interpretationsfunktion** φ, ist die Verbindung zwischen der formalen Sprache $\mathcal{L}$ und der Domain D. Sie ordnet jedem deskriptiven Symbol der Sprache eine Bedeutung (in der Domain D) zu, seine sogenannte **Extension**.

Denotation einer Individuenvariable: Die Denotation einer freien Individuenvariable a (relativ zu einer Interpretation $\mathfrak{I}$) ist das Objekt in der Domain D, das ihr von der Interpretationsfunktion zugeordnet wird: $\varphi(a) \in D$.

Extension eines Prädikats: Die Extension eines n-stelligen Prädikats P ist eine Menge von n-Tupeln von Objekten aus D: $\varphi(P) \subseteq D^n$. Diese Menge kann auch die leere Menge sein.

Totale vs. partielle Funktionen

Interpretationsfunktionen sind, wie der Name sagt, Funktionen. Sie haben einen Definitionsbereich (die Symbole unserer Sprache) und einen Wertebereich/Bildbereich. In der klassischen Logik ist die Funktion φ eine **totale Funktion**. Das bedeutet, sie erfüllt zwei Bedingungen:

1. **Linkstotalität:** *Jedes* Symbol im Definitionsbereich (jede freie Variable, jedes Prädikat) bekommt einen Wert im Wertebereich zugeordnet, das sind Werte in D bzw. D^n. Wir sagen auch: Der Definitionsbereich wird vollständig ausgeschöpft.
2. **Rechtseindeutigkeit:** Jedem Symbol wird *genau ein* Wert zugeordnet.

Im Gegensatz dazu stehen **partielle Funktionen**, die ihren Definitionsbereich nicht vollständig ausschöpfen (d. h. nicht linkstotal sind). Eine solche Funktion wird für uns im Kapitel 7 über Freie Logik von Bedeutung sein.

Injektive, surjektive und bijektive Funktionen

Wichtige Typen von Funktionen sind *injektive, surjektive* und *bijektive* Funktionen. Diese Funktionstypen sind von allgmeinem Interesse und sind nicht speziell für Interpretationsfunktionen. Wir schreiben $\mathcal{A}$ für den Definitionsbereich und $\mathcal{B}$ für den Wertebereich/Zielbereich einer Funktion f.

Injektive Funktion Eine Funktion $f\colon \mathcal{A} \mapsto \mathcal{B}$ ist *injektiv* (auch *eins-zu-eins*) :gdw. zwei Elemente im Definitionsbereich $\mathcal{A}$ von f unterschiedlich sind, dann sind auch die Funktionswerte im Zielbereich $\mathcal{B}$ unterschiedlich. Beziehungsweise äquivalent: Wenn die Funktionswerte im Zielbereich $\mathcal{B}$ von f gleich sind, dann sind auch die Elemente im Definitionsbereich $\mathcal{A}$ von f gleich.

Surjektive Funktion Eine Funktion $f\colon \mathcal{A} \mapsto \mathcal{B}$ ist *surjektiv* (bzw. *rechtstotal, auf*) :gdw. jedes Element im Wertebereich $\mathcal{B}$ von f mindestens einmal als Funktionswert angenommen wird. Wenn wir totale Funktionen betrachten, dann findet jeder Eingabewert in f von $\mathcal{A}$ einen Ausgabewert (klar) und alle Ausgabewerte in $\mathcal{B}$ werden dabei *erwischt*. Man sagt auch: Die Bildmenge von f ist gleich $\mathcal{B}$.

Bijektive Funktion (Bijektion) Eine Funktion $f\colon \mathcal{A} \mapsto \mathcal{B}$ ist *bijektiv* (auch: *umkehrbar eindeutig, eineindeutige Zuordnung*) :gdw. f ist injektiv und surjektiv.

Beispiel 3.1: Beispiele für die Funktionstypen

Wir können nun auch Abzählbarkeit einer Menge ganz klar definieren:

Eine Menge $\mathcal{A}$ ist *abzählbar* :gdw. eine der drei Bedingungen erfüllt ist:

1. Es gibt eine natürliche Zahl n und es gibt eine Bijektion zwischen $\mathcal{A}$ und der Menge $\{0, 1, 2, \ldots, n\}$.
2. $\mathcal{A}$ ist leer oder es gibt eine surjektive Funktion $f\colon \mathbb{N} \mapsto \mathcal{A}$.
3. $\mathcal{A}$ ist unendlich (auch: abzählbar unendlich, abzählbar) d. h. es gibt eine Bijektion $f\colon \mathcal{A} \mapsto \mathbb{N}$.

Eine Menge ist *überabzählbar* :gdw. sie nicht abzählbar ist.

Die Menge der natürlichen Zahlen $\mathbb{N}$ ist abzählbar unendlich, auch die Menge der ganzen Zahlen $\mathbb{Z}$ und ebenfalls die Menge der rationalen Zahlen $\mathbb{Q}$. Die Menge der reellen Zahlen $\mathbb{R}$ ist überabzählbar.

Man sagt, dass zwei Mengen, $\mathcal{A}$, $\mathcal{B}$ die gleiche **Größe** bzw. **Kardinalität** haben oder **gleichmächtig** sind (geschrieben als: $|\mathcal{A}| = |\mathcal{B}|$) :gdw. es eine bijektive Funktion zwischen $\mathcal{A}$ und $\mathcal{B}$ gibt. Denken Sie etwa an die Menge der Finger Ihrer linken Hand und die Menge der Finger Ihrer rechten Hand. Eine Menge $\mathcal{A}$ ist von **kleinerer oder gleicher Kardinalität** als eine Menge $\mathcal{B}$ (geschrieben als: $|\mathcal{A}| \leq |\mathcal{B}|$) :gdw. es eine injektive Funktion von $\mathcal{A}$ nach $\mathcal{B}$ gibt. Nach dieser Definition ist auch das vorherige Beispiel gut, denn die Menge der Finger der linken Hand ist kleiner oder gleich der Menge der Finger der rechten Hand. **Echt kleiner** ist die Menge von Diegos vier Beinen; diese ist von kleinerer Kardinalität als die Menge der Finger meiner linken Hand. Das heißt, es gibt eine injektive, aber keine bijektive Funktion zwischen den Mengen.

Die Kardinaltität der natürlichen Zahlen wird mit $\aleph_0$ (Aleph$_0$) bezeichnet. Die Mächtigkeit der reellen Zahlen ist größer als $\aleph_0$; ob sie gleich $\aleph_1$ ist, führt tief in die Mengenlehre – nämlich zur sogenannten *Kontinuumshypothese*.

Das sind Definitionen aus der Mengentheorie. Wer über Mengentheorie mehr lesen mag, sei an Oliver Deisers Werk „Einführung in die Mengenlehre" [Dei04] oder an das Buch von Heinz-Dieter Ebbinghaus, ebenfalls „Einführung in die Mengenlehre" [Ebb03], verwiesen.

Kehren wir zum eigentlichen Thema zurück!

3.1.2 Semantische Vorüberlegungen

Wir motivieren den hier gewählten Zugang mit einigen Überlegungen. Dabei wird vorausgesetzt, dass eine gewisse Vertrautheit mit formaler Semantik bereits gegeben ist.

Betrachten wir ein kleines Fragment unserer Sprache $\mathcal{L}$, die Symbolmenge $\mathcal{S} = \{P, a, c\}$ und die Formel $P(a) \wedge \neg P(c)$. Wie bestimmen wir, wann diese Formel wahr ist?

- '$P(a) \wedge \neg P(c)$' ist eine Konjunktionsformel.
- Zur Erinnerung: Konjunktionsformeln sind wahr dann und nur dann, wenn beide Konjunkte wahr sind. Genauer gesagt: Eine Konjunktionsformel ist wahr unter einer Interpretation genau dann, wenn (im berühmtberüchtigten Logikerdeutsch: :gdw.) beide Konjunkte unter dieser Interpretation wahr sind.
- Stehe $\mathfrak{I}$ für eine Interpretation, dann schreiben wir: $\mathfrak{I} \models P(a)$ und $\mathfrak{I} \models \neg P(c)$. Das besagt in Worten: '$P(a)$' ist wahr unter der Interpretation $\mathfrak{I}$, und '$\neg P(c)$' ist wahr unter $\mathfrak{I}$.
- '$P(a)$' ist wahr unter einer Interpretation $\mathfrak{I}$:gdw. die Extension von a in der Extension von P in dieser Interpretation liegt, das heißt formaler: $\mathfrak{I} \models P(a)$:gdw. $\varphi(a) \in \varphi(P)$. Wobei 'Extension von a' geschrieben wurde als '$\varphi(a)$' und 'Extension von P' als '$\varphi(P)$'.

Noch ein Wort zur Klarheit: Die freie Individuenvariable a ist streng zu unterscheiden von $\varphi(a)$. Diese beiden zu verwechseln ist in etwa so, also würde der Ausdruck 'Diego' mit dem (meinem) Hund Diego verwechselt werden oder der Ausdruck 'ich' mit mir.

- '$\neg P(c)$' ist wahr unter $\mathfrak{I}$ gdw. '$P(c)$' ist falsch unter $\mathfrak{I}$ gdw. die Extension von c nicht in der Extension von P liegt. $\mathfrak{I} \models \neg P(c)$ gdw. $\mathfrak{I} \not\models P(c)$ gdw. $\varphi(c) \notin \varphi(P)$.

Konstruktion einer Interpretation

Mit diesen Bedingungen können wir nun eine konkrete Interpretation für unsere Formeln bauen, unter denen beide wahr sind – eine solche Interpretation werden wir auch **Modell** nennen.

Beispiel 3.2 Sei unsere Interpretation $\mathfrak{I} = \langle D, \varphi \rangle$ wie folgt festgelegt:

- $D = \{2, 4\}$
- $\varphi(P) = \{2\}$ (Wir können P als '... ist eine Primzahl' lesen)
- $\varphi(a) = 2$ und $\varphi(c) = 4$

Unter dieser Interpretation gilt: $\varphi(a) \in \varphi(P)$ und $\varphi(c) \notin \varphi(P)$. Daher sind '$P(a)$' und '$\neg P(c)$' beide wahr, und somit ist auch die Konjunktion '$P(a) \wedge \neg P(c)$' unter $\mathfrak{I}$ wahr bzw. wie wir auch sagen können: Die Konjunktion '$P(a) \wedge \neg P(c)$' ist wahr in $\mathfrak{I}$.

Betrachten wir nun die Formel $(P(a) \wedge \neg P(c)) \wedge (a = c)$. Sie ist in unserer Interpretation $\mathfrak{I}$ falsch, da $\varphi(a) \neq \varphi(c)$ und somit $\mathfrak{I} \not\models a = c$. Dies führt zur Frage: Gibt es überhaupt eine Interpretation, die diese Formel wahr macht? Das heißt, ist die Formel *erfüllbar*? (Eine Übungsaufgabe für Sie!)

Interpretation von quantifizierten Formeln

Schwieriger wird es bei den Quantoren, quantifizierten Formeln. Betrachten wir $\exists x P(x)$ in unserer Interpretation $\mathfrak{I}$. Intuitiv ist die Formel wahr, denn es gibt ja eine Primzahl in unserem Universum (die Zahl 2). Doch wie formalisieren wir das?

Ein erster naiver Ansatz wäre: $\mathfrak{I} \models \exists x P(x)$ ist wahr, wenn es einen *Namen* in unserer Sprache gibt (hier: a oder c), sodass die Einsetzung wahr ist. Das funktioniert hier: $\mathfrak{I} \models P(a)$ ist wahr, also scheint $\mathfrak{I} \models \exists x P(x)$ zu gelten.

Betrachten wir aber $\forall x P(x)$ ('Alles ist eine Primzahl'). Intuitiv ist diese Formel in $\mathfrak{I}$ falsch, da 4 keine Primzahl ist. Nach dem naiven Ansatz müssten wir prüfen, ob für alle Namen in unserer Sprache, also für a und c, die Einsetzung wahr ist.

- $\mathfrak{I} \models P(a)$ ist wahr.
- $\mathfrak{I} \models P(c)$ ist falsch.

Hier scheint der Ansatz zu funktionieren. Aber was passiert, wenn unsere Sprache zu *ausdrucksarm* ist?

Das Problem einer ausdrucksarmen Sprache

Betrachten wir eine neue Interpretation $\mathfrak{I}' = \langle D, \varphi' \rangle$ mit derselben Domain $D = \{2, 4\}$, aber unsere Symbolmenge enthalte nur den Namen a: $\mathcal{S} = \{P, a\}$. Die Interpretation sei $\varphi'(P) = \{2\}$ und $\varphi'(a) = 2$.

- Gilt nun $\mathfrak{I}' \models \forall x P(x)$? Nach dem naiven Ansatz müssten wir für alle Namen in der Sprache prüfen, ob die Einsetzung wahr ist. Der einzige Name ist a. Da $\mathfrak{I}' \models P(a)$ wahr ist, würde folgen, dass $\mathfrak{I}' \models \forall x P(x)$ wahr ist.
- Dies ist aber kontraintuitiv! Wir *wissen*, dass es in der Domain ein Objekt gibt (die 4), das die Eigenschaft P nicht hat. Aber unsere Sprache hat keinen Namen dafür.

Unsere Semantik **muss** in der Lage sein, den Wahrheitswert aller Formeln der Sprache $\mathcal{L}$, insbesondere auch von Allformeln (und Existenzformeln) unter einer Interpretation zu bestimmen. Die gebundenen Variablen der formalen Sprache $\mathcal{L}$ fungieren in ihr als Markierungen, an welchen Stellen Quantoren ihre zugehörigen gebundenen Variablen in einer Formel binden. Semantisch wird in diesem Zugang so vorgegangen, dass die gebundenen Variablen nicht interpretiert werden. Über diesen Zugang zu einer formalen Sprache wissen wir ja schon: Es gibt keine freien Vorkommnisse von Variablen in einer Formel, es gibt Vorkommnisse von freien Variablen in einer Formel. Das ist nicht verwirrend. Das ist bloß ein anderer Ansatz zu einer formalen Sprache!

Lösung: Das Diagramm der Sprache

Um dieses Problem zu lösen, führen wir eine wichtige technische Annahme ein: das **Diagramm**. Wir fordern, dass unsere Sprache *ausdrucksstark* genug ist, um über jedes Objekt in der Domain sprechen zu können.

> Für jedes Objekt $d \in D$ gibt es einen Standardnamen $d^\bullet$ in der Sprache, sodass $\varphi(d^\bullet) = d$.

Diese um *Punkt-Konstanten* erweiterte Sprache nennen wir $\mathcal{L}(\mathfrak{I})$. Mit dieser Annahme ist unsere Semantik für Quantoren robust. Die Wahrheitsbedingung für $\forall x P(x)$ lautet nun: Für *alle* Standardnamen $d^\bullet$ muss $P(d^\bullet)$ wahr sein. In unserem Beispiel $\mathfrak{I}'$ gibt es nun einen Namen für die 4 (z. B. $4^\bullet$), und da $\mathfrak{I}' \not\models P(4^\bullet)$, ist es nun auch so, dass $\mathfrak{I}' \not\models \forall x P(x)$ – das korrekte Ergebnis.

Wird also zu jedem Objekt d in der Domain D ein Name $d^\bullet$ zur Sprache hinzugefügt, dann entsteht aus $\mathcal{L}$ das *Diagramm* von $\mathcal{L}$. Das nennt man manchmal auch **Diagrammsprache** oder eine *volle Interpretation*.

(So einfach es klingen mag: d ist verschieden von $d^\bullet$. Das eine ist ein Objekt in der Welt (oder wenigstens der Domain), das andere ein Name in der Sprache. Diego verwechselt sich auch nicht mit seinem Namen.)

Substitutionelle vs. objektuelle Quantoreninterpretation

Auch wenn die Definitionen von (prädikatenlogischer) Interpretation, Wahrheit und Falschheit (relativ zu einer prädikatenlogischen Interpretation), logischer Wahrheit, logischer Falschheit, Modell und logischer Folgerung jetzt – also aus heutiger Sicht – einfach erscheinen, war deren definitorische Klärung eine Meisterleistung. Wir verdanken hier sehr viel dem berühmten Logiker und Mathematiker Alfred Tarski, der die Semantik von einem vorwissenschaftlichen Niveau zu einer respektablen logisch-mathematischen Disziplin entwickelt hat [Tar35].

Praktisch alle Definitionen der hier entwickelten Semantik gehen auf die eine oder andere Art auf Tarski zurück, wenn auch mit Variationen. Die Interpretation von quantifizierten Variablen etwa ist so eine Variation: In unserem Zugang werden solche Variablen gar nicht interpretiert, sondern es werden Substitutionsinstanzen (wie oben anschaulich beschrieben) durchgegangen, um zu prüfen, ob eine quantifizierte Formel wahr oder falsch ist unter einer Interpretation. Dieser Zugang nennt sich auch **substitutionelle Quantoreninterpretation**. Die von Tarski bevorzugte Interpretation ist die **objektuelle Quantoreninterpretation**. Der in diesem Buch verfolgte Ansatz entspricht eher dem von Joseph Shoenfield [Sho01]. Verschiedene semantische Zugänge werden in Tim Buttons und Sean Walshs *Philosophy and Model Theory* [BW18] diskutiert.

Wir besprechen eine Mischform von beiden im Unterabschnitt 3.3.6.

Jetzt, da wir die Vorüberlegungen abgeschlossen haben, beginnen wir mit den formalen Definitionen.

3.2 Semantische Grundlagen I

Gut motiviert schreiten wir zur Definition von *prädikatenlogischer Interpretation* oder kurz einfach *Interpretation*!

Definition 3.1: Prädikatenlogische Interpretation

Eine Interpretation $\mathfrak{I}$ der prädikatenlogischen Sprache $\mathcal{L}$ ist ein Paar $\langle D, \varphi \rangle$, sodass gilt:

1. Das Universum (oder die Domain) D ist eine nicht-leere Menge ($D \neq \emptyset$).
2. Die Interpretationsfunktion φ bildet die deskriptiven Symbole von $\mathcal{L}$ wie folgt ab:
   a. Für jedes n-stellige Prädikat P von $\mathcal{L}$ gilt: $\varphi(P) \subseteq D^n$.
   b. Speziell für das logische Gleichheitsprädikat gilt: $\varphi(=) = \{\langle d, d \rangle \mid d \in D\}$.
   c. Für jede freie Individuenvariable (oder Konstante) a von $\mathcal{L}$ gilt: $\varphi(a) \in D$.

Für alle Interpretationen $\mathfrak{I}$ wird angenommen, dass es ein *Diagramm* gibt: Zu jedem Objekt $d \in D$ gibt es einen Term $d^\bullet$ in der erweiterten Sprache $\mathcal{L}(\mathfrak{I})$, sodass gilt: $\varphi(d^\bullet) = d$. Diese erweiterte Sprache bezeichnen wir mit $\mathcal{L}(\mathfrak{I})$.

Zwei Charakteristika der klassischen Logik sind in den Punkten 1 und 2c. ausgedrückt: erstens, dass die Domain nicht leer ist, und zweitens, dass jeder singuläre Term ein Objekt in der Domain bezeichnet (bzw. referiert auf ein Objekt, ein Objekt in der Domain denotiert). Beide Voraussetzungen, sogenannte Existenzannahmen, wurden hinterfragt und Logiken entwickelt, die frei von diesen Voraussetzungen sind – sogenannte *Freie Logiken*, die wir in Kapitel 7 etwas genauer betrachten.

Auf der Grundlage von Definition 3.1 definieren wir nun, was es heißt, dass eine Formel A von $\mathcal{L}$ wahr unter einer Interpretation $\mathfrak{I}$ ist.

Definition 3.2: Wahrheit unter einer Interpretation

Gegeben sei eine prädikatenlogische Interpretation $\mathfrak{I} = \langle D, \varphi \rangle$. Wir definieren '$A$ ist wahr unter/in $\mathfrak{I}$' (geschrieben $\mathfrak{I} \models A$) rekursiv über den Aufbau der Formel A:

Atomare Formeln:

- $\mathfrak{I} \models P(t_1, \ldots, t_n)$:gdw. $\langle \varphi(t_1), \ldots, \varphi(t_n) \rangle \in \varphi(P)$.
- $\mathfrak{I} \models s = t$:gdw. $\varphi(s) = \varphi(t)$.

Junktoren:

- $\mathfrak{I} \models \neg A$:gdw. $\mathfrak{I} \not\models A$.
- $\mathfrak{I} \models A \wedge B$:gdw. $\mathfrak{I} \models A$ und $\mathfrak{I} \models B$.
- $\mathfrak{I} \models A \vee B$:gdw. $\mathfrak{I} \models A$ oder $\mathfrak{I} \models B$.
- $\mathfrak{I} \models A \rightarrow B$:gdw. $\mathfrak{I} \not\models A$ oder $\mathfrak{I} \models B$.
- $\mathfrak{I} \models A \leftrightarrow B$:gdw. ($\mathfrak{I} \models A \rightarrow B$) und ($\mathfrak{I} \models B \rightarrow A$).

Quantoren:

- $\mathfrak{I} \models \forall x A[x]$:gdw. für alle Terme $d^\bullet \in \mathcal{L}(\mathfrak{I})$ gilt: $\mathfrak{I} \models A[d^\bullet]$.
- $\mathfrak{I} \models \exists x A[x]$:gdw. es mindestens einen Term $d^\bullet \in \mathcal{L}(\mathfrak{I})$ gibt, sodass gilt: $\mathfrak{I} \models A[d^\bullet]$.

Eine Formel ist falsch in $\mathfrak{I}$ ($\mathfrak{I} \not\models A$) :gdw. sie nicht wahr in $\mathfrak{I}$ ist.

Wir legen auch noch fest (fast stillschweigend, aber auf alle Fälle ohne viel Lärm), dass für nullstellige Prädikate P gelten soll: $\mathfrak{I} \models P$ oder $\mathfrak{I} \not\models P$ – sagen wir, das ist der Startpunkt in der obigen Definition 3.2.

Aufgrund des Aufbaus der Semantik sollte klar sein, dass gilt:

$$\mathfrak{I} \models A \text{ oder } \mathfrak{I} \not\models A$$

(für alle A von $\mathcal{L}$ und für alle $\mathfrak{I}$). **Sprich unter jeder Interpretation und für jede Formel A von $\mathcal{L}$ gilt, dass A wahr unter $\mathfrak{I}$ oder A falsch unter $\mathfrak{I}$ ist.** Ja, schon klar. Aber wie könnte man das beweisen? Wir könnten geneigt sein, so etwas der Reihe nach zu beweisen. Will heißen, beweisen wir das für die einfachen Fälle und dann für die komplexeren Fälle, wobei man im Beweis der komplexeren Fälle auf die einfacheren Fälle als bereits bewiesen sozusagen zurückgreifen kann.

Was sind nun die einfachsten Fälle? Zunächst die nullstelligen Prädikate (auch bekannt als Aussagenvariablen): Für diese gilt das einfach durch Festlegung.

Dann betrachten wir **atomare Formeln der Form** $P(t_1, \ldots, t_n)$. Wir nehmen an, dass $\mathfrak{I} \models P(t_1, \ldots, t_n)$, dann ist es wegen Definition 3.2 (Abschlussklausel) eben nicht der Fall, dass $\mathfrak{I} \not\models P(t_1, \ldots, t_n)$. Wir nehmen an, dass $\mathfrak{I} \not\models P(t_1, \ldots, t_n)$, dann ist es eben nicht der Fall, dass $\mathfrak{I} \models P(t_1, \ldots, t_n)$. Das heißt, in jedem Fall gilt: $\mathfrak{I} \models P(t_1, \ldots, t_n)$ oder $\mathfrak{I} \not\models P(t_1, \ldots, t_n)$. (Sie bemerken, dass wir hier von der Fallunterscheidung Gebrauch gemacht haben, ja?)

Alsdann betrachten wir atomare Formeln der Form $s = t$. Das funktioniert genauso wie vorher.

Betrachten wir **Negationsformeln** $\neg B$. Wegen Definition 3.2 wissen wir, dass $\mathfrak{I} \models \neg B$ gdw. $\mathfrak{I} \not\models B$. Jetzt ist aber B weniger komplex als $\neg B$. Deswegen gilt: $\mathfrak{I} \models B$ oder $\mathfrak{I} \not\models B$. Wir machen wiederum eine Fallunterscheidung:

Fall 1: $\mathfrak{I} \models B$, dann klarerweise: $\mathfrak{I} \not\models \neg B$.

Fall 2: $\mathfrak{I} \not\models B$, dann klarerweise $\mathfrak{I} \models \neg B$, also gilt: $\mathfrak{I} \models \neg B$ oder $\mathfrak{I} \not\models \neg B$ (für alle $\mathfrak{I}$).

Jetzt vielleicht der lustigste Fall mit Junktoren: **Implikationsformeln** $B \to C$. Wir wissen, dass B und C weniger komplex sind als $B \to C$. Weil jetzt B und C von geringerer Komplexität sind als $B \to C$, wissen wir auch, dass gilt: $\mathfrak{I} \models B$ oder $\mathfrak{I} \not\models B$ und $\mathfrak{I} \models C$ oder $\mathfrak{I} \not\models C$. Wir wissen auch (wegen Definition 3.2), dass $\mathfrak{I} \models B \to C$ gdw. $\mathfrak{I} \not\models B$ oder $\mathfrak{I} \models C$. Wir machen wiederum eine Fallunterscheidung:

Fall 1: $\mathfrak{I} \models B, \mathfrak{I} \models C$, ja, dann: $\mathfrak{I} \models B \to C$.

Fall 2: $\mathfrak{I} \not\models B, \mathfrak{I} \models C$, ja, dann: $\mathfrak{I} \models B \to C$.

Fall 3: $\mathfrak{I} \models B, \mathfrak{I} \not\models C$, ja, dann: $\mathfrak{I} \not\models B \to C$

Fall 4: $\mathfrak{I} \not\models B, \mathfrak{I} \not\models C$, ja, dann: $\mathfrak{I} \models B \to C$.

Demnach gilt für jede Interpretation $\mathfrak{I}$: $\mathfrak{I} \models B \to C$ oder $\mathfrak{I} \not\models B \to C$.

Betrachten wir noch einen Fall: **Existenzformeln,** $\exists x B[x]$. Falls das noch nicht klar ist, wir wollen zeigen, dass für alle Interpretation $\mathfrak{I}$ gilt: $\mathfrak{I} \models \exists x B[x]$ oder $\mathfrak{I} \not\models \exists x B[x]$. Wir wissen, dass $\mathfrak{I} \models \exists x B[x]$ gdw. $\mathfrak{I} \models B[d^\bullet]$ für mindestens ein $d^\bullet$ in $\mathcal{L}(\mathfrak{I})$. $B[d^\bullet]$ ist von geringerer Komplexität als $\exists x B[x]$.

Also wissen wir, dass gilt: $\mathfrak{I} \models B[d^\bullet]$ für mindestens ein $d^\bullet$ von $\mathcal{L}(\mathfrak{I})$ oder $\mathfrak{I} \not\models B[d^\bullet]$ für kein $d^\bullet$ von $\mathcal{L}(\mathfrak{I})$.

Sie werden es nicht glauben! Wir machen eine Fallunterscheidung!

Fall 1 $\mathfrak{I} \models B[d^\bullet]$ für mindestens ein $d^\bullet$ von $\mathcal{L}(\mathfrak{I})$, ja dann $\mathfrak{I} \models \exists x B[x]$.

Fall 2 $\mathfrak{I} \not\models B[d^\bullet]$ für jedes $d^\bullet$ in $\mathcal{L}(\mathfrak{I})$. Also gilt: $\mathfrak{I} \not\models \exists x B[x]$.

Wir müssten noch die restlichen Fälle beweisen. Das ist aber eine Übungsaufgabe!

Wir haben bewiesen, dass jede Formel der Sprache wahr oder falsch ist unter einer (beliebigen) Interpretation. In der Literatur wird auch geschrieben, dass die Klassische Logik *bivalent*, also *zweiwertig*, sei; oder dass in der **Klassischen Logik das Prinzip der Bivalenz** gilt.

Bevor wir uns wieder den geordneteren Dingen des Lebens zuwenden (sprich: Theoremen), folgender Beispielsatz: Wenn Silvia Diego ruft, dann spaziert Diego zu Silvia. Wir spezifizieren ein Teilstück $\mathcal{S}$ unserer Sprache $\mathcal{L}$ mit $\mathcal{S} = \{R, S, a, b\}$, wobei R für das zweistellige Prädikat für *rufen*, S für das zweistellige Prädikat *spazieren zu* stehen, und a für *Silvia* und b für *Diego*. Somit können wir diesen Beispielsatz ganz einfach so formulieren: $R(a, b) \rightarrow S(b, a)$, jetzt wissen wir für alle Interpretationen $\mathfrak{I}$ gilt: $\mathfrak{I} \models R(a, b) \rightarrow S(b, a)$ oder $\mathfrak{I} \not\models R(a, b) \rightarrow S(b, a)$ – ganz so wie im echten Leben!

Aus $\mathfrak{I} \not\models R(a, b) \rightarrow S(b, a)$ folgt gemäß unseren Definitionen, dass $\mathfrak{I} \models \neg(R(a, b) \rightarrow S(b, a))$. Allgemein gilt für alle Interpretationen $\mathfrak{I}$: $\mathfrak{I} \models (R(a, b) \rightarrow S(b, a)) \vee \neg(R(a, b) \rightarrow S(b, a))$. Das ist eine Instanz des sogenannten *Tertium non Datur*, das ist das Schema $A \vee \neg A$. Alle Formeln, die unter dieses Schema fallen, sind logisch wahr, aber – vom Standpunkt der Klassischen Logik betrachtet – wissen wir dennoch nicht, welches der Disjunkte wahr ist.

Wir haben nun ein metalogisches Theorem bewiesen! Nämlich:

Theorem 2 (Bivalenzprinzip). *Für alle prädikatenlogischen Interpretationen* $\mathfrak{I} = \langle D, \varphi \rangle$ *und alle Formeln* A *der Sprache* $\mathcal{L}$ *gilt:* $\mathfrak{I} \models A$ *oder* $\mathfrak{I} \not\models A$.

Das war gar nicht so schwer! Ja, wir haben dieses Theorem wiederum mittels Induktion nach der Komplexität einer Formel A der formalen Sprache $\mathcal{L}$ bewiesen; wir erinnern uns an Theorem 1 und das an dortiger Stelle Gesagte.

Koinzidenzlemma, lokale Determination

Überlegen wir Folgendes: Wir interessieren uns für ein konkretes Beispiel, sagen wir einen Gottesbeweis, oder warum Xaver nur dann zur Party kommt, wenn Elvira zur Party kommt, aber Jonas nicht. Wenn wir das in unserer formalen Sprache wiedergeben, dann wählen wir geeignete Symbolmengen dafür aus. So weit, so gut. Allerdings ist es auch so, dass eine Interpretation immer die *ganze* Sprache interpretiert und nicht bloß Teilstücke davon. Wir interessieren uns typischerweise nicht für die Interpretation der ganzen Sprache, sondern eben nur für ein bestimmtes Stück von dieser. Aber wir geben ja tatsächlich vor, dass uns die Interpretation der restlichen Sprache gar nicht interessiert. Gibt es einen theoretischen Grund, der unser Nichtinteresse rechtfertigt? Ja. Dieser Grund nennt sich **Koinzidenzlemma** oder auch **lokale Determination** und liest sich wie folgt:

Lemma 1 (Koinzidenz, lokale Determination). *Es seien zwei Symbolmengen* $\mathcal{S}_1$ *und* $\mathcal{S}_2$ *gegeben. Es sei* $\mathfrak{I}_1 = \langle D_1, \varphi_1 \rangle$ *eine Interpretation von* $\mathcal{S}_1$ *und es sei* $\mathfrak{I}_2 = \langle D_2, \varphi_2 \rangle$ *eine Interpretation von* $\mathcal{S}_2$*, es gelte auch, dass* $D = D_1 = D_2$, $\mathcal{S} = \mathcal{S}_1 \cap \mathcal{S}_2$*, dann gilt für alle* $\mathcal{S}$*-Formeln* A*:*

- *Wenn für alle freien Individuenvariablen von* $\mathcal{S}$ *gilt:* $\varphi_1(a) = \varphi_2(a)$*;*
- *wenn für alle n-stelligen Prädikate* P *von* $\mathcal{S}$ *gilt:* $\varphi_1(P) = \varphi_2(P)$*, dann gilt:*
- $\mathfrak{I}_1 \models A$ *gdw.* $\mathfrak{I}_2 \models A$.

Beweis:

Sei A eine atomare Formel/Primformel: $P(a_1, \ldots, a_n)$.

1. $\mathfrak{I}_1 \models P(a_1, \ldots, a_n)$ gdw. $\langle \varphi_1(a_1), \ldots, \varphi_1(a_n) \rangle \in \varphi_1(P)$. (Def. 3.2.(atomare Formeln))
2. $\langle \varphi_1(a_1), \ldots, \varphi_1(a_n) \rangle \in \varphi_1(P)$ gdw. $\langle \varphi_2(a_1), \ldots, \varphi_2(a_n) \rangle \in \varphi_2(P)$. (1., Voraussetzung)
3. $\langle \varphi_2(a_1), \ldots, \varphi_2(a_n) \rangle \in \varphi_2(P)$ gdw. $\mathfrak{I}_2 \models P(a_1, \ldots, a_n)$. (Def. 3.2)
4. $\mathfrak{I}_1 \models P(a_1, \ldots, a_n)$ gdw. $\mathfrak{I}_2 \models P(a_1, \ldots, a_n)$. (1.–3., Logik)

Sei A eine Gleichheitsformel: $s = t$.

Dieser Schritt ist ganz analog zum vorigen Fall durchzuführen – Übungsaufgabe.

Sei A eine Negationsformel: $\neg B$.

1. $\mathfrak{I}_1 \models \neg B$ gdw. $\mathfrak{I}_1 \not\models B$. (Def. 3.2.($\neg$))
2. $\mathfrak{I}_1 \not\models B$ gdw. $\mathfrak{I}_2 \not\models B$. (Induktionshypothese)
3. $\mathfrak{I}_2 \not\models B$ gdw. $\mathfrak{I}_2 \models \neg B$. (Def. 3.2.($\neg$))
4. $\mathfrak{I}_1 \models \neg B$ gdw. $\mathfrak{I}_2 \models \neg B$. (1.-3., Logik)

Sei A eine Konjunktionsformel: $B \wedge C$.

1. $\mathfrak{I}_1 \models B \wedge C$ gdw. $\mathfrak{I}_1 \models B$ und $\mathfrak{I}_1 \models C$. (Def. 3.2.($\wedge$))
2. $\mathfrak{I}_1 \models B$ gdw. $\mathfrak{I}_2 \models B$. (Induktionshypothese)
3. $\mathfrak{I}_1 \models C$ gdw. $\mathfrak{I}_2 \models C$. (Induktionshypothese)
4. $\mathfrak{I}_2 \models B \wedge C$ gdw. $\mathfrak{I}_2 \models B$ und $\mathfrak{I}_2 \models C$. (Def. 3.2.($\wedge$))
5. $\mathfrak{I}_1 \models B \wedge C$ gdw. $\mathfrak{I}_2 \models B \wedge C$. (1.-4., Logik)

Sei A eine Disjunktionsformel: $B \vee C$, eine Implikationsformel: $B \longrightarrow C$ – Übungsaufgaben.

Sei A eine Allformel: $\forall x B[x]$.

1. $\mathfrak{I}_1 \models \forall x B[x]$ gdw. für alle $d^\bullet \in \mathcal{L}(\mathfrak{I}_1)$: $\mathfrak{I}_1 \models B[d^\bullet]$. (Def. 3.2.($\forall$))
2. Für jedes $d^\bullet \in \mathcal{L}(D)$ gilt: $\mathfrak{I}_1 \models B[d^\bullet]$ gdw. $\mathfrak{I}_2 \models B[d^\bullet]$. (Koinzidenzprinzip für $B[d^\bullet]$, da $\mathfrak{I}_1, \mathfrak{I}_2$ auf $\mathcal{S}$ und auf $d^\bullet$ übereinstimmen und $B[d^\bullet]$ eine $\mathcal{S}$-Formel ist.)
3. Für alle $d^\bullet \in \mathcal{L}(\mathfrak{I}_1)$: $\mathfrak{I}_1 \models B[d^\bullet]$ gdw. für alle $d^\bullet \in \mathcal{L}(\mathfrak{I}_2)$: $\mathfrak{I}_2 \models B[d^\bullet]$. (2., Logik)
4. $\mathfrak{I}_2 \models \forall x B[x]$ gdw. für alle $d^\bullet \in \mathcal{L}(\mathfrak{I}_2)$: $\mathfrak{I}_2 \models B[d^\bullet]$. (Def. 3.2.($\forall$))
5. $\mathfrak{I}_1 \models \forall x B[x]$ gdw. $\mathfrak{I}_2 \models \forall x B[x]$. (1., 3., 4. durch Transitivität der Äquivalenz)

Sei A eine Existenzformel: $\exists x B[x]$ – Übungsaufgabe.

Das hätten wir also auch geschafft.

Informell besagt das Koinzidenzlemma, dass wir uns um die Interpretation der Sprache $\mathcal{L}$ außerhalb der betrachteten Symbolmenge $\mathcal{S}$ (die ja auch – und zwar ausschließlich) Symbole von $\mathcal{L}$ beinhaltet – gar nicht zu kümmern brauchen. Der Wahrheitswert einer Formel A hängt nur von der Interpretation der in A tatsächlich vorkommenden (nicht-logischen) Symbole ab.

Machen wir gleich weiter!

3.3 Semantische Grundlagen II

Bis jetzt haben wir zwar schon einiges an Semantik gelernt, aber viele zentrale semantische Begriffe haben wir noch nicht eingeführt. Das ändert sich jetzt. Der Aufbau dieses Unterabschnitts ist wie folgt:

- Logisch wahre Formeln, logisch falsche Formeln; kurz: logisch determinierte Formen
- Modell von Formelmengen, Gegenmodell von Formelmengen & logisch kontingente Formeln, kurz: logisch indeterminierte Formeln
- Logische Äquivalenz
- Logische Folgerung/logische Implikation
- Metatheoreme zur logischen Folgerung
- Extensionalität (semantisch)

Los geht's!

3.3.1 Logische Wahrheit & logische Falschheit

Prototypische Examplare von logischen Wahrheiten der Klassischen Logik sind etwa:

$$P(a,b) \lor \neg P(a,b), \quad A \lor \neg A$$
$$\neg(\exists x P(x,b) \land \neg\exists x P(x,b)), \quad \neg(A \land \neg A)$$
$$P(a,b) \to \exists x P(x,b)$$

und

$$a = a\,.$$

Wir definieren **logische Wahrheit** von Formeln der Sprache $\mathcal{L}$ nun so:

Definition 3.3: Logisch wahr

Sei A eine Formel von $\mathcal{L}$. A ist logisch wahr :gdw. für alle Interpretationen $\mathfrak{I}$ gilt: $\mathfrak{I} \models A$. Falls das der Fall ist, schreiben wir auch: $\models A$.

Jetzt sind wir dazu in der Lage, im Rahmen der entwickelten Semantik die logische Wahrheit der oben angeführten Schemata zu beweisen. Beginnen wir mit $A \lor \neg A$, dem **Tertium non Datur**.

Bevor wir unserem beweistätigen Tatendrang nachgeben, sei angemerkt, dass die folgenden Beweise länger sind als in üblichen Lehrbüchern zur Metalogik. Später werden sich die Beweise verkürzen; die unten angeführten Beweise dienen zur Einübung.

Wegen Theorem 2 ist es so, dass für alle Interpretationen $\mathfrak{I}$ gilt: $\mathfrak{I} \models A$ oder $\mathfrak{I} \not\models A$. Wir wählen eine beliebige (aber fest gewählte) Interpretation $\mathfrak{I}'$; falls $\mathfrak{I}' \models A$, dann gilt auch: $\mathfrak{I}' \models A \vee \neg A$, aufgrund von Definition 3.2, Klausel für $\vee$. Falls aber $\mathfrak{I}' \not\models A$, dann $\mathfrak{I}' \models \neg A$ aufgrund von Definition 3.2, Klausel für $\neg$; und deswegen gilt $\mathfrak{I}' \models A \vee \neg A$ – wegen Definition 3.2, Klausel für $\vee$. Damit sind die möglichen Fälle, das sind $\mathfrak{I}' \models A$ oder $\mathfrak{I}' \not\models A$, *vollständig* ausgeschöpft und in beiden Fällen erhalten wir: $\mathfrak{I}' \models A \vee \neg A$. Über $\mathfrak{I}'$ wurde nichts Spezielles festgelegt, $\mathfrak{I}'$ war beliebig gewählt, deswegen gilt für alle Interpretationen $\mathfrak{I}$: $\mathfrak{I} \models A \vee \neg A$, d. h. aufgrund der Definition von logischer Wahrheit gilt: $A \vee \neg A$ ist logisch wahr.

Normalerweise wird in der Metalogik schneller argumentiert, da die oben explizit angeführten Schritte oft stillschweigend vorausgesetzt werden. Welche Schritte sind das? Oben wurde behauptet, dass die Fälle *vollständig* ausgeschöpft wurden, d. h. jede Formel ist wahr oder falsch (unter einer Interpretation und auch nicht beides). Dabei haben wir von nachgeradezu *der* klassischen Schlussweise der Klassischen Logik Gebrauch gemacht, nämlich der **vollständigen Fallunterscheidung**. Eine Schlussweise, die nach klassischem Verständnis universell gilt. Dann wurde weiter argumentiert, dass $\mathfrak{I}'$ eine *beliebige* Interpretation sei, also nichts von der speziellen Wahl von $\mathfrak{I}'$ abhängt, deswegen ist es gerechtfertigt von $\mathfrak{I}' \models A \vee \neg A$ auf: für *alle* $\mathfrak{I}$ gilt: $\mathfrak{I} \models A \vee \neg A$ in der Metalogik zu schließen, da in ihr *Universelle Generalisierung* gilt. Das ist eine Schlussweise, die nicht nur in der Klassischen Logik korrekt ist.

Der **Satz vom Ausgeschlossenen Widerspruch**: $\neg(A \wedge \neg A)$.

Die logische Wahrheit dieses Schemas zeigen wir duch *Indirekten Beweis* in der Metalogik. Wir sagen anstelle von 'Indirekter Beweis' auch manchmal *reductio ad absurdum*, kurz: *r.a.a.* Das heißt, falls für eine beliebige Interpretation $\mathfrak{I}'$ gilt: $\mathfrak{I}' \models \neg\neg(A \wedge \neg A)$, dann gilt auch $\mathfrak{I}' \models A \wedge \neg A$, wegen Definition 3.2, Klausel für $\neg$, zweifach angewendet. $\mathfrak{I}' \models A \wedge \neg A$ gdw. $\mathfrak{I}' \models A$ und $\mathfrak{I}' \models \neg A$, deswegen $\mathfrak{I}' \models A$ und $\mathfrak{I}' \not\models A$ – Widerspruch (in der Metalogik)! Damit gilt, $\mathfrak{I}' \models \neg(A \wedge \neg A)$, deswegen gilt: für alle $\mathfrak{I} \models \neg(A \wedge \neg A)$.

Hätten wir bereits *logische Falschheit* definiert, dann hätten wir effizienter argumentieren können – alles zu seiner Zeit. Obiges Argument ist korrekt; die geneigte Leserin sollte Rechtfertigungen für die fehlenden Begründungen einfügen.

$\models P(a, b) \to \exists x P(x, b)$, denn – unter einer beliebigen Interpretation $\mathfrak{I}$ gilt:

Fall 1: $\mathfrak{I} \not\models P(a, b)$, dann gilt: $\mathfrak{I} \models P(a, b) \to \exists x P(x, b)$, wegen Definition 3.2($\to$).

Fall 2: $\mathfrak{I} \models P(a, b)$, dann gilt: $\langle \varphi(a), \varphi(b) \rangle \in \varphi(P)$; es gibt ein $d^{\bullet} \in \mathcal{L}(\mathfrak{I})$ mit $\langle \varphi(d^{\bullet}), \varphi(b) \rangle \in \varphi(P)$, deswegen gilt wegen Definition 3.2($\exists$): $\mathfrak{I} \models \exists x P(x, b)$, und somit: $\mathfrak{I} \models P(a, b) \to \exists x P(x, b)$.

Wegen vollständiger Fallunterscheidung in der Metalogik gilt: $\mathfrak{I} \models P(a, b) \to \exists x P(x, b)$, für eine beliebige Interpretation $\mathfrak{I}$, daher ist '$P(a, b) \to \exists x P(x, b)$' logisch wahr.

Reflexivität der Gleichheit/Identität: $\models a = a$, denn unter einer beliebigen Interpretation $\mathfrak{I} = \langle D, \varphi \rangle$ gilt: $\varphi(a) = \varphi(a)$.

Es folgt eine recht trockene Liste von (so in etwa) 101 Theoremen. Die Theoreme sind strukturiert in aussagenlogische und prädikatenlogische. Manche davon sind echte Berühmtheiten und haben deshalb einen eigenen Namen erhalten!

Zur Auflockerung dieser *tour de force* sind bei einigen Theoremen Beweise oder Beweisskizzen angefügt, manche ohne Begründungen; diese sind aber in den bisherigen Definitionen und Theoremen zu finden – auf jeden Fall sollten Sie dazu in der Lage sein, fehlende Begründungen anzugeben – Übungsaufgaben also.

Überlegen Sie sich die semantischen Beweise der angeführten logischen Wahrheiten. Doch bevor Sie einfach darauf los beweisen, überlegen Sie sich, was denn die Formeln besagen, denn haben Sie das verstanden, ergeben sich daraus oft auf natürliche Art und Weise deren Beweise.

Theorem 3 (101 logische Wahrheiten – ein Starterkit).

1. $A \vee \neg A$ *Tertium non Datur*
2. $A \rightarrow A$ *Reflexivität*

   Beweisskizze:
   Wir betrachten eine beliebige Interpretation $\mathfrak{I}$. Es gelte $\mathfrak{I} \models A$, dann gilt $\mathfrak{I} \models A \rightarrow A$. Oder es gelte: $\mathfrak{I} \not\models A$, dann gilt $\mathfrak{I} \models A \rightarrow A$. Das heißt, in jedem Fall gilt $\mathfrak{I} \models A \rightarrow A$, $\mathfrak{I}$ ist beliebig gewählt, also gilt für alle $\mathfrak{I}$: $\mathfrak{I} \models A \rightarrow A$. Übrigens könnten wir mit demselben Argument auch die logische Wahrheit von $A \vee \neg A$ beweisen.
3. $((A \vee B) \wedge \neg A) \rightarrow B$ *und* $((A \vee B) \wedge \neg B) \rightarrow A$ *Disjunktiver Syllogismus*
4. $(A \rightarrow B) \wedge (B \rightarrow C) \rightarrow (A \rightarrow C)$ *Hypothetischer Syllogismus*
5. $A \wedge (A \rightarrow B) \rightarrow B$ *Modus Ponens*
6. $((A \rightarrow B) \wedge \neg B) \rightarrow \neg A$ *Modus Tollens*
7. $A \rightarrow (B \rightarrow (A \wedge B))$ *Konjunktion*
8. $(A \rightarrow B) \rightarrow (\neg B \rightarrow \neg A)$ *Kontraposition*
9. $(\neg A \rightarrow \neg B) \rightarrow (B \rightarrow A)$ *Kontraposition*
10. $(A \rightarrow \neg B) \rightarrow (B \rightarrow \neg A)$ *Kontraposition*
11. $A \rightarrow A \vee B$, $B \rightarrow A \vee B$ *Addition*
12. $A \wedge B \rightarrow A$, $A \wedge B \rightarrow B$ *Simplifikation*
13. $A \rightarrow (B \rightarrow A)$

    Beweisskizze:
    Wir nehmen an (zwecks r.a.a.): Es gibt eine Interpretation $\mathfrak{I}$, sodass gilt: $\mathfrak{I} \models A$ und $\mathfrak{I} \not\models B \rightarrow A$, aus der letzteren Annahme folgt aber, dass gilt: $\mathfrak{I} \not\models A$, Widerspruch.
14. $(A \rightarrow \neg A) \rightarrow \neg A$
15. $(\neg A \rightarrow A) \rightarrow A$ *Consequentia mirabilis*

16. $A \land \neg A \to B$ *Ex Contradictione quodlibet*

    Beweisskizze:
    Wir argumentieren mittels r.a.a.: Angenommen, es gibt eine Interpretation $\mathfrak{I}$ mit $\mathfrak{I} \models A \land \neg A$ und $\mathfrak{I} \not\models B$. So eine Interpretation kann es in unserem semantischen Rahmen gar nicht geben.

17. $A \to B \lor \neg B$

18. $(A \land B \to C) \to (A \to (B \to C))$ *Exportation*

19. $(A \to (B \to C)) \to (A \land B \to C)$ *Importation*

20. $(A \to C) \land (B \to C) \to (A \lor B \to C)$ *Disjunktion*

21. $(A \to B) \to ((A \to C) \to (A \to B \land C))$

22. $(A \to (B \to C)) \to ((A \to B) \to (A \to C))$

23. $A \lor (A \to B)$

    Beweisskizze:
    Sei $\mathfrak{I}$ eine beliebige Interpretation, dann gibt es zwei Fälle.
    Fall 1: $\mathfrak{I} \models A$, also $\mathfrak{I} \models A \lor (A \to B)$.
    Fall 2: $\mathfrak{I} \not\models A$, also gilt $\mathfrak{I} \models A \to B$.
    Also gilt in jedem Fall $\mathfrak{I} \models A \lor (A \to B)$. $\mathfrak{I}$ war beliebig gewählt, also ist $A \lor (A \to B)$ wahr unter allen Interpretationen.

24. *Zum besseren Verständnis von Äquivalenzformeln:*

    a. $(A \to B) \land (B \to A) \to (A \leftrightarrow B)$

    b. $(A \leftrightarrow B) \to ((A \to B) \land (B \to A))$

    c. $(A \leftrightarrow B) \leftrightarrow \neg(A \lor B) \lor \neg(\neg A \lor \neg B)$

    d. $(A \leftrightarrow B) \leftrightarrow ((\neg A \land \neg B) \lor (A \land B))$

    Dadurch sind die folgenden Äquivalenzformeln auch klarer.

25. $\neg\neg A \leftrightarrow A$ *Doppelte Negation*

26. $A \land A \leftrightarrow A$, $A \lor A \leftrightarrow A$ *Idempotenz*

27. $A \land B \leftrightarrow B \land A$, $A \lor B \leftrightarrow B \lor A$ *Kommutativität*

28. *Assoziativität:*

    a. $(A \land B) \land C \leftrightarrow A \land (B \land C)$

    b. $(A \lor B) \lor C \leftrightarrow A \lor (B \lor C)$

29. *Distributivität:*

    a. $A \land (B \lor C) \leftrightarrow (A \land B) \lor (A \land C)$

    b. $A \lor (B \land C) \leftrightarrow (A \lor B) \land (A \lor C)$

30. *De Morgans Gesetze:*

    a. $\neg(A \wedge B) \leftrightarrow \neg A \vee \neg B$

    b. $\neg(A \vee B) \leftrightarrow \neg A \wedge \neg B$

31. *Absorption:*

    a. $A \wedge (A \vee B) \leftrightarrow A$

    b. $A \vee (A \wedge B) \leftrightarrow A$

32. $A \wedge (B \vee \neg B) \leftrightarrow A,$
    $A \vee (B \wedge \neg B) \leftrightarrow A$

33. $A \wedge (B \wedge \neg B) \leftrightarrow B \wedge \neg B$
    $A \vee (B \vee \neg B) \leftrightarrow (B \vee \neg B)$

34. $A \wedge \neg A \leftrightarrow B \wedge \neg B$
    $A \vee \neg A \leftrightarrow B \vee \neg B$

35. $((A \rightarrow B) \rightarrow A) \rightarrow A$ *Peircesches Gesetz*

36. $(A \rightarrow B) \leftrightarrow \neg A \vee B$
    $(A \rightarrow B) \leftrightarrow \neg(A \wedge \neg B)$
    $\neg(A \rightarrow B) \leftrightarrow (A \wedge \neg B)$

37. $(A \rightarrow B) \vee (B \rightarrow C)$

    Beweisskizze:
    Sei $\mathfrak{I}$ eine beliebige Interpretation, dann gibt es zwei Fälle.
    Fall 1: $\mathfrak{I} \models B$. Deswegen $\mathfrak{I} \models A \rightarrow B$, also auch: $\mathfrak{I} \models (A \rightarrow B) \vee (B \rightarrow C)$.
    Fall 2: $\mathfrak{I} \not\models B$. Deswegen $\mathfrak{I} \models B \rightarrow C$, also auch: $\mathfrak{I} \models (A \rightarrow B) \vee (B \rightarrow C)$.
    Also gilt: $\mathfrak{I} \models (A \rightarrow B) \vee (B \rightarrow A)$, da $\mathfrak{I}$ beliebig gewählt ist, gilt: für alle Interpretationen $\mathfrak{I} \models (A \rightarrow B) \vee (B \rightarrow A)$, deswegen ist dieses Formelschema logisch wahr und somit auch alle Formeln, die unter dieses Schema fallen.

38. $(A \rightarrow B) \vee (\neg A \rightarrow B)$

39. $(A \rightarrow B) \vee (A \rightarrow \neg B)$

40. $(A \rightarrow \neg A) \vee (\neg A \rightarrow A)$

41. $(A \rightarrow B) \vee (A \rightarrow \neg B)$

42. $(\neg A \rightarrow A) \vee (A \rightarrow \neg A)$

43. $((A \rightarrow B) \vee (C \rightarrow D)) \rightarrow ((A \rightarrow D) \vee (C \rightarrow B))$

44. $((B \rightarrow C) \wedge (\neg B \rightarrow C)) \rightarrow C$

45. $(\neg B \rightarrow (C \wedge \neg C)) \rightarrow B$

46. $\forall x A[x] \rightarrow A[a]$ *Universelle Instanziierung*

47. $A[a] \rightarrow \exists x A[x]$ *Existenzielle Generalisierung*

48. $\neg\exists x A[x] \leftrightarrow \forall x \neg A[x]$ *Quantorennegation*

49. $\neg\forall x A[x] \leftrightarrow \exists x \neg A[x]$ *Quantorennegation*

Beweisskizze:
Sei $\mathfrak{I}$ eine beliebig gewählte Interpretation, und $\mathfrak{I} \models \neg\forall x A[x]$, dann müssen wir zeigen, dass: $\mathfrak{I} \models \exists x \neg A[x]$.

a. $\mathfrak{I} \models \neg\forall x A[x]$ *gdw.* $\mathfrak{I} \not\models \forall x A[x]$.
b. $\mathfrak{I} \not\models \forall x A[x]$ *gdw. es gibt ein $d^\bullet \in \mathcal{L}(\mathfrak{I})$ mit $\mathfrak{I} \not\models A[d^\bullet]$.*
c. *Es gibt ein $d^\bullet \in \mathcal{L}(\mathfrak{I})$ mit $\mathfrak{I} \not\models A[d^\bullet]$ gdw. es gibt ein $d^\bullet \in \mathcal{L}(\mathfrak{I})$ mit $\mathfrak{I} \models \neg A[d^\bullet]$.*
d. *Es gibt ein $d^\bullet \in \mathcal{L}(\mathfrak{I})$ mit $\mathfrak{I} \models \neg A[d^\bullet]$ gdw. $\mathfrak{I} \models \exists x \neg A[x]$.*

Der Rest ist mittlerweile Routine.

50. $\exists x A[x] \leftrightarrow \neg\forall x \neg A[x]$
51. $\forall x A[x] \leftrightarrow \neg\exists x \neg A[x]$
52. $\exists y(\exists x A[x] \rightarrow A[y])$
53. $\forall y(\forall x A[x] \rightarrow A[y])$

Beweisskizze:
Wir benutzen Fallunterscheidung in der Metasprache. Sei $\mathfrak{I} = \langle D, \varphi\rangle$ eine beliebige prädikatenlogische Interpretation.

a. $\mathfrak{I} \models \forall x A[x]$ *gdw. für alle $d^\bullet$ in $\mathcal{L}(\mathfrak{I})$ mit: $\mathfrak{I} \models A[d^\bullet]$.*
b. *Daher gilt: Für alle $d^\bullet$ in $\mathcal{L}(\mathfrak{I})$ mit: $\mathfrak{I} \models \forall x A[x] \rightarrow A[d^\bullet]$.*
c. *Daher gilt: $\mathfrak{I} \models \forall y(\forall x A[x] \rightarrow A[y])$.*
d. $\mathfrak{I} \not\models \forall x A[x]$, *dann gilt definitionsgemäß $\mathfrak{I} \models \forall y(\forall x A[x] \rightarrow A[y])$.*

54. $\exists x(A[x] \rightarrow \forall y A[y])$ *Der Trinker*
55. $\forall x(A[x] \rightarrow B[x]) \rightarrow (\forall x A[x] \rightarrow \forall x B[x])$
56. $\forall x(A[x] \land B[x]) \leftrightarrow \forall x A[x] \land \forall x B[x]$
57. $\exists x(A[x] \lor B[x]) \leftrightarrow \exists x A[x] \lor \exists x B[x]$
58. $\forall x A[x] \lor \forall x B[x] \rightarrow \forall x(A[x] \lor B[x])$
59. $\exists x(A[x] \land B[x]) \rightarrow (\exists x A[x] \land \exists x B[x])$

Beweisskizze:
Wir betrachten eine beliebige prädikatenlogische Interpretation $\mathfrak{I} = \langle D, \varphi\rangle$:

a. $\mathfrak{I} \models \exists x(A[x] \land B[x])$ *gdw. es gibt ein $d^\bullet$ in $\mathcal{L}(\mathfrak{I})$ mit: $\mathfrak{I} \models A[d^\bullet] \land B[d^\bullet]$.*
b. *Wenn es ein $d^\bullet$ in $\mathcal{L}(\mathfrak{I})$ gibt mit: $\mathfrak{I} \models A[d^\bullet] \land B[d^\bullet]$, dann gibt es ein $d^\bullet$ in $\mathcal{L}(\mathfrak{I})$ mit: $\mathfrak{I} \models (A[d^\bullet])$ und es gibt ein $d^\bullet$ in $\mathcal{L}(\mathfrak{I})$ mit: $\mathfrak{I} \models (B[d^\bullet])$.*
c. *Es gibt ein $d^\bullet$ in $\mathcal{L}(\mathfrak{I})$ mit: $\mathfrak{I} \models (A[d^\bullet])$ gdw. $\mathfrak{I} \models \exists x A[x]$.*
d. *Es gibt ein $d^\bullet$ in $\mathcal{L}(\mathfrak{I})$ mit: $\mathfrak{I} \models (B[d^\bullet])$ gdw. $\mathfrak{I} \models \exists x B[x]$.*
e. *Ergo: Wenn $\mathfrak{I} \models \exists x(A[x] \land B[x])$, dann $\mathfrak{I} \models \exists x A[x] \land \exists x B[x]$.*

60. $\forall x(A \vee B[x]) \leftrightarrow (A \vee \forall x B[x])$

61. $\forall x(A \rightarrow B[x]) \leftrightarrow (A \rightarrow \forall x B[x])$

62. $\exists x(A \wedge B[x]) \leftrightarrow (A \wedge \exists x B[x])$

63. $\exists x(A \vee B[x]) \leftrightarrow (A \vee \exists x B[x])$

64. $\forall x(A[x] \rightarrow B[x]) \rightarrow (\exists x A[x] \rightarrow \exists x B[x])$

65. $(\exists x A[x] \rightarrow \exists x B[x]) \leftrightarrow \exists y \forall x(A[x] \rightarrow B[y])$

Wir könnten zunächst (bereits mithilfe von Logik) etwas überlegen, bevor wir zu einer stringenteren semantischen Beweisskizze übergehen.

$(\exists x A[x] \rightarrow \exists x B[x])$ *ist logisch äquivalent zu:* $(\forall x \neg A[x] \vee \exists x B[x])$.

$\exists y \forall x(A[x] \rightarrow B[y])$ *ist logisch äquivalent zu:* $\exists y \forall x(\neg A[x] \vee B[y])$

$\exists y \forall x(\neg A[x] \vee B[y])$ *ist logisch äquivalent zu:* $(\forall x \neg A[x] \vee \exists y B[y])$

Klarerweise gilt auch:

$(\forall x \neg A[x] \vee \exists y B[y])$ *ist logisch äquivalent zu:* $(\neg \exists x A[x] \vee \exists y B[y])$

Semantische Beweisskizze:
Wir wählen eine beliebige prädikatenlogische Interpretation $\mathfrak{I} = \langle D, \varphi \rangle$, *mit*

$$\mathfrak{I} \models \exists x A[x] \rightarrow \exists x B[x]\,.$$

a. $\mathfrak{I} \models \exists x A[x] \rightarrow \exists x B[x]$ *gdw.* $\mathfrak{I} \not\models \exists x A[x]$ *oder* $\mathfrak{I} \models \exists x B[x]$.

b. $\mathfrak{I} \not\models \exists x A[x]$ *oder* $\mathfrak{I} \models \exists x B[x]$ *gdw.*
(für alle $d^\bullet$ *in* $\mathcal{L}(\mathfrak{I})$: $\mathfrak{I} \not\models A[d^\bullet]$*) oder (es gibt ein* $d'^\bullet$ *in* $\mathcal{L}(\mathfrak{I})$: $\mathfrak{I} \models B[d'^\bullet]$*).*

c. *(Für alle* $d^\bullet$ *in* $\mathcal{L}(\mathfrak{I})$: $\mathfrak{I} \not\models A[d^\bullet]$*) oder (es gibt ein* $d'^\bullet$ *in* $\mathcal{L}(\mathfrak{I})$: $\mathfrak{I} \models B[d'^\bullet]$*) gdw. es gibt ein* $d'^\bullet$ *in* $\mathcal{L}(\mathfrak{I})$ *((für alle* $d^\bullet$ *in* $\mathcal{L}(\mathfrak{I})$: $\mathfrak{I} \not\models A[d^\bullet]$*) oder* $\mathfrak{I} \models B[d'^\bullet]$*).*

d. *Es gibt ein* $d'^\bullet$ *in* $\mathcal{L}(\mathfrak{I})$ *((für alle* $d^\bullet$ *in* $\mathcal{L}(\mathfrak{I})$: $\mathfrak{I} \not\models A[d^\bullet]$*) oder* $\mathfrak{I} \models B[d'^\bullet]$*) gdw. es gibt ein* $d'^\bullet$ *in* $\mathcal{L}(\mathfrak{I})$ *für alle* $d^\bullet$ *in* $\mathcal{L}(\mathfrak{I})$ *(*$\mathfrak{I} \not\models A[d^\bullet]$ *oder* $\mathfrak{I} \models B[d'^\bullet]$*).*

e. *Es gibt ein* $d'^\bullet$ *in* $\mathcal{L}(\mathfrak{I})$ *für alle* $d^\bullet$ *in* $\mathcal{L}(\mathfrak{I})$ *(*$\mathfrak{I} \not\models A[d^\bullet]$ *oder* $\mathfrak{I} \models B[d'^\bullet]$*) gdw.* $\mathfrak{I} \models \exists y \forall x(A[x] \rightarrow B[y])$.

f. $\mathfrak{I} \models \exists x A[x] \rightarrow \exists x B[x]$ *gdw.* $\mathfrak{I} \models \exists y \forall x(A[x] \rightarrow B[y])$.

66. $(\forall x A[x] \rightarrow \forall x B[x]) \leftrightarrow \exists x \forall y(A[x] \rightarrow B[y])$

67. $\forall x \forall y(A[x] \rightarrow A[y]) \leftrightarrow \neg \exists x A[x] \vee \forall x A[x]$

68. $\neg \exists y \forall x(A[x, y] \leftrightarrow \neg A[x, x])$ *Der Barbier*

69. $\forall x(A[x] \rightarrow B) \leftrightarrow (\exists x A[x] \rightarrow B)$

70. $\exists x(A[x] \rightarrow B) \leftrightarrow (\forall x A[x] \rightarrow B)$

71. $\forall x A[x] \leftrightarrow \forall y A[y]$

72. $\exists x A[x] \leftrightarrow \exists y A[y]$

73. $\forall x \forall y A[x, y] \leftrightarrow \forall y \forall x A[x, y]$

74. $\exists x \exists y A[x, y] \leftrightarrow \exists y \exists x A[x, y]$

75. $\exists x \forall y A[x, y] \rightarrow \forall x \exists y A[x, y]$

76. $\forall x \exists y(A[x] \land B[y]) \leftrightarrow (\forall x A[x] \land \exists y B[y])$

77. $\forall x \exists y(A[x] \land B[y]) \leftrightarrow \exists y \forall x(A[x] \land B[y])$

78. $\forall x \exists y(A[x] \lor B[y]) \leftrightarrow (\forall x A[x] \lor \exists y B[y])$

79. $\forall x \exists y(A[x] \lor B[y]) \leftrightarrow \exists y \forall x(A[x] \lor B[y])$

80. $\forall x \exists y(A[x] \rightarrow B[y]) \leftrightarrow \exists y \forall x(A[x] \rightarrow B[y])$

81. $a = a$ *Reflexivität der Identität*

82. $a = b \land A[a] \rightarrow A[b]$ *Substitutionsprinzip, Leibniz-Prinzip*

83. $a = b \rightarrow b = a$ *Symmetrie der Identität*

84. $a = b \land b = c \rightarrow a = c$ *Transitivität der Identität*

85. $\exists x(x = a)$.

    Beweisskizze:
    Sei $\mathfrak{I}$ eine beliebige Interpretation, $\varphi(a) = \varphi(a)$, also gibt es ein $d^\bullet \in \mathcal{L}(\mathfrak{I})$ mit $\varphi(a) = \varphi(d^\bullet)$, also gilt: $\mathfrak{I} \models \exists x(x = a)$ für alle $\mathfrak{I}$.

86. $\forall x \exists y(x = y)$ *Alles existiert.*

    Beweisskizze:
    Angenommen, es gibt eine prädikatenlogische Interpretation $\mathfrak{I}$, mit $\mathfrak{I} \not\models \forall x \exists y(x = y)$, dann gibt es ein $d_1^\bullet$ in $\mathcal{L}(\mathfrak{I})$ mit $\mathfrak{I} \not\models \exists y(d_1^\bullet = y)$, dann gilt aber für alle $d^\bullet$ in $\mathcal{L}(\mathfrak{I})$ mit $\mathfrak{I} \not\models d_1^\bullet = d^\bullet$. Sei $d_2^\bullet$ so ein $d_1^\bullet$; spezifizieren wir desweiteren $d^\bullet$ zu $d_2^\bullet$, dann erhalten wir: $\mathfrak{I} \not\models d_2^\bullet = d_2^\bullet$. Widerspruch.

87. $\forall x \forall y(x = y \land A[x] \rightarrow A[y])$

88. $\forall x \forall y(x = y \rightarrow (A[x] \leftrightarrow A[y]))$

89. $\exists x(A[x] \land x = a) \leftrightarrow A[a]$

90. $\forall x(x = a \rightarrow A[x]) \leftrightarrow A[a]$

91. $\forall x \forall y((A[x] \land x = y) \leftrightarrow (A[y] \land x = y))$

92. $\forall x A[x] \leftrightarrow (A[a] \land \forall x(\neg(x = a) \rightarrow A[x])$

93. $A[a] \land \neg A[b] \rightarrow \exists x \exists y \neg(x = y)$

    Beweisskizze:
    Wir betrachten eine beliebige Interpretation $\mathfrak{I}$ mit $\mathfrak{I} \models A[a] \land \neg A[b]$, d. h. $\mathfrak{I} \models A[a]$ und $\mathfrak{I} \models \neg A[b]$, also $\mathfrak{I} \not\models A[b]$; deswegen ist $\varphi(a)$ in der Extension von A und $\varphi(b)$ ist nicht in der Extension von A, d. h. $\varphi(a) \neq \varphi(b)$, sei $\varphi(a) = d_1 \in D$, und sei $\varphi(b) = d_2 \in D$, deswegen gibt es $d_1^\bullet, d_2^\bullet \in \mathcal{L}(\mathfrak{I})$ mit: $\mathfrak{I} \models \neg(d_1^\bullet = d_2^\bullet)$, also $\mathfrak{I} \models \exists x \exists y \neg(x = y)$.

94. $A[a] \land \neg A[b] \land \neg A[c] \land \neg(b = c) \rightarrow \exists x \exists y \exists z(\neg(x = y) \land \neg(x = z) \land \neg(y = z))$

95. $\exists x \exists y \exists z(\neg(x = y) \land \neg(x = z) \land \neg(y = z) \land A[x] \land A[y] \land A[z] \rightarrow \exists x \exists y(\neg(x = y) \land A[x] \land A[y]))$

96. $\exists x \forall y(x = y) \rightarrow (\forall x A[x] \vee \neg\exists x A[x])$

Beweisskizze:

In Worten besagt diese logische Wahrheit: Wenn es genau ein Objekt (in der Domain) gibt, dann sind alle Objekte in der Domain A-Objekte oder kein Objekt ist ein A-Objekt. Wir wählen eine beliebige prädikatenlogische Interpretation $\mathfrak{I} = \langle D, \varphi \rangle$, *sodass* $\mathfrak{I} \models \exists x \forall y(x = y)$ *und* $\mathfrak{I} \not\models \forall x A[x] \vee \neg\exists x A[x]$.

a. $\mathfrak{I} \not\models \forall x A[x] \vee \neg\exists x A[x]$ *gdw.* $\mathfrak{I} \not\models \forall x A[x]$ *und* $\mathfrak{I} \not\models \neg\exists x A[x]$.

b. $\mathfrak{I} \not\models \forall x A[x]$ *gdw. es gibt ein* $d^\bullet \in \mathcal{L}(\mathfrak{I})$, $\mathfrak{I} \not\models A[d^\bullet]$.

c. $\mathfrak{I} \not\models \neg\exists x A[x]$ *gdw.* $\mathfrak{I} \models \exists x A[x]$.

d. $\mathfrak{I} \models \exists x A[x]$ *gdw. es gibt ein* $d^\bullet \in \mathcal{L}(\mathfrak{I})$, $\mathfrak{I} \not\models A[d^\bullet]$.

e. Aus b. und d. und der Annahme $\mathfrak{I} \models \exists x \forall y(x = y)$ *ergibt sich ein Widerspruch. Der Rest des Beweises ist mittlerweile Routine.*

97. $\forall x \forall y(\neg(x = y) \rightarrow A[x] \vee A[y]) \leftrightarrow (\forall x(\neg(x = a) \rightarrow A[x]) \vee A[a])$

98. $\exists x \forall y(A[x] \wedge A[y] \rightarrow x = y) \leftrightarrow \exists x \forall y(A[x] \leftrightarrow x = y)$

99. $\exists x(A[x] \wedge B[x]) \wedge \forall x \forall y(A[x] \wedge A[y] \rightarrow x = y) \leftrightarrow$
$\exists x(A[x] \wedge \forall y(A[y] \rightarrow x = y) \wedge B[x])$

100. $\exists x(A[x] \wedge \forall y(A[y] \rightarrow x = y) \wedge B[x]) \leftrightarrow \exists x \forall y((A[y] \leftrightarrow x = y) \wedge B[x])$

101. *Definitorisch gilt:* $\exists! x P(x) :\leftrightarrow (\exists x P(x) \wedge \forall y \forall z((P(y) \wedge P(z)) \rightarrow y = z))$

Deswegen gilt: $\exists! x(x = a)$.

Beweisskizze:

- $\exists x P(x)$ *drückt aus: es gibt* mindestens *ein Objekt, das in der Extension von P liegt.*
- $\forall y \forall z((P(y) \wedge P(z)) \rightarrow y = z)$ *drückt aus, dass es* höchstens *ein Objekt gibt, das in der Extension von P liegt.*

Gemeinsam drücken beide Bedingungen aus, dass es genau ein *Objekt gibt, das in der Extension von P liegt.*

In der Klassischen Prädikatenlogik sind die folgenden Formeln logische Wahrheiten:

- $\exists x(x = a)$
- $\forall y \forall z(a = y \wedge a = z \rightarrow y = z)$
- *Daher gilt:* $\exists! x(x = a)$. *Es gibt genau ein x-Objekt, welches identisch mit a ist.*

Jede freie Inividuenvariable/jeder Name bezeichnet genau ein Objekt in einer prädikatenlogischen Interpretation. Obiges Theorem zeigt das sehr anschaulich!

Das schließt unser Starterkit ab.

Definieren wir nun den Gegenbegriff zu logischer Wahrheit: logische Falschheit.

Definition 3.4: Logisch falsch

Sei A eine $\mathcal{L}$-Formel. A ist logisch falsch :gdw. für alle Interpretationen $\mathfrak{I}$ gilt: $\mathfrak{I} \not\models A$. Falls das der Fall ist, schreiben wir auch: $\not\models A$. Anstelle von einer logisch falschen Formel zu sprechen, wird auch gesagt, eine Formel ist eine *Kontradiktion*.

Es gilt ja für alle Formeln von $\mathcal{L}$ und alle Interpretation $\mathfrak{I}$: $\mathfrak{I} \models A$ oder $\mathfrak{I} \not\models A$, also folgt weiter: Für alle $\mathfrak{I}$: $\mathfrak{I} \models A$ oder $\mathfrak{I} \models \neg A$. Deswegen gilt: Alle Negationen von Kontradiktionen sind logisch wahr.

Wir könnten jetzt alle Formeln, die wir vorher als logisch wahr angeführt haben, mit einer Negation als Hauptjunktor versehen und dadurch *neue* Beispiele für logisch falsche Formeln erzeugen. Das ist aber eher langweilig und wir schreiben deshalb:

Korollar 1. *Sei A eine Formel von $\mathcal{L}$, dann gilt: Ist A logisch wahr, dann ist $\neg A$ logisch falsch. Ist A logisch falsch, dann ist $\neg A$ logisch wahr.*

Unter einem *Korollar* werden zumeist einfache Folgerungen aus Definitionen, Lemmata oder Theoremen verstanden – das ist eine wahre Behauptung über den Sprachgebrauch der Gruppe der Logikerinnen.

3.3.2 Modell & Kontingenz

Sei Γ eine Formelmenge und A eine Formel der Sprache $\mathcal{L}$, dann schreibt man Γ, A anstelle von $\Gamma \cup \{A\}$; Letzteres ist korrekt, Ersteres üblich.

Bevor wir richtig weitermachen, klären wir noch, was der Ausdruck '$\mathfrak{I} \models \Gamma$' bedeuten soll. Sei Γ eine Menge von Formeln der Sprache $\mathcal{L}$, dann bedeutet $\mathfrak{I} \models \Gamma$, dass alle Formeln von Γ wahr sind unter $\mathfrak{I}$, konkreter: Für alle Formeln B der Sprache $\mathcal{L}$ gilt: Wenn $B \in \Gamma$, dann $\mathfrak{I} \models B$.

Mit dieser Festlegung im Hinterkopf fragen Sie sich, ob folgende Behauptung wahr ist: Für alle Interpretationen $\mathfrak{I}$ gilt: $\mathfrak{I} \models \varnothing$.

Definition 3.5: Modell

Eine Formelmenge Γ der Sprache $\mathcal{L}$ hat ein Modell :gdw. es eine Interpretation $\mathfrak{I}$ gibt, sodass gilt: $\mathfrak{I} \models A$ für alle A von Γ.

Im Falle, dass eine Formelmenge ein Modell hat, dann sagen wir auch, dass eine Formelmenge *erfüllbar* ist.

Offiziell haben wir jetzt ein Modell nur für Mengen von Formeln definiert. Etwa können wir fragen: Hat $\{P(a), \neg P(c), R(a, b)\}$ ein Modell (unter der Annahme, dass die Elemente dieser Menge Formeln von $\mathcal{L}$ sind)? Wir können uns offiziell aber nicht fragen, ob $P(a)$ ein Modell hat. Der Grund hierfür ist, dass $P(a)$ und $\{P(a)\}$ zwei verschiedene Objekte sind. Wenn wir also sagen, eine Formel hat ein Modell, denken wir uns immer dazu, dass wir eigentlich meinen, die Menge, die diese Formel als Element enthält, hat ein Modell.

Fragen wir uns: Hat $\{P(a_1, a_7, a_{2005}, a_{300001}, a_{10}, a_2)\}$ ein Modell?

Ja, denn, sei: $\mathfrak{I} = \langle D, \varphi \rangle$ mit $D = \{d_1, d_7, d_{2005}, d_{300001}, d_{10}, d_2\}$ und $\varphi(a_1) = d_1$, $\varphi(a_7) = d_7$, $\varphi(a_{2005}) = d_{2005}$, $\varphi(a_{10}) = d_{10}$, $\varphi(a_{300001} = d_{300001}$, $\varphi(a_2) = d_2$, und schließlich sei $\varphi(P) = \{\langle d_1, d_7, d_{2005}, d_{300001}, d_{10}, d_2 \rangle\}$, also gilt:

$$\mathfrak{I} \models P(a_1, a_7, a_{2005}, a_{300001}, a_{10}, a_2)\,, \quad \text{da:} \qquad \langle \varphi(a_1), \varphi(a_7), \varphi(a_{2005}), \varphi(a_{300001}), \varphi(a_{10}), \varphi(a_2) \rangle \in \varphi(P)\,.$$

Ist Ihnen das zu einfach? Gut möglich. Aber bedenken Sie, dass es nur erforderlich ist, eine Interpretation anzugeben, um zu zeigen, dass eine Formel ein Modell hat – und das haben wir unzweifelhaft gemacht. Sie wollen ein Beispiel aus der natürlichen Sprache? Mit Freuden und sofort! Bert, Anna, Kurt, Verena, Jonas sind größer als Hannes.

Definition 3.6: Kontingenz

Sei A eine Formel von $\mathcal{L}$: A ist kontingent :gdw.

1. Es gibt eine Interpretation $\mathfrak{I}$, sodass gilt: $\mathfrak{I} \models A$, und:
2. Es gibt eine Interpretation $\mathfrak{I}$, sodass gilt: $\mathfrak{I} \not\models A$.

Betrachten wir $\exists x A[x] \to A[a]$. Dieses Schema ist kontingent. Das sieht man am besten, indem konkrete Instanzen dieses Schemas betrachtet werden. Etwa: $\exists x P(x) \to P(a)$. Jetzt bauen wir ein Gegenmodell (will heißen eine Interpretation $\mathfrak{I}$ mit $\mathfrak{I} \not\models \exists x P(x) \to P(a)$) – und zwar so: sei $\mathfrak{I} = \langle D, \varphi \rangle$ mit $D = \{0, 1\}$, $\varphi(P) = \{0\}$, $\varphi(a) = 1$, dann gilt: $\mathfrak{I} \models \exists x P(x)$ und $\mathfrak{I} \not\models P(a)$. Ein Modell für diese Formel finden Sie selbst auch!

Allgemein gilt: Alle atomaren Formeln (mit Ausnahme bestimmter Gleichheitsformeln, nämlich der Form $t = t$) sind kontingent.

3.3.3 Logische Folgerung

Logische Folgerung ist das Kernstück der formalen Semantik. Statt logischer Folgerung wird auch von logischer Folge oder logischer Implikation gesprochen. Logische Implikation ist von der materialen Implikation strikt zu unterscheiden!

Definition 3.7: Logische Folgerung

Sei Γ eine Menge von Formeln der Sprache $\mathcal{L}$, und A eine Formel von $\mathcal{L}$: $\Gamma \models A$:gdw. für alle Interpretationen $\mathfrak{I}$ gilt: Wenn $\mathfrak{I} \models \Gamma$, dann $\mathfrak{I} \models A$.

Wir überlegen uns etwas! Es gilt definitorisch $\Gamma \models A$:gdw. für alle Interpretationen $\mathfrak{I}$ gilt: Wenn $\mathfrak{I} \models \Gamma$, dann auch $\mathfrak{I} \models A$. Gilt deswegen auch $\Gamma \models A$ gdw. es nicht der Fall ist, dass es eine Interpretation $\mathfrak{I}$ gibt, sodass gilt: $\mathfrak{I} \models \Gamma$ und $\mathfrak{I} \not\models A$?

Ja, denn:

1. $\Gamma \models A$ (Annahme)
2. gdw. Für alle Interpretationen $\mathfrak{I}$ gilt: Wenn $\mathfrak{I} \models \Gamma$, dann $\mathfrak{I} \models A$. (1., Def. 3.4)
3. gdw. Es ist nicht der Fall, dass es eine Interpretation $\mathfrak{I}$ gibt, sodass nicht gilt: Wenn $\mathfrak{I} \models \Gamma$, dann $\mathfrak{I} \models A$. (2., Logik)
4. gdw. Es ist nicht der Fall, dass es eine Interpretation $\mathfrak{I}$ gibt, sodass gilt: $\mathfrak{I} \models \Gamma$ und $\mathfrak{I} \not\models A$. (3., Def. 3.2, Logik)
5. $\Gamma \models A$ gdw. es ist nicht der Fall, dass es eine Interpretation $\mathfrak{I}$ gibt, sodass gilt: $\mathfrak{I} \models \Gamma$ und $\mathfrak{I} \not\models A$. (1.-4. Logik)

Wir fassen das in einem Korollar zusammen:

Korollar 2.
Sei Γ eine Menge von Formeln und A eine Formel der Sprache $\mathcal{L}$: $\Gamma \models A$ gdw. es ist nicht der Fall, dass es eine Interpretation $\mathfrak{I}$ gibt, sodass gilt: $\mathfrak{I} \models \Gamma$ und $\mathfrak{I} \not\models A$.

Inhaltlich lässt sich dieses Korollar so bestimmen: Wenn eine Formelmenge Γ eine Formel A logisch impliziert, dann gibt es dazu kein Gegenmodell.

Einige logische Folgerungsbeziehungen sind wiederum so berühmt, dass sie sogar Eigennamen erhalten haben – etwa die nun Folgenden:

(MP) $A, A \rightarrow B \models B$ (Modus Ponens)

(MT) $A \rightarrow B, \neg B \models \neg A$ (Modus Tollens)

(DS) $A \vee B, \neg A \models B$ und $A \vee B, \neg B \models A$ (Disjunktiver Syllogismus)

(SIMP) $A \wedge B \models A$ und $A \wedge B \models B$ (Simplifikation)

(ADD) $A \models A \vee B$ und $B \models A \vee B$ (Addition)

(KON) $A, B \models A \wedge B$ (Konjunktion)

(DN) $A \models \neg\neg A$ und $\neg\neg A \models A$ (Doppelte Negation)

(DIS) $A \rightarrow C, B \rightarrow C, A \vee B \models C$ (Disjunktion)

(TS) $A \models A$ (Triviale Schlussform / Reflexivität)

(ECQ) $A, \neg A \models B$ (Ex Contradictione Quodlibet)

(A) $\forall x A[x] \models A[a]$ (Universelle Instanziierung)

(E) $A[a] \models \exists x A[x]$ (Existenzielle Generalisierung)

(G1) $\models a = a$ (Reflexivität der Gleichheit)

(G2) $a = b, A[a] \models A[b]$ (Substitutionsprinzip, Leibniz-Prinzip)

Wir sollten anstelle von $A, A \rightarrow B \models B$ eigentlich $\{A, A \rightarrow B\} \models B$ schreiben – wir folgen hier wiederum der verbreiteten Usance und lassen die Mengenklammern weg. Viele logische Folgerungen der obigen Liste sind als solche klar erkennbar. Betrachten wir (KON) $A, B \models A \wedge B$ genauer. Gemäß der Definition 3.7 von logischer Folgerung gilt: $A, B \models A \wedge B$ genau dann, wenn für alle Interpretationen $\mathfrak{I}$ gilt: wenn $\mathfrak{I} \models \{A, B\}$, dann $\mathfrak{I} \models A \wedge B$.

Sei nun $\mathfrak{I}'$ eine beliebige, aber fest gewählte Interpretation, und es gelte $\mathfrak{I}' \models \{A, B\}$. Da nun alle Formeln dieser Menge wahr sind unter dieser Interpretation, folgt per Definition: $\mathfrak{I}' \models A$ und $\mathfrak{I}' \models B$. Wegen Definition 3.2 (Punkt 4 für $\wedge$) gilt nun auch: $\mathfrak{I}' \models A \wedge B$.

Wir haben also gezeigt: Für eine beliebige Interpretation $\mathfrak{I}'$ gilt die Implikation: wenn $\mathfrak{I}' \models \{A, B\}$, dann $\mathfrak{I}' \models A \wedge B$. Der restliche Beweis ist schon Routine. Führen Sie ihn zu Ende, indem Sie argumentieren, warum daraus die ursprüngliche Behauptung für *alle* Interpretationen folgt.

Es gilt allgemeiner, seien $A_1, \ldots, A_n, B$ Formeln von $\mathcal{L}$: wenn $A_1, \ldots, A_n \models B$, dann $A_1 \wedge \cdots \wedge A_n \models B$.

Wenn Sie das beweisen wollen, dann betrachten Sie nochmals das Argument von unmittelbar davor und insbesondere, wie die Wahrheitsbedingungen für Konjunktionsformeln und für Formelmengen ($\mathfrak{I} \models \Gamma$) zusammenhängen.

Das Starterkit (bekannt als Theorem 3) ist auch im Kontext von logischer Folgerung von großer Wichtigkeit. Der Grund ist: Sie können alle Formeln des Starterkits durchgehen und in jeder Formel, die ein Implikationszeichen als Hauptjunktor enthält, genau dieses durch das Zeichen für logische Folgerung ersetzen; durch diese Ersetzung erhalten Sie wiederum korrekte logische Folgerungen. Ein Beispiel dafür ist der Hypothetische Syllogismus:

$$(A \rightarrow B) \wedge (B \rightarrow C) \rightarrow (A \rightarrow C)$$

Nach der Ersetzung gilt:

$$(A \rightarrow B) \wedge (B \rightarrow C) \models (A \rightarrow C)$$

Die umgekehrte Richtung gilt übrigens auch. Das heißt, wir könnten (bei korrekten) logischen Folgerungen das Zeichen $\models$ durch $\rightarrow$ ersetzen und erhalten so wiederum eine logische Wahrheit. Wir werden uns im Unterabschnitt 3.3.4 *Metatheoreme zur logischen Folgerung* genau überlegen (sprich: beweisen), warum dem so ist.

Logische Folgerung und (korrektes) Argumentieren sind engstens miteinander verbunden. Erinnern Sie sich noch wie **Argumente aus logischer Sicht** definiert sind? Ein Argument (einer natürlichen Sprache) ist eine endliche (vielleicht sogar leere) Menge/Folge von Sätzen (diese nennen wir Prämissen), gefolgt von einem Konklusionsindikator (etwa: daher, folglich, $\therefore$) und der Konklusion. Wird so ein Argument (einer natürlichen Sprache) in eine formale Sprache (etwa $\mathcal{L}$) übertragen, oder *formalisiert* bzw. *repräsentiert* wie auch viele sagen, so erhalten wir die Argumentform. Diese Argumentform können wir nun dahingehend überprüfen, ob denn eine logische Folgerungsbeziehung besteht oder nicht.

Zwei kleine Warnungen: (1) Formalisieren ist nicht leicht, beinhaltet unzählige Fallstricke und will gemeistert werden. (2) Das Überprüfen von logischen Folgerungsbeziehungen ist in der Prädikatenlogik keine *mechanische* Angelegenheit, auch wenn es bei einfachen Beispielen so wirken kann, als ob das so wäre. Das sogenannte *Entscheidungsproblem* der Prädikatenlogik wurde von Alonzo Church negativ gelöst, es besagt (im Wesentlichen): Es gibt kein rein mechanisches Entscheidungsverfahren, um die logische Wahrheit von prädikatenlogischen Formeln zu bestimmen. Wir kommen später im Abschnitt 5.6 kurz darauf zurück.

Wir schließen diesen Unterabschnitt mit der Definition von logischer Äquivalenz ab.

Definition 3.8: Logische Äquivalenz

Seien A, B $\mathcal{L}$-Formeln. A und B sind logisch äquivalent :gdw. $A \models B$ und $B \models A$.

Etwa sind die folgenden Behauptungen korrekt:

$P(a) \vee \neg P(a)$ ist logisch äquivalent mit $P(b) \vee \neg P(b)$.

$P(a) \vee \neg P(a)$ ist logisch äquivalent mit $\neg(P(c) \wedge \neg P(c))$.

$P(a) \vee \neg P(a)$ ist logisch äquivalent mit $b = b$.

Theorem 4.

1. *$A \wedge B$ ist logisch äquivalent mit $\neg(\neg A \vee \neg B)$.*
2. *$A \rightarrow B$ ist logisch äquivalent mit $\neg A \vee B$.*
3. *$A \leftrightarrow B$ ist logisch äquivalent mit $\neg(A \vee B) \vee \neg(\neg A \vee \neg B)$.*
4. *$\forall x A[x]$ ist logisch äquivalent mit $\neg\exists x \neg A[x]$.*

Wegen dieser logischen Äquivalenzen könnten wir uns auf Formeln, die nur mittels der logischen Zeichen $\neg$, $\vee$, $\exists$ aufgebaut sind, beschränken. Für anwendungsorientierte Zwecke ist das weniger interessant, für uns aber, die metalogische Ziel verfolgen, allerdings sehr.

Das Starterkit, das ist Theorem 3, beinhaltet ebenfalls viele Äquivalenzformeln. Etwas Analoges zur obigen Ersetzungsmethode lässt sich auch hier sagen: Sie können alle Formeln des Starterkits durchgehen und in jeder Formel, die ein Äquivalenzzeichen als Hauptjunktor enthält, genau dieses durch die Phrase *ist logisch äquivalent mit* ersetzen; durch diese Ersetzung erhalten Sie wiederum korrekte logische Beziehungen. Ein Beispiel dafür ist etwa:

$$\exists x(A[x] \wedge x = a) \leftrightarrow A[a]$$

Nach der Ersetzung gilt:

$$\exists x(A[x] \wedge x = a) \quad \text{ist logisch äquivalent mit} \quad A[a]$$

Beziehungsweise (nach definitorischer Auflösung):

$$\exists x(A[x] \wedge x = a) \models A[a]$$

und

$$A[a] \models \exists x(A[x] \wedge x = a)$$

Begründet kann obige Ersetzung durch dieses Theorem werden:

Theorem 5.
Seien A, B Formeln von $\mathcal{L}$, die folgenden Behauptungen sind äquivalent:

1. $A \models B$ *und* $B \models A$.
2. *A ist logisch äquivalent mit B.*
3. $\models A \leftrightarrow B$.

Die Struktur des Beweises der Äquivalenz der Behauptungen ist schematisch so: 1. ⇒ 2., 2. ⇒ 3., 3. ⇒ 1. – Der Beweis selbst ist eine Übungsaufgabe.

3.3.4 Metatheoreme zur logischen Folgerung (semantisch)

In der Logik sind wir nicht nur an einzelnen logischen Wahrheiten interessiert, sondern vor allem an der Beziehung der *logischen Folgerung*. Sie erlaubt es uns, aus Bekanntem systematisch weiter zu schließen. In diesem Abschnitt untersuchen wir die fundamentalen Eigenschaften der *semantischen* Folgerungsrelation ($\models$). Wir zeigen, dass sie die nötigen strukturellen Eigenschaften besitzt, die wir intuitiv von einem Folgerungsbegriff erwarten.

Eigenschaften der Folgerungsrelation

Das folgende Theorem fasst die wichtigsten Eigenschaften der semantischen Folgerungsrelation zusammen. Die aufgelisteten Sätze sind die semantischen Gegenstücke zu den Schlussregeln, die wir später in unserem formalen System verwenden werden.

Theorem 6.
Seien A, B, C Formeln und Γ eine Formelmenge der Sprache $\mathcal{L}$:

Monotonie:

Wenn $\Gamma \models A$, dann $\{B\} \cup \Gamma \models A$.

Schnitt (Transitivität):

Wenn $\Gamma \models A$ und $\{A\} \cup \Gamma \models B$, dann $\Gamma \models B$.

Konditionaler Beweis (KB, Deduktionstheorem):

$\{A\} \cup \Gamma \models B$ genau dann, wenn $\Gamma \models A \rightarrow B$.

Fallunterscheidung (FU):

Wenn $\{A\} \cup \Gamma \models C$ und $\{\neg A\} \cup \Gamma \models C$, dann $\Gamma \models C$. Indirekter Beweis (RAA, r.a.a., IB): Wenn $\{\neg A\} \cup \Gamma \models B \wedge \neg B$, dann $\Gamma \models A$.

All-Einführung, All-Generalisierung, Universelle Generalisierung:

Wenn $\Gamma \models A[a]$ und die freie Individuenvariable a nicht in Γ vorkommt, dann $\Gamma \models \forall x A[x]$.

Existenz-Einführung:

Wenn $\{A[a]\} \cup \Gamma \models B$ und die freie Individuenvariable a nicht in Γ oder B vorkommt, dann $\{\exists x A[x]\} \cup \Gamma \models B$.

Exemplarische Beweise:

Wir beweisen einige dieser Eigenschaften, um die semantische Argumentationsweise zu demonstrieren.

Beweis der Monotonie:

Wir nehmen an, $\Gamma \models A$. Das bedeutet per Definition, jedes Modell von Γ ist auch ein Modell von A. Wir wollen zeigen: $\Gamma \cup \{B\} \models A$. Sei also $\mathfrak{I}$ ein beliebiges Modell von $\Gamma \cup \{B\}$. Dann ist $\mathfrak{I}$ insbesondere ein Modell von Γ. Nach unserer Annahme muss dann auch $\mathfrak{I}$ ein Modell von A sein. Dies gilt für jedes Modell von $\Gamma \cup \{B\}$, womit die Monotonie bewiesen ist.

Beweis des Konditionalen Beweises:

Wir nehmen an, $A, \Gamma \models B$. Wir wollen zeigen, dass $\Gamma \models A \rightarrow B$. Sei $\mathfrak{I}$ ein beliebiges Modell von Γ. Wir müssen zeigen, dass $\mathfrak{I} \models A \rightarrow B$. Dafür betrachten wir zwei Fälle:

- Fall 1: $\mathfrak{I} \not\models A$. Dann ist die Implikation $A \rightarrow B$ in $\mathfrak{I}$ trivialerweise wahr.
- Fall 2: $\mathfrak{I} \models A$. Da $\mathfrak{I}$ auch ein Modell von Γ ist, ist $\mathfrak{I}$ ein Modell von $\{A\} \cup \Gamma$. Nach unserer Annahme muss dann auch $\mathfrak{I} \models B$ gelten. In diesem Fall ist die Implikation $A \rightarrow B$ ebenfalls wahr.

In beiden Fällen ist $A \rightarrow B$ in $\mathfrak{I}$ wahr. Da $\mathfrak{I}$ ein beliebiges Modell von Γ war, folgt $\Gamma \models A \rightarrow B$.

Beweis der All-Einführung:

Wir führen den Beweis durch Kontraposition. Wir nehmen an, $\Gamma \not\models \forall x A[x]$ und wollen zeigen, dass $\Gamma \not\models A[a]$.

1. Aus $\Gamma \not\models \forall x A[x]$ folgt, dass es eine Interpretation $\mathfrak{I} = \langle D, \varphi \rangle$ gibt, sodass $\mathfrak{I} \models \Gamma$, aber $\mathfrak{I} \not\models \forall x A[x]$.
2. Dass $\mathfrak{I} \not\models \forall x A[x]$, bedeutet, es gibt einen Term $d^\bullet$ in $\mathcal{L}(\mathfrak{I})$, sodass $\mathfrak{I} \not\models A[d^\bullet]$.
3. Jetzt kommt der entscheidende Punkt. Da die freie Individuenvariable a in Γ nicht vorkommt, ist der Wahrheitswert von Γ unabhängig von der Interpretation von a. Wir können eine neue Interpretation $\mathfrak{I}'$ konstruieren, die mit $\mathfrak{I}$ identisch ist, sodass: $\varphi'(a) = \varphi(d^\bullet)$. (Dies ist der **Kern des Koinzidenzlemmas**).
4. In dieser neuen Interpretation gilt weiterhin $\mathfrak{I}' \models \Gamma$ (da a in Γ nicht vorkommt). Aber es gilt nun $\mathfrak{I}' \not\models A[a]$.
5. Wir haben also eine Interpretation $\mathfrak{I}'$ gefunden, die ein Modell von Γ ist, aber nicht von $A[a]$.
6. Per Definition bedeutet dies: $\Gamma \not\models A[a]$. Der Beweis ist damit abgeschlossen.

Der Zusammenhang von Folgerung und Erfüllbarkeit

Das folgende Theorem ist von zentraler Bedeutung, da es die Folgerungsrelation ($\models$) direkt mit dem Begriff der (Nicht-)Existenz von Modellen verbindet.

Theorem 7 (Folgerung vs. Gegenmodell).
Sei A eine Formel und Γ eine Formelmenge von $\mathcal{L}$:

$$\Gamma \models A \quad \textit{gdw.} \quad \textit{die Menge } \Gamma \cup \{\neg A\} \textit{ kein Modell hat.}$$

Beweis:

$\Rightarrow$: Angenommen, $\Gamma \models A$. Das heißt, jedes Modell von Γ ist auch ein Modell von A. Angenommen, $\Gamma \cup \{\neg A\}$ hat ein Modell $\mathfrak{I}$. Dann ist $\mathfrak{I}$ ein Modell von Γ und von $\neg A$. Da $\mathfrak{I}$ ein Modell von Γ ist, ist es auch ein Modell von A. Dann ist aber sowohl A als auch $\neg A$ wahr unter $\mathfrak{I}$, was unmöglich ist. Also hat $\Gamma \cup \{\neg A\}$ kein Modell.

$\Leftarrow$: Angenommen, $\Gamma \cup \{\neg A\}$ hat kein Modell. Das bedeutet, es gibt keine Interpretation, die alle Formeln in Γ und gleichzeitig $\neg A$ wahr macht. Sei nun $\mathfrak{I}$ ein beliebiges Modell von Γ. Könnte unter dieser Interpretation A falsch sein? Angenommen, A ist falsch unter $\mathfrak{I}$, dann ist $\neg A$ wahr unter $\mathfrak{I}$. Somit ist $\mathfrak{I}$ ein Modell für $\Gamma \cup \{\neg A\}$, was unserer Annahme widerspricht. Also gilt für alle Interpretationen $\mathfrak{I}$, wenn $\mathfrak{I} \models \Gamma$, dann $\mathfrak{I} \models A$. Per Definition bedeutet dies $\Gamma \models A$.

3.3.5 Extensionalität (semantisch)

Das Schlagwort – **Klassische Logik ist sowohl kompositional als auch extensional** – wird oft gebraucht. Was ist damit gemeint? **Kompositional** bedeutet: Die Bedeutung eines Ausdrucks setzt sich aus den Bedeutungen der Teilausdrücke zusammen (ist dadurch eindeutig bestimmt) und wird daraus *komponiert*. Ein Beispiel ist der Wahrheitswert eines Konjunktionssatzes, der sich aus den Wahrheitswerten der Konjunkte ergibt. Das *Kompositionalitätsprinzip* wird Gottlob Frege zugeschrieben. **Extensionalität** der Klassischen Logik bedeutet, dass man Ausdrücke, welche dieselbe Bedeutung haben, in einem Gesamtausdruck ersetzen kann, ohne dessen Bedeutung zu verändern.

Wie wird in der Klassischen Logik ausgedrückt, dass zwei Ausdrücke dieselbe Bedeutung haben? Über Gleichheit und Äquivalenz.

Die folgenden Theoreme beleuchten die Extensionalitätsthese genauer. Sie sind zwar relativ leicht zu verstehen, doch ihre Beweise und die zugehörige Terminologie sind etwas *fitzelig*. Da wir uns schon einiges erarbeitet haben, fällt es uns leicht, die folgenden Theoreme einzusehen.

Theorem 8. *Seien $A_1, \ldots, A_n, B$ und C Formeln von $\mathcal{L}$:*

1. $A_1, \ldots, A_n \models B$ *gdw.* $\models A_1 \rightarrow (A_2 \rightarrow (\cdots \rightarrow (A_n \rightarrow B)\ldots))$
   gdw. $\models (A_1 \wedge \cdots \wedge A_n) \rightarrow B$.
2. $A_1, \ldots, A_n, B \models C$ *und* $A_1, \ldots, A_n, C \models B$ *gdw.* $A_1, \ldots, A_n \models B \leftrightarrow C$.

Seien A, B, C Formeln von $\mathcal{L}$, desweiteren sei A eine Teilformel im Sinne von Definition 2.3 von C, geschrieben $C[A]$. Dann bezeichne $C[B/A]$ die Ersetzung von A durch B in C.

Sei C etwa $\forall x(P(x) \vee \exists y P(a, y))$ und A sei $\exists y P(a, y)$ und B sei $\exists x P(a, x)$; dann ist klar, dass sowohl A als auch B nach der Definition von Formel von $\mathcal{L}$, d.i. Definition 2.1, Formeln sind. Allerdings erzeugt $C[B/A]$ keine Formel, denn $\forall x(P(x) \vee \exists x P(a, x))$ ist keine Formel gemäß unseren Definitionen. Um eine solche *Variablenkollision* zu vermeiden, führen wir folgende Konvention ein. Sei C eine Formel, in der gebundene Variablen vorkommen, sei insbesondere A eine Formel mit gebundenen Variablen, dann sei B eine Formel in der, falls gebundene Variablen vorkommen, diese so sind, dass sie weder in C noch in A vorkommen.

Mit diesem Wissen im Hinterkopf, gehen wir zum nächsten Theorem, siehe dazu auch [Sch21]:

Theorem 9 (Ersetzbarkeit logisch äquivalenter Teilformeln). *Seien A, B, C Formeln von $\mathcal{L}$: $A \leftrightarrow B \models C \leftrightarrow C[B/A]$ (wobei $C[B/A]$ die Formel ist, die entsteht, wenn alle Vorkommen der Teilformel A in C durch B ersetzt werden, unter Beachtung der Regeln zur Vermeidung von Variablenkollision).*

Beweisskizze:

Der Beweis erfolgt mittels Induktion nach der Komplexität von C. Sei $\mathfrak{I}$ eine beliebige Interpretation mit $\mathfrak{I} \models A \leftrightarrow B$; wir müssen zeigen, dass $\mathfrak{I} \models C \leftrightarrow C[B/A]$. Die IH lautet: Für alle Formeln F (von $\mathcal{L}$) mit geringerer Komplexität als C, gilt: $\mathfrak{I} \models F \leftrightarrow F[B/A]$. Wir nehmen an, dass keine Variablenkollision vorliegt oder diese bereits behoben ist. Die Ausführung des Beweises ist eine Übungsaufgabe.

Theorem 10.
Seien $A, A_1, \ldots, A_n, B$ und C Formeln von $\mathcal{L}$:

Teil 1: *Wenn $\models A \leftrightarrow B$, dann gilt $\models C \leftrightarrow C[B/A]$ (wobei $C[B/A]$ die Formel ist, die entsteht, wenn alle Vorkommen der Teilformel A in C durch B ersetzt werden, unter Beachtung der Regeln zur Vermeidung von Variablenkollision).*

Teil 2: *Wenn $A_1, \ldots, A_n \models A \leftrightarrow B$, dann $A_1, \ldots, A_n \models C \leftrightarrow C[B/A]$ (wobei $C[B/A]$ die Formel ist, die entsteht, wenn alle Vorkommen der Teilformel A in C durch B ersetzt werden, unter Beachtung der Regeln zur Vermeidung von Variablenkollision).*

Teil 1 dieses Theorems folgt direkt aus Theorem 9. Wenn nun $\models A \leftrightarrow B$ gilt, dann ist $A \leftrightarrow B$ unter jeder Interpretation wahr. Da nach Theorem 9 gilt, dass $A \leftrightarrow B \models C \leftrightarrow C[B/A]$, muss (wenn $A \leftrightarrow B$ immer wahr ist) auch $C \leftrightarrow C[B/A]$ unter jeder Interpretation wahr sein, was $\models C \leftrightarrow C[B/A]$ bedeutet.

Teil 2 folgt ebenfalls aus Theorem 9 unter Verwendung der Transitivität/Schnittregel der logischen Folgerung: Annahme: (1) $A_1, \ldots, A_n \models A \leftrightarrow B$. Aus Theorem 9 wissen wir: (2) $A \leftrightarrow B \models C \leftrightarrow C[B/A]$. Aus (1) und (2) folgt mit Schnitt/Transitivität: $A_1, \ldots, A_n \models C \leftrightarrow C[B/A]$.

Lassen Sie uns nochmals zur Gleichheit/Identität zurückkehren. Das Leibniz-Gesetz, auch bekannt als die **Indiszernibilität des Identischen** bzw. die **Ununterscheidbarkeit des Identischen**, ist ein wichtiges Prinzip, das die Bedeutung der Identität erfasst. Es besagt, dass wenn zwei Dinge identisch sind, sie auch alle ihre Eigenschaften gemein haben. Das Leibniz-Gesetz ist das Prinzip, das Identität mit Ersetzbarkeit verbindet und somit Kern der Extensionalität im Kontext von Identität ist. In unserer formalen Sprache bedeutet dies: Wenn a und b dasselbe Objekt bezeichnen, muss jede Aussage, die über a gemacht wird, auch für b gelten und umgekehrt.

Die Umkehrung die – **Identität des Indiszerniblen** bzw. die **Identität des Ununterscheidbaren** ($(\forall P(P[a] \leftrightarrow P[b])) \rightarrow a = b$), quantifiziert über alle Eigenschaften P) – ist in der Prädikatenlogik erster Stufe kein Theorem. In der Prädikatenlogik zweiter Stufe ist dies jedoch durchführbar. Dies bleibt die einzige Erwähnung dieser Logik in diesem Buch.

Theorem 11. *Leibniz-Gesetz / Ersetzbarkeit von Identischem (semantisch)*

$$\models a = b \rightarrow (A[a] \leftrightarrow A[b])$$

Insbesondere hätten wir auch von

$$\models a = b \rightarrow (P(t_1, \ldots, a, \ldots, t_n) \leftrightarrow P(t_1, \ldots, b, \ldots, t_n))$$

oder noch sparsamer:

(G-Basis) $a = b, P(t_1, \ldots, a, \ldots, t_n) \models P(t_1, \ldots, b, \ldots, t_n)$

starten können, um mittels semantischen Methoden und Induktion nach der Komplexität von A die logische Wahrheit von $a = b \rightarrow (A[a] \leftrightarrow A[b])$ zu beweisen. Das ist eine Übungsaufgabe. Wir hätten unser (G2) also sparsamer formulieren können.

3.3.6 Weitere semantische Überlegungen

Wir schließen die Hauptüberlegungen zur Semantik mit ein paar Nachbetrachtungen ab.

Eine Anmerkung zur Notation: Die Vielseitigkeit von $\models$

Sie haben vielleicht bemerkt, dass wir das Symbol $\models$ auf zwei scheinbar unterschiedliche Weisen verwenden:

a. $\mathfrak{I} \models A$ (Eine *Interpretation* ist ein Modell für eine *Formel.*)

b. $\Gamma \models A$ (Eine *Formelmenge* impliziert logisch eine *Formel.*)

Das wirkt auf den ersten Blick merkwürdig und ist eine typische, kontextsensitive Kurzschreibweise in der Logik. Streng genommen handelt es sich um zwei verschiedene Relationen, die aber eng zusammenhängen.

Die Notation in a. ist die grundlegende **Wahrheitsrelation** zwischen einer Struktur (der Interpretation $\mathfrak{I}$) und einer Formel A.

Die Notation in b. ist die **logische Folgerungsrelation**. Sie ist mittels der ersten Relation definiert: $\Gamma \models A$ wird verstanden als: Für jede Interpretation $\mathfrak{I}$ gilt: Wenn $\mathfrak{I} \models \Gamma$, dann auch $\mathfrak{I} \models A$. (Wobei $\mathfrak{I} \models \Gamma$ bedeutet, dass alle Formeln in Γ wahr sind unter $\mathfrak{I}$.)

Verallgemeinerungen

Eine weitere Vereinheitlichung können wir erreichen, indem wir eine einzelne Formel A als die einelementige Menge $\{A\}$ auffassen. Jetzt könnten wir die logische Folgerungsrelation als eine Relation zwischen zwei *Formelmengen* definieren: $\Gamma \models \Delta$. Dies würde bedeuten, dass jede Interpretation, die alle Formeln in Γ wahr macht, auch mindestens eine Formel in Δ wahr machen muss (dies ist die Notation im Sequenzenkalkül). Für unsere Zwecke bleiben wir aber bei der gebräuchlicheren Form $\Gamma \models A$.

Eine wichtige Verbindung

Im Lichte dessen, was bisher gesagt wurde: Wie würden Sie den Ausdruck: $\varnothing \models A$ interpretieren?

Antwort: Dies bedeutet, dass A aus der leeren Menge von Prämissen/Annahmen logisch folgt. Wir können zeigen: $\varnothing \models A$ gdw. $\models A$.

1. $\varnothing \models A$ gdw. für alle Interpretationen $\mathfrak{I}$ gilt: Wenn $\mathfrak{I} \models \varnothing$, dann $\mathfrak{I} \models A$.
2. $\mathfrak{I} \models \varnothing$ ist aber aus logischen Gründen wahr, denn das heißt: Für alle B: Wenn $B \in \varnothing$, dann $\mathfrak{I} \models B$.
3. Die leere Menge hat nun aber keine Elemente, deswegen ist das Antezedens von 'Für alle B: Wenn $B \in \varnothing$, dann $\mathfrak{I} \models B$' trivialerweise wahr. Somit gilt:
4. $\varnothing \models A$ gdw. $\models A$.

Das entspricht genau unserer Definition von **logischer Wahrheit**: Eine Formel, die in *jeder* Interpretation wahr ist, unabhängig von jeglichen Prämissen.

Alles existiert

Betrachten wir die Formel $\forall x \exists y(x = y)$. Ist sie eine logische Wahrheit? Der Beweis verläuft *indirekt*. Wir nehmen an, dass die Formel $\forall x \exists y(x = y)$ in einer (beliebig aber fest gewählten) Interpretation $\mathfrak{I}$ falsch ist.

- Angenommen $\mathfrak{I} \not\models \forall x \exists y(x = y)$. Dann gibt es ein Objekt d_0 in der Domain, sodass $\mathfrak{I} \not\models \exists y(d_0^\bullet = y)$.
- Wegen der Wahrheitsdefinition Definition 3.2 gilt dann: Für *alle* Objekte d_1 in der Domain gilt, dass $d_0^\bullet \neq d_1^\bullet$.
- Das ist unmöglich, da man für $d_1^\bullet$ einfach $d_0^\bullet$ selbst wählen kann und d_0 mit sich selbst identisch ist.

Die Formel $\forall x \exists y(x = y)$ ist also eine **logische Wahrheit**. Sie drückt keine tiefgründige metaphysische Behauptung aus, sondern eine Eigenschaft der Quantoren in der Klassischen Logik: Sie beziehen sich immer auf die (per Definition nicht-leere) Menge der existierenden Objekte in der Domain.

Es gibt genau ein Ding

Wie steht es hingegen um diese Formel: $\exists x \forall y(x = y)$?

Diese Formel besagt etwas völlig anderes: Es gibt ein Objekt x, sodass alle Objekte y mit diesem x identisch sind. Mit anderen Worten: Es gibt genau ein Objekt im Universum.

Diese Formel ist offensichtlich weder logisch wahr noch logisch falsch; sie ist **logisch kontingent**. Wir können dies zeigen, indem wir zwei Interpretationen konstruieren. Das können Sie!

Damit haben wir eine Methode gefunden, mithilfe einer Formel der Prädikatenlogik etwas über die **Größe der Domain** einer Interpretation auszusagen. Die Formel $\exists x \forall y(x = y)$ ist genau dann wahr, wenn die Mächtigkeit der Domain 1 ist.

Alternative Semantik: Variablenbelegungen und β-Varianten

Bisher haben wir die Semantik unserer Quantoren mithilfe des Konzepts eines *Diagramms* der Sprache definiert. Dies erforderte die Annahme, dass jedes Objekt im Universum einen Namen in unserer formalen Sprache hat. Man könnte einwenden: „Warum brauche ich das? So viele Namen, völlig unnötig und kompliziert!“

Dem Uhu sei's geklagt! Es gibt tatsächlich eine alternative Methode, um eine Semantik für $\mathcal{L}$ zu entwickeln, die ohne das Diagramm auskommt. Dieser Vorschlag ist von Benson Mates' *Elementare Logik* [Mat78] inspiriert, der die Quantoreninterpretation mittels sogenannter β-**Varianten** einführt.

Variablenbelegungen

Wir starten wiederum mit einer Interpretation $\mathfrak{I} = \langle D, \varphi \rangle$, lassen aber die Forderung nach einem Diagramm fallen. Um die Wahrheitswerte von Formeln mit freien Variablen bestimmen zu können, benötigen wir nun **Variablenbelegungen** (assignments).

Definition 3.9: Variablenbelegung

Eine Variablenbelegung σ über einer Interpretation $\mathfrak{I} = \langle D, \varphi \rangle$ ist eine totale Funktion von der Menge der freien Individuenvariablen (FV) in der Domain D:

$$\sigma : FV \mapsto D$$

In Worten: Jede freie Individuenvariable wird durch σ auf genau ein Objekt im Universum abgebildet.

Für die Semantik der Quantoren benötigen wir zudem Varianten einer gegebenen Belegung.

Definition 3.10: a-Variante einer Variablenbelegung

Eine Variablenbelegung σ' ist eine a-**Variante** von σ, geschrieben $\sigma' \approx_a \sigma$, wenn sich σ' von σ höchstens in dem Wert unterscheidet, den sie der freien Individuenvariable a zuweist. Formal:

$$\sigma' \approx_a \sigma \quad :\text{gdw.} \quad \text{für alle freien Individuenvariablen } b \neq a \text{ gilt } \sigma'(b) = \sigma(b)\,.$$

Neue Wahrheitsbedingungen für Quantoren

Mit diesen Werkzeugen können wir die Wahrheitsbedingungen für quantifizierte Formeln neu definieren. Eine Formel wird nun nicht mehr einfach in einer Interpretation $\mathfrak{I}$ ausgewertet, sondern relativ zu einer Interpretation $\mathfrak{I}$ *und* einer Variablenbelegung σ. Wir schreiben $\mathfrak{I}, \sigma \models A$.

Definition 3.11: Wahrheit für Quantoren mit Variablenbelegungen

Sei $A[a]$ eine Formel mit der freien Variable a und zwar die erste, die in A nicht vorkommt.

1. $\mathfrak{I}, \sigma \models \forall x A[x]$:gdw. für **alle** a-Varianten σ' von σ gilt: $\mathfrak{I}, \sigma' \models A[a]$.
2. $\mathfrak{I}, \sigma \models \exists x A[x]$:gdw. es **mindestens eine** a-Variante σ' von σ gibt, sodass gilt: $\mathfrak{I}, \sigma' \models A[a]$.

Intuitiv bedeutet das: $\forall x A[x]$ ist wahr (unter/in einer Interpretation und einer Variablenbelegung), wenn $A[a]$ wahr bleibt, egal welches Objekt aus der Domain wir der Variable a zuweisen (während wir alles andere festhalten).

Anpassung der zentralen semantischen Begriffe

Mit diesem neuen Wahrheitsbegriff müssen auch die metalogischen Definitionen angepasst werden, was aber unproblematisch ist. Eine Formel ist nun nicht mehr einfach logisch wahr, wenn sie in jeder Interpretation wahr ist, sondern wenn sie in jeder Interpretation unter *jeder* Variablenbelegung wahr ist.

Definition 3.12: Logische Wahrheit & Folgerung (mit Variablenbelegungen)

1. Eine Formel A ist **logisch wahr** ($\models A$) :gdw. für alle Interpretationen $\mathfrak{I}$ und für alle Variablenbelegungen σ über $\mathfrak{I}$ gilt: $\mathfrak{I}, \sigma \models A$.
2. Eine Formel A **folgt logisch** aus Γ ($\Gamma \models A$) :gdw. für alle $\mathfrak{I}$ und alle σ gilt: Wenn $\mathfrak{I}, \sigma \models \Gamma$, dann $\mathfrak{I}, \sigma \models A$.

Es lässt sich zeigen, dass diese alternative Semantik zur Diagramm-Methode äquivalent ist. Insbesondere sind alle Theoreme aus unseren Starterkits (Theorem 3) auch logische Wahrheiten im neuen Sinne.

Ein kleiner philosophischer Exkurs: Wahrheit und Welt

Manchmal möchten wir einfach sagen: Ein Satz ist wahr. Etwa: ‘Diego ist ein Hund.’ Können wir das? Ja, indem wir sagen: Der Satz ist wahr, :gdw. es eine Interpretation $\mathfrak{I}$ gibt, sodass die formale Repräsentation des Satzes, $H(a)$, in $\mathfrak{I}$ wahr ist ($\mathfrak{I} \models H(a)$).

Hier ist aber, wie man sagt, ein Hund begraben. Denn der Satz ‘Diego ist ein Hund’ könnte ja auch falsch sein. Um von der Wahrheit des deutschen Satzes zu sprechen, müssten wir mehr fordern: ‘$H(a)$’ ist wahr, gdw. es eine Interpretation $\mathfrak{I}$ gibt, sodass $\mathfrak{I} \models H(a)$ *und* diese Interpretation $\mathfrak{I}$ die relevante Struktur der wirklichen Welt korrekt widerspiegeln. Damit sind wir mitten in einer tiefen philosophischen Debatte über die Beziehung zwischen Sprache, Interpretationen/Modellen und Realität gelandet, die den Rahmen dieses Buches sprengt. Das Buch von Gerhard Schurz [Sch21] etwa bietet immer wieder solche Diskussionen an.

3.4 Zwei Mal Philosophisches

Betrachten wir doch noch zwei Beispiele!

Cogito

Fixieren wir ein $\mathcal{S} = \{D, i\}$, wobei i für 'ich' steht. Jetzt ist natürlich der Ausdruck 'ich' ein sogenanntes *Indexical* (das sind solche Ausdrücke, die je nach Sprecher/Kontext eine andere Bedeutung haben können; so in etwa wie unsere freien Variablen). Wir betrachten folgendes Argument:

Ich denke, daher bin ich.

Wir lesen dabei 'ich bin' als eine Form von Existenzaussage. Im Rahmen der klassischen Logik können wir 'ich bin' nun wie folgt wiedergeben: $\exists x(x = i)$. Das ist ja schon eine logische Wahrheit, d. h., $\models \exists x(x = i)$. Die Folgerungsbeziehung $D(i) \models \exists x(x = i)$ ist deswegen eine Trivialität. Das soll jetzt nicht heißen, dass die cartesische Einsicht eine Trivialität sei, sondern eher, dass wir vermutlich zu einfach formalisiert haben, oder aber der logische Rahmen der klassischen Logik nicht (oder nicht unmittelbar) dafür geeignet ist.

Und ja, sobald Sie beginnen, Argumente einer natürlichen Sprache in eine formale Sprache zu *übertragen* und diese dann auf Folgerichtigkeit innerhalb eines formalen Rahmens zu überprüfen, dann setzen Sie auch voraus, dass der formale Rahmen geeignet ist.

Phaidon

Betrachten wir folgendes Argument, das an Platons Dialog *Phaidon* angelehnt ist.

1. Alle mathematischen Konzepte sind präzise. (Etwa das Konzept eines Kreises.)
2. Wenn wir über präzise mathematische Konzepte verfügen, dann sind diese entweder angeboren oder hergeleitet (aus der Erfahrung).
3. Wir verfügen über mathematisch präzise Konzepte.
4. Kein mathematisches Konzept ist präzise in der physikalischen Welt instanziiert. (Etwa gibt es keinen perfekten Kreis in der Welt.)
5. Wenn wir über präzise mathematische Konzepte verfügen und diese nicht perfekt instantiiert sind, dann sind diese nicht (aus der Erfahrung) hergeleitet.
6. Daher gilt: Alle unsere mathematischen Konzepte sind angeboren.

Ja, wir könnten darüber stundenlang diskutieren, was dabei (genau) gemeint ist, ob die Prämissen plausibel sind, und und und. Rationale Diskussion ist ein wesentlicher Bestandteil der gesamten Wissenschaft. Wir wollen dieses Argument dahingehend überprüfen, ob die Prämissen die Konklusion logisch implizieren. Wir spezifizieren dazu ein $\mathcal{S}$ wie folgt: $\mathcal{S} = \{K, M, P, V, A, H, I\}$. Wir lesen die Prädikate wie folgt:

- K: … ist ein mathematisches Konzept
- P: … ist präzise
- M: … ist ein Mensch
- V: … verfügt über …
- A: … ist … angeboren
- H: … ist hergeleitet von … (aus der Erfahrung)
- I: … ist perfekt instanziiert (in der physikalischen Welt)

Ich schlage vor, das Argument wie folgt zu formalisieren:

1′. $\forall x(K(x) \rightarrow P(x))$

2′. $\forall x \forall y(M(x) \wedge K(y) \wedge P(y) \wedge V(x, y) \rightarrow A(y, x) \vee H(x, y))$

3′. $\forall x \forall y(M(x) \wedge K(y) \wedge P(y) \rightarrow V(x, y))$

4′. $\neg\exists x(K(x) \wedge P(x) \wedge I(x))$

5′. $\forall x \forall y(M(x) \wedge K(y) \wedge P(y) \wedge V(x, y) \wedge \neg I(y) \rightarrow \neg H(x, y))$

6′. $\therefore \forall x \forall y(M(x) \wedge K(y) \rightarrow A(y, x))$

Wo soll ich anfangen? Klar habe ich die Überzeugung, dass nicht jeder Mensch über alle mathematischen Begriffe *aktuell* verfügt. Noch nicht einmal der klügste Kopf der Welt ist dazu in der Lage! Wenigstens nicht im Sinne der *Performanz*, aber doch möglicherweise im Sinne der *Kompetenz*, um mit Noam Chomsky zu sprechen. Ich habe schlichtweg eine Idealisierung gemacht (vermutlich sogar sehr viele!).

Semantischer Beweis der Gültigkeit des Arguments:

Wir zeigen die Gültigkeit durch einen Indirekten Beweis (IB). Wir nehmen an, dass die Folgerung ungültig ist. Das bedeutet, es gibt eine Interpretation $\mathfrak{I} = \langle D, \varphi \rangle$, für die gilt:

I. Die Prämissen 1′ bis 5′ sind alle wahr unter $\mathfrak{I}$. ($\mathfrak{I} \models 1', \ldots, \mathfrak{I} \models 5'$)

II. Die Konklusion 6′ ist falsch unter $\mathfrak{I}$. ($\mathfrak{I} \not\models 6'$)

   Also: $\mathfrak{I} \not\models \forall x \forall y(M(x) \wedge K(y) \rightarrow A(y, x))$.

   Gemäß der semantischen Bedingung von Allformeln gibt es Objekte $m, k \in D$ mit dazugehörigen Namen $m^\bullet, k^\bullet$ (mit $\varphi(m^\bullet) = m$, $\varphi(k^\bullet) = k$), sodass $\mathfrak{I} \models M(m^\bullet) \wedge K(k^\bullet)$ und $\mathfrak{I} \not\models A(k^\bullet, m^\bullet)$.

Wegen der Annahme I. die Prämissen wahr unter $\mathfrak{I}$, angewendet auf die Objekte m und k erhalten wir:

1. Aus 1′ ($\forall x(K(x) \rightarrow P(x))$): Da $\mathfrak{I} \models K(k^\bullet)$, folgt $\mathfrak{I} \models P(k^\bullet)$.
2. Aus 3′ ($\forall x \forall y(M(x) \wedge K(y) \wedge P(y) \rightarrow V(x, y))$): Da $\mathfrak{I} \models M(m^\bullet)$, $\mathfrak{I} \models K(k^\bullet)$ und $\mathfrak{I} \models P(k^\bullet)$ (aus 1.), folgt $\mathfrak{I} \models V(m^\bullet, k^\bullet)$.
3. Aus 2′ ($\forall x \forall y(\cdots \rightarrow A(y, x) \vee H(x, y))$): Da $\mathfrak{I} \models M(m^\bullet)$, $\mathfrak{I} \models K(k^\bullet)$, $\mathfrak{I} \models P(k^\bullet)$ (aus 1.) und $\mathfrak{I} \models V(m^\bullet, k^\bullet)$ (aus 2.), folgt $\mathfrak{I} \models A(k^\bullet, m^\bullet) \vee H(m^\bullet, k^\bullet)$.
4. Kombination von (3) und (II.): Wir wissen $\mathfrak{I} \models A(k^\bullet, m^\bullet) \vee H(m^\bullet, k^\bullet)$ (aus 3.) und $\mathfrak{I} \not\models A(k^\bullet, m^\bullet)$ (aus II.). Da die Disjunktion wahr ist, gilt: $\mathfrak{I} \models H(m^\bullet, k^\bullet)$.

5. Aus 4′ ($\neg\exists x(K(x) \wedge P(x) \wedge I(x))$): Da $\mathfrak{I} \models K(k^\bullet)$ (aus II.) und $\mathfrak{I} \models P(k^\bullet)$ (aus 1.), kann $\mathfrak{I} \models I(k^\bullet)$ nicht gelten. Also $\mathfrak{I} \not\models I(k^\bullet)$, was äquivalent ist zu $\mathfrak{I} \models \neg I(k^\bullet)$.
6. Aus 5′: Wir instanziieren auf $m^\bullet$ und $k^\bullet$ und erhalten so: $\mathfrak{I} \models M(m^\bullet)$ (aus II.), $\mathfrak{I} \models K(k^\bullet)$ (aus II.), $\mathfrak{I} \models P(k^\bullet)$ (aus 1.), $\mathfrak{I} \models V(m^\bullet, k^\bullet)$ (aus 2.), $\mathfrak{I} \models \neg I(k^\bullet)$ (aus 5.). Die Implikation in 5′ ist also für $m^\bullet, k^\bullet$ wahr. Daher gilt das Konsequens von 5′ für $m^\bullet, k^\bullet$ gelten: $\mathfrak{I} \models \neg H(m^\bullet, k^\bullet)$.
7. Widerspruch: In Schritt 4 haben wir gefolgert $\mathfrak{I} \models H(m^\bullet, k^\bullet)$. In Schritt 6 haben wir gefolgert $\mathfrak{I} \models \neg H(m^\bullet, k^\bullet)$. Das führt nun aber zur Behauptung, dass $\mathfrak{I} \models H(m^\bullet, k^\bullet) \wedge \neg H(m^\bullet, k^\bullet)$. Es gibt nun keine Interpretation $\mathfrak{I}$ mit $\mathfrak{I} \models H(m^\bullet, k^\bullet) \wedge \neg H(m^\bullet, k^\bullet)$. Daher muss die Annahme II. falsch sein.

Jetzt wissen wir zwar, dass das **Argument gültig** ist, da seine Argumentform eine logische Folgerung ist, doch ist es auch **schlüssig**? D. h., sind auch seine Prämissen wahr – nicht nur in einer prädikatenlogischen Interpretation, die ja relativ beliebig sein kann. Fragen, die man im Kontext einer **kritischen Analyse** stellen kann, sind etwa: Was ist die Domain, also worüber wird gesprochen? Was heißt '*a* verfügt über *b*', oder etwas sei 'angeboren', d. h. was ist die philosophische/wissenschaftliche Interpretation solcher Prädikate? Darüber hinaus wurden starke Idealisierungen gemacht, etwa 'Alle Menschen verfügen über präzise mathematische Konzepte'.

3.5 Semantische Methoden: Übungen

1. Erweitern Sie Definition 3.2 um Äquivalenzformeln.
2. Beweisen Sie die restlichen Fälle von Theorem 2. Das Theorem wurde mittels Induktion nach der Komplexität einer Formel bewiesen. Formulieren Sie die Induktionsbasis, die Induktionshypothese und den Induktionsschritt so genau wie im Beweis von Theorem 1.
3. Bestimmen Sie die Komplexität folgender Formeln (das geeignete $\mathcal{S}$ sei dazugedacht):
   a. $P(a)$, $P(a) \wedge \neg P(c)$, $\exists x(P(a) \wedge \neg P(x))$, $\exists x P(x) \wedge \neg P(c)$
   b. $\forall x(x = x)$, $\forall x(x = a)$, $\forall x \exists y(x = y)$
   c. $\forall x_1 \exists x_2 \forall x_3 \forall x_4 \exists x_5 \exists x_6 \exists x_7 \exists x_8 \exists x_9 \exists x_{10} P(x_1, x_2, x_3, x_4, x_5, x_6, x_7, x_8, x_9, x_{10})$
4. Beweisen Sie die restlichen Fälle des Koinzidenzlemmas, Lemma 1.

   Der Fall der Aussagenvariablen wurde absichtlich ausgespart. Wie muss man das Lemma formulieren, um den Aussagenvariablen Rechnung zu tragen?
5. Wie könnte man $\models P(a, b) \rightarrow \exists x P(x, b)$ noch beweisen?
6. Wir haben in Unterabschnitt 3.3.2 recht lapidar festgestellt:

   Allgmein gilt: Alle atomaren Formeln (mit Ausnahme bestimmter Gleichheitsformeln, nämlich der Form $t = t$) sind kontingent. – Können Sie das zeigen?

7. Argumentieren Sie für die Richtigkeit der folgenden Behauptung:

   Seien $A_1, \dots, A_n, B$ Formeln von $\mathcal{L}$: Wenn $A_1 \wedge \dots \wedge A_n \models B$, dann $A_1, \dots, A_n \models B$.
8. Zeigen Sie mit semantischen Methoden die Richtigkeit von Theorem 4.
9. Ist die Formel $(P(a) \wedge \neg P(c)) \wedge (a = c)$ erfüllbar?
10. Beweisen Sie Theorem 5.
11. Zeigen Sie, dass $\forall x A[x] \rightarrow A[a]$ eine logische Wahrheit ist.
12. Zeigen Sie, dass $\models \exists y \forall x (A[y] \vee (A[x] \rightarrow B))$ eine logische Wahrheit ist.
13. Zeigen Sie, dass $\neg \exists x \forall y (A[x, y] \leftrightarrow \neg A[y, y])$ – genannt „Der Barbier" – eine logische Wahrheit ist.

    Kommt Ihnen diese Formel bekannt vor?
14. Seien $A_1, \dots, A_n, B$ und C Formeln von $\mathcal{L}$. Beweisen Sie: $A_1, \dots, A_n, B \models C$ und $A_1, \dots, A_n, C \models B$, dann gilt $A_1, \dots, A_n \models B \leftrightarrow C$.
15. Eine zweistellige Relation R auf einer Menge, die reflexiv $[R(a, a)]$, symmetrisch $[R(a, b) \rightarrow R(b, a)]$ und transitiv $[R(a, b) \wedge R(b, c) \rightarrow R(a, c)]$ ist, ist eine *Äquivalenzrelation*. Ist die logische Äquivalenz eine Äquivalenzrelation auf der Menge der Formeln von $\mathcal{L}$?
16. Zeigen Sie von Theorem 6 die Teile 2 und 4.
17. Zur Extensionalität:
    a. Beweisen Sie Theorem 8.
    b. Beweisen Sie Theorem 9.
    c. Skizzieren Sie den Beweis von Theorem 10.
    d. Beweisen Sie Theorem 11.
18. Geben Sie jeweils ein Gegenmodell zu den Formeln:
    a. $\forall x (P(x) \vee Q(x)) \rightarrow \forall x P(x) \vee \forall x Q(x)$
    b. $\exists x P(x) \wedge \exists x Q(x) \rightarrow \exists x (P(x) \wedge Q(x))$
    c. $\forall x (x = x) \rightarrow \forall x (x = a)$
    d. $\forall x (P(x) \rightarrow \forall y P(y))$
    e. $P(a) \vee Q(a) \leftrightarrow \neg(P(a) \rightarrow \neg Q(a))$
    f. $P(a) \wedge Q(a) \leftrightarrow (\neg P(a) \rightarrow Q(a))$
    g. $(P(a) \leftrightarrow Q(a)) \leftrightarrow ((P(a) \rightarrow Q(a)) \vee (Q(a) \rightarrow P(a)))$
    h. $\exists x \exists y (\neg(x = y) \wedge A[x] \wedge A[y] \rightarrow$
       $\exists x \exists y \exists z (\neg(x = y) \wedge \neg(x = z) \wedge \neg(y = z) \wedge A[x] \wedge A[y] \wedge A[z])$
    i. $\forall x \exists y R(x, y) \rightarrow \exists y \forall x R(x, y)$
19. Im Lichte der Definition 3.1 könnten die Wahrheitsbedingungen für quantifizierte Formeln auch so lauten?
    a. $\mathfrak{I} \models \forall x A[x]$ gdw. für alle $d \in D$: $\mathfrak{I} \models A[d^\bullet]$.
    b. $\mathfrak{I} \models \exists x A[x]$ gdw. es gibt ein $d \in D$: $\mathfrak{I} \models A[d^\bullet]$.

20. Sind folgende Behauptungen richtig?
    a. $P(a) \land \neg P(c) \models a = c$
    b. $\not\models P(a) \land \neg P(c) \land a = c$
    c. $a = c \models P(a) \land \neg P(c)$
    d. $a = c, P(a) \models \neg P(c)$
    e. $F(a) \land \neg F(b) \land \neg F(c) \land \neg(b = c) \rightarrow \exists x \exists y \exists z(\neg(x = y) \land \neg(x = z) \land \neg(y = z))$
21. Zeigen Sie mithilfe der Semantik, dass folgende Formelschemata die Eigenschaft der logischen Wahrheit, der logischen Falschheit oder der logischen Kontingenz haben. Verwenden Sie keinesfalls die Wahrheitstafeln!
    a. $A \lor \neg A$ (Finden Sie eine Beweisalternative zur obigen im Buch.)
    b. $A \rightarrow A$ (Finden Sie eine Beweisalternative zur obigen im Buch.)
    c. $A \rightarrow C$
    d. $A \land \neg A \rightarrow C$
    e. $C \rightarrow A \lor \neg A$
    f. $A[a] \rightarrow \forall x A[x]$
    g. $(A \rightarrow B) \lor (B \rightarrow A)$
    h. $\forall x \exists y(x = y)$
    i. $\exists x A[x] \rightarrow A[t]$
    j. $A \land \neg\neg A$
    k. $A \land \neg A$
    l. $B \land (A \lor \neg A)$
    m. $B \lor (A \lor \neg A)$
    n. $B \land (A \land \neg A)$
    o. $B \lor (A \land \neg A)$
    p. $(\exists x P(x) \rightarrow A) \rightarrow \forall x(P(x) \rightarrow A)$
    q. $\exists x(A[x] \lor B[x]) \rightarrow (\exists x A[x] \lor \exists x B[x])$
    r. $\forall x(A[x] \land B[x]) \rightarrow \forall x A[x] \land \forall x B[x]$
22. Zeigen Sie, dass gilt:
    a. $(A \land B) \lor (A \land C) \models A \land (B \lor C)$
    b. $(A \lor B) \land (A \lor C) \models A \lor (B \land C)$
    c. $A \models A \land (A \lor B)$
    d. $A \lor (A \land B) \models A$
    e. $\exists x(A[x] \lor B[x]) \models \exists x A[x] \lor \exists x B[x]$
    f. $\forall x(A[x] \land B[x]) \models \forall x A[x] \land \forall x B[x]$

g. $\exists x A[x] \vee \exists x B[x] \models \exists x(A[x] \vee B[x])$

h. $\forall x A[x] \wedge \forall x B[x] \models \forall x(A[x] \wedge B[x])$

i. $\models \exists y(A[y] \rightarrow \forall x A[x])$

j. $\forall x(A[x] \vee B[x]) \models \forall x A[x] \vee \exists x B[x]$

23. Sie haben doch sicherlich eine These, an die Sie stark (rational) glauben. Schreiben Sie diese auf und versuchen Sie dafür ein Argument zu finden. Versuchen Sie es so zu formulieren, dass es innerhalb unserer formalen Sprache formalisierbar ist, und versuchen Sie innerhalb unserer Semantik der klassischen Logik zu zeigen, dass das Argument tatsächlich gültig ist. – Aber ja, das ist schwer.

24. Überlegen Sie selbst!

a. Geben Sie ein Beispiel für eine (bloß) erfüllbare Formel.

b. Geben Sie ein Beispiel für eine Menge von Formeln, die erfüllbar ist.

c. Geben Sie ein Beispiel für eine nicht erfüllbare Formel.

d. Geben Sie ein Beispiel für eine Menge von Formeln, die nicht erfüllbar ist.

e. Geben Sie ein Beispiel für eine logisch wahre Formel.

f. Geben Sie ein Beispiel für eine Formel, die nicht logisch wahr ist.

g. Geben Sie zwei Formeln an, sodass eine Formel eine logische Folge einer anderen Formel ist.

h. Geben Sie eine Menge von Formeln und eine Formel an, sodass diese Menge von Formeln die Formel logisch impliziert.

25. Wie groß ist die Domain?

a. Finden Sie eine Interpretation, sodass folgende Formel wahr ist:
$\exists x_1 \exists x_2 (x_1 \neq x_2)$. Begründen Sie Ihre Antwort!

b. Finden Sie eine Interpretation, sodass folgende Formel falsch ist:
$\exists x_1 \exists x_2 (x_1 \neq x_2)$. Begründen Sie Ihre Antwort!

c. Finden Sie eine Interpretation, in der gilt: Die Domain hat mindestens vier Objekte.

d. Wie viele Objekte benötigt man (mindestens) in einer Interpretation, sodass die folgende Formel wahr ist:
$\forall x \neg R(x,x) \wedge \forall x \forall y \forall z (R(x,y) \wedge R(y,z) \rightarrow R(x,z)) \wedge \forall x \exists y R(x,y)$
Begründen Sie Ihre Antwort!

26. Auch wenn die folgende Behauptung offensichtlich wahr ist, beweisen Sie diese!

Lemma 2.
Sei Φ eine Formelmenge und sei A eine Formel der Sprache $\mathcal{L}$: Φ impliziert logisch $\neg A$ gdw. es nicht der Fall ist, dass die Menge $\{\Phi, A\}$ ein Modell hat; kürzer: $\Phi \models \neg A$ gdw. nicht $\mathrm{Mod}(\Phi \cup \{A\})$.

4
Syntaktische Methoden

In diesem Kapitel definieren wir unter anderem, was einen formalen Beweis relativ zu einem formalen System ausmacht, und entwickeln zwei spezifische Systeme, zwei Formulierungen der Klassischen Logik, genauer.

Lernziele

- Die grundlegenden Komponenten eines formalen Systems S zu benennen: Grundschlussweisen und Grundschlussregeln.
- Das Konzept einer formalen Herleitung anzuwenden, um Theoreme eines Systems zu beweisen.
- Zu zeigen, wie aus den grundlegenden Schlussregeln weitere, hergeleitete Regeln gewonnen werden können.
- Die Bedingung zu definieren, unter der zwei formale Systeme als deduktiv äquivalent gelten.

Überprüfen Sie Ihr Verständnis durch das Lösen der Übungen im Abschnitt 4.4. Sie werden die vorgestellten Konzepte aktiv anwenden und vertiefen.

Los geht's!

Bis jetzt haben wir eine formale Sprache $\mathcal{L}$, Interpretationen $\mathfrak{I}$ und das metalogische Prädikat $\models$ und seine vielfältigen Ausformulierungen untersucht. In diesem Abschnitt betrachten wir wiederum ein metalogisches Prädikat, nämlich $\vdash$, ebenfalls auf der Grundlage der Sprache $\mathcal{L}$.

Wir haben ja schon gesagt, was ein Argument ist, nämlich: eine nicht-leere endliche Folge von Sätzen (hier: Aussagesätzen), deren letzter Satz die *Konklusion* heißt und die restlichen Sätze (falls es solche gibt) *Prämissen* der Folge genannt werden.

Wie Sie schon wissen, können wir aus Sätzen die Satzform (eine dem Satz entsprechen sollende Formel einer formalen Sprache) durch logische Analyse finden. Ähnliches gilt für Argumentformen. Statt Argumentformen sagt man auch gern *Schlussformen* oder *Schlussweisen*. Wir schreiben einen Schluss dann so:

$$A'_1, \ldots, A'_n \therefore B'$$

wobei hier $A'_1, \ldots, A'_n$ und B' Aussagessätze, $A'_1, \ldots, A'_n$ die Prämissen, B' die Konklusion und $\therefore$ der Konklusionsindikator sind. Die entsprechende Schlussform ist dann (wobei A_i mit $1 \leq i \leq n$ und B die entsprechenden Formeln der Aussagesätze A'_i mit $1 \leq i \leq n$ und B' sind):

$$A_1, \ldots, A_n \vdash B$$

Argumente und ihre Argumentformen können auch bloß aus der Konklusion bestehen. Wichtiger noch: Wir haben von einer Folge von Sätzen oder Formeln gesprochen. Aber in Wahrheit (wenigstens nicht in den meisten Logiken) kommt es auf die Ordnung der Prämissen nicht an. Denn falls gilt, dass:

$$A_1, A_2, A_3 \vdash B$$

dann auch

$$A_2, A_3, A_1 \vdash B$$

und auch umgekehrt. D. h. die Prämissen werden wir hier nicht als Folge begreifen, sondern als Menge. Manchmal erscheint es sinnvoll, von einer Mischung aus Folge und Menge zu sprechen, etwa einer *Melge*. Das gibt es auch! Ist aber für unsere Zwecke hier nicht weiter von Belang.

Nur noch kurz zum Unterschied von Folge und Menge, etwa betrachten wir die Folge:

$$\langle A_1, A_1, A_2, A_3, A_3 \rangle$$

und die Menge

$$\{A_1, A_1, A_2, A_3, A_3\} .$$

Letztere ist identisch mit

$$\{A_1, A_2, A_3\}$$

und auch etwa mit

$$\{A_3, A_1, A_2\} .$$

Etwas Analoges kann man über Folgen (und auch die betrachtete Folge) nicht sagen! Bei einer Folge sind sowohl doppelt vorkommende Elemente als auch die Ordnung wichtig, bei einer Menge nicht. So sind etwa die folgenden Folgen verschieden:

$\langle A_1, A_1, A_2, A_3, A_3 \rangle$

$\langle A_1, A_2, A_3 \rangle$

$\langle A_1, A_3, A_2, A_3, A_1 \rangle$

Doch zurück zu unserem eigentlichen Thema! Wir wollen ja etwas über **Herleitungsordnungen**, sprich **formale Systeme**, wissen! Solche Herleitungsordnungen sind geordnete Paare bestehend aus einer Sprache $\mathcal{L}$ und einem formalen System FS, nämlich: $\langle \mathcal{L}, \mathsf{FS} \rangle$.

Warum so kompliziert? Weil dadurch klar wird, dass formale Systeme auf einer formalen Sprache gründen, in unserem Fall $\mathcal{L}$.

Es gibt unzählige Typen von formalen Systemen, etwa *Hilbert-Kalküle* oder Systeme des *natürlichen Schließens* oder *Sequenzensysteme*. Nun, wir wählen hier ein *Argumentformenkalkül* oder ein **Schlussweisenkalkül**, das einem Sequenzenkalkül sehr nahe kommt – ohne allerdings, dass unser Kalkül von einem besonderen beweistheoretischen Interesse betrachtet werden müsste. Alles halb so schlimm!

Was ist der tragende Gedanke? Wir – als Menschen – argumentieren sehr oft. (Oder sollten es wenigstens, statt bloß irgendetwas zu behaupten.) Wir wissen, was Argumente oder Schlüsse sind. Nehmen wir dieses Verständnis doch als Grundlage und wählen nur solche **Schlussweisen**, von denen man semantisch betrachtet sagen kann, dass der **Zusammenhang der logischen Folge** bzw. der logischen Impklikation zwischen den Prämissen und der Konklusion besteht. Wenn dem so ist, dann ist es auch so, dass die Wahrheit der Prämissen die Wahrheit der Konklusion garantiert – und das wird ja vom logischen Schließen ohnehin verlangt!

Was sind denn nun Kandidatinnen für grundlegende Argumente, oder von **Grundschlussweisen**, wie wir sagen möchten? Etwa der *modus ponens* (MP) (nicht verstanden als Schlussregel!) und der *modus tollens* (MT) (ebenfalls nicht verstanden als Schlussregel):

(MP) $A, A \rightarrow B \vdash B$

(MT) $\neg B, A \rightarrow B \vdash \neg A$

Von diesen kann man mittels unserer Semantik ganz leicht zeigen, dass gilt:

$A, A \rightarrow B \models B$

$\neg B, A \rightarrow B \models \neg A$

Natürlich haben Sie recht, wir hätten das richtigerweise so schreiben müssen:

$\{A, A \rightarrow B\} \models B$

$\{\neg B, A \rightarrow B\} \models \neg A$

Wobei nun natürlich auch klar ist, dass beides gilt:

$$\{A, A \rightarrow B\} = \{A \rightarrow B, A\} \quad \text{und} \quad \{\neg B, A \rightarrow B\} = \{A \rightarrow B, \neg B\}\,.$$

Deswegen auch:

$$\{A \rightarrow B, A\} \models B$$
$$\{A \rightarrow B, \neg B\} \models \neg A$$

Wir hätten richtigerweise die Mengenklammern verwenden müssen, aber wir folgen dem üblichen Standard und schreiben die Grundschlussweisen ohne diese.

Die Ausdrücke 'Argumentform', 'Schluss' und 'Schlussweise' verwenden wir im Folgenden synonym – auch dann, wenn dies vom üblichen Sprachgebrauch abweicht. Wir erweitern noch unsere Sprache $\mathcal{L}$ um folgende Definition:

Definition 4.1: Schlussweise

Sei Γ eine Menge von $\mathcal{L}$-Formeln, und sei A eine $\mathcal{L}$-Formel, dann sei $\Gamma \vdash A$ eine Schlussweise von S, auch: $\Gamma \vdash_S A$.

Wir legen nun noch fest:

Definition 4.2: Logisch korrekt

Sei Γ eine Menge von $\mathcal{L}$-Formeln, und sei A eine $\mathcal{L}$-Formel:

Die Schlussweise $\Gamma \vdash A$ ist logisch korrekt/gültig :gdw. $\Gamma \models A$.

Sie bemerken, dass die obige Definition Syntax und Semantik weiter miteinander verbindet, hier wird von etwas Syntaktischem, nämlich einer Schlussweise, gesagt, sie sei logisch korrekt/gültig.

Im Folgenden wird ein formales System der klassischen Logik entwickelt. Schlussweisen sind darin eine grundlegende syntaktische Einheit, deswegen der Name des Systems S, genauer wäre SKL für *Schlussweisenkalkül der Klassischen Logik*.

4.1 Das formale System S

Unverdrossen schreiten wir zur Liste der Grundschlussweisen! Diese Liste ist lang, sie ist nicht auf ergonomische Gedanken für metalogische Beweise ausgerichtet. Ach, ich schreibe sie einfach mal auf!

(MP) $A, A \rightarrow B \vdash B$ (Modus Ponens)

(MT) $A \rightarrow B, \neg B \vdash \neg A$ (Modus Tollens)

(DS) $A \vee B, \neg A \vdash B$ und $A \vee B, \neg B \vdash A$ (Disjunktiver Syllogismus)

(SIMP) $A \wedge B \vdash A$ und $A \wedge B \vdash B$ (Simplifikation)

(ADD) $A \vdash A \vee B$ und $B \vdash A \vee B$ (Addition)

(KON) $A, B \vdash A \wedge B$ (Konjunktion)

(DN) $A \vdash \neg\neg A$ und $\neg\neg A \vdash A$ (Doppelte Negation)

(DIS) $A \rightarrow C, B \rightarrow C, A \vee B \vdash C$ (Disjunktion)

(TS) $A \vdash A$ (Triviale Schlussform / Reflexivität)

(ECQ) $A, \neg A \vdash B$ (Ex Contradictione Quodlibet)

(A) $\forall x A[x] \vdash A[a]$ (Universelle Instanziierung)

(E) $A[a] \vdash \exists x A[x]$ (Existenzielle Generalisierung)

(G1) $\vdash a = a$ (Reflexivität der Gleichheit)

(G2) $a = b, A[a] \vdash A[b]$ (Substitutionsprinzip)

Wir haben noch nicht geklärt, was eine *Herleitung* ist bzw. was es heißt, dass etwas herleitbar ist. Das machen wir bald. Ein Bestandteil der Definition von *herleitbar* (relativ zu einem formalen System) ist, dass jede Grundschlussweise (in diesem formalen System) herleitbar ist. D. h. jede Instanz, die eine Einsetzung der metasprachlichen Mitteilungszeichen A, B durch $\mathcal{L}$-Formeln ist, soll herleitbar (im formalen System) sein. Etwa:

- $F(a), F(a) \rightarrow \exists x R(a, x) \vdash \exists x R(a, x)$
- $F(a) \vdash \neg\neg F(a)$
- $\forall x \exists y \forall z Q(x, y, z) \vee \neg F(a), \neg\neg F(a) \vdash \forall x \exists y \forall z Q(x, y, z)$

Davon gibt es eine ganze Menge, aber es gibt noch mehr, denn: Bis jetzt haben wir nur Grundschlussweisen eingeführt, aber wir können noch nicht weiterschließen. Dafür benötigen wir noch **Schlussregeln** (oder **Basisschlussregeln** oder **Grundschlussregeln**)! Diese sind:

(IB) Indirekter Beweis

$$\frac{\neg B, \Phi \vdash C \wedge \neg C}{\Phi \vdash B}$$

(KB) Konditionaler Beweis

$$\frac{B, \Phi \vdash C}{\Phi \vdash B \rightarrow C}$$

(FU) Vollständige Fallunterscheidung

$$\frac{B, \Phi \vdash C \qquad \neg B, \Gamma \vdash C}{\Phi, \Gamma \vdash C}$$

Das kommt Ihnen sicherlich auch vertraut vor. Ja?

Wir geben uns aber noch zwei Regeln dazu:

(MON) Monotonie

$$\frac{\Phi \vdash C}{B, \Phi \vdash C}$$

(Schnitt)

$$\frac{\Phi \vdash A \qquad A, \Gamma \vdash B}{\Phi, \Gamma \vdash B}$$

Und noch ein paar Schlussregeln für die Quantoren:

(AE*) All-Einführung

$$\frac{\Phi \vdash A[a]}{\Phi \vdash \forall x A[x]}$$

(EE*) Existenz-Einführung

$$\frac{A[a], \Phi \vdash B}{\exists x A[x], \Phi \vdash B}$$

Wir nennen die Zeichenreihe(n) über dem Schlussstrich die **Prämisse(n) der Schlussregel** und die Zeichenreihe unter dem Schlussstrich die **Konklusion der Schlussregel**. Wichtig ist noch zu sagen, dass in den Schlussregeln (AE) und (EE) unter dem Schlussstrich die freie Variable a nicht mehr vorkommt. Das nennt man die **Variablenbedingung**, kurz VB. Wir verwenden die Konvention, wann immer eine Regel namens (R) mit * versehen ist, also (R*), dann unterliegt diese der Variablenbedingung.

Der geneigten Leserin ist sicherlich aufgefallen, dass wir offiziell Formeln der Form $(A \leftrightarrow B)$ nicht in unserem formalen System behandeln. Das liegt daran, dass wir $(A \leftrightarrow B)$ als definiert durch $(A \rightarrow B) \wedge (B \rightarrow A)$ betrachten. Wenn Sie das nicht möchten, dann sind hier zwei Grundschlussweisen:

(Ä1) $A \rightarrow B, B \rightarrow A \vdash A \leftrightarrow B$

(Ä2) $A \leftrightarrow B \vdash (A \rightarrow B) \wedge (B \rightarrow A)$

Gleich geben wir präzise Definitionen wichtiger beweistheoretischer Begriffe wie beispielsweise *Herleitung in* S und *Herleitbar in* S. Die Struktur unseres Schlussweisenkalküls bietet an, Herleitungen **baumförmig** zu definieren. Es folgen einige Überlegungen zu Baum, Herleitung und Herleitungsbaum – sowohl Herleitung und Herleitungsbaum werden im Anschluss definiert.

Baum, Herleitung und Herleitungsbaum

Wir verirren uns nicht in die Botanik, wir wissen, dass Bäume Blätter und Äste haben; wo früher ein Blatt saß, kann später ein Ast wachsen.

In diesem Fall sind die Blätter die Grundschlussweisen von S. Die Äste und Verzweigungen sind durch Folgen von Knoten gegeben: Ein Knoten stellt hier die Anwendung einer Schlussregel von S dar.

- **Blätter:** Entsprechen den Grundschlüssen (Axiomen) des Kalküls S.
- **Kanten:** Entsprechen den Anwendungen der Basisschlussregeln.
- **Wurzel:** Ist der hergeleitete Schluss.

Beispiel 4.1: Zwei Herleitungsbäume

Herleitungsbaum von: $\vdash A \lor (A \to B)$

$$\dfrac{A \vdash A \lor (A \to B) \qquad \dfrac{\dfrac{\neg A, A \vdash B}{\neg A \vdash A \to B}\,(\text{KB}) \qquad A \to B \vdash A \lor (A \to B)}{\neg A \vdash A \lor (A \to B)}\,(\text{Schnitt})}{\vdash A \lor (A \to B)}\,(\text{FU})$$

Die (noch nicht definierte) *Herleitungshöhe* dieses Baumes ist 3. Wie kommt man darauf? Der längste Pfad führt über $\neg A, A \vdash B$: (ECQ), Höhe 0; (KB), Höhe 1; (Schnitt), Höhe 2; (FU) Höhe 3.

Hier ist noch ein Beispiel für einen **Herleitungsbaum** von: $\vdash (\neg A \to A) \to A$

$$\dfrac{\dfrac{\dfrac{\neg A \to A, \neg A \vdash \neg\neg A\ (\text{MT}) \qquad \neg\neg A \vdash A\ (\text{DN})}{\neg A, \neg A \to A \vdash A}\,(\text{Schnitt}) \qquad \dfrac{A \vdash A\ (\text{TS})}{A, \neg A \to A \vdash A}\,(\text{MON})}{\neg A \to A \vdash A}\,(\text{FU})}{\vdash (\neg A \to A) \to A}\,(\text{KB})$$

Die (noch nicht definierte) *Herleitungshöhe* dieses Baumes ist 3; denn der längste Pfad in diesem Baum ist so bestimmt: Er enthält *drei* Anwendungen von Schlussregeln (Knoten) von einem Blatt zur Wurzel. Hier liegt ein Spezialfall vor, denn sowohl der linke als auch der rechte Pfad haben dieselbe Höhe.

Die im Buch angegebenen Herleitungen wirken *linear*, sind aber baumförmig – eine Tatsache, die von jeder Leserin gerne überprüft werden kann. Jetzt aber zu den präzisen Definitionen!

Definition 4.3: Herleitung in S

Eine **Herleitung** in S ist ein endlicher Baum, dessen Knoten mit Schlüssen beschriftet sind, wobei gilt:

1. Jedes *Blatt* des Baumes ist mit einem Grundschluss von S beschriftet.
2. Jeder *Knoten*, der kein Blatt ist, ist mit der Konklusion einer Schlussregel von S beschriftet, deren Prämissen die Beschriftungen der Kindknoten sind.

Die Wurzel des Baumes ist der hergeleitete Schluss.

Wir müssen noch festlegen, was es heisst, dass eine Argumentform bzw. eine (Grund-) Schlussweise bzw. ein Schluss **herleitbar** ist.

Definition 4.4: Herleitbarkeit und Herleitungshöhe in S

Ein Schluss ist in S herleitbar, wenn es eine Herleitung (gemäß Def. 4.3) gibt, deren Wurzel dieser Schluss ist. Die **Herleitungshöhe** ist die Höhe dieses Baumes (definiert als Länge des längsten Pfades von der Wurzel zu einem Blatt):

1. **(Basis, $k = 0$):** Jede Grundschlussweise ist in S herleitbar mit Herleitungshöhe 0.
2. **(Schritt, $k = n + 1$):** Wenn die Prämissen einer Schlussregel in S herleitbar sind und die maximale Herleitungshöhe unter ihnen n ist, dann ist die Konklusion dieser Regel in S herleitbar mit Herleitungshöhe $n + 1$.

Aufbauend auf diesem grundlegenden Herleitbarkeitsbegriff für Schlüsse definieren wir nun, was es heisst, dass eine Formel aus einer Formelmenge herleitbar ist.

Definition 4.5: Herleitbarkeit aus einer Menge

Sei Γ eine $\mathcal{L}$-Formelmenge und A eine $\mathcal{L}$-Formel. A ist aus Γ in S **herleitbar** (kurz: $\Gamma \vdash_S A$), genau dann, wenn es eine endliche Teilmenge $\{B_1, \ldots, B_n\} \subseteq \Gamma$ gibt, sodass der Schluss $B_1, \ldots, B_n \vdash A$ in S (gemäß Definition 4.4) herleitbar ist.

Ein besonders wichtiger Spezialfall der Herleitbarkeit ist der, bei dem die Prämissenmenge leer ist.

Definition 4.6: Theorem

Eine Formel A ist ein **Theorem** von S (kurz: $\vdash_S A$), genau dann, wenn A aus der leeren Menge $\varnothing$ in S herleitbar ist.

Unser System ist, wie soll ich sagen, ziemlich praktisch! Wir können *Schlüsse* herleiten, das sind syntaktische Figuren der Form $\Gamma \vdash A$, und *Theoreme*, das sind syntaktische Figuren der Form $\vdash A$, also $\Gamma = \varnothing$, somit $\varnothing \vdash A$, geschrieben eben als: $\vdash A$. Wir können sogar Schlussregeln herleiten, das sind syntaktische Figuren der Form $\frac{\Gamma \vdash A}{\Xi \vdash B}$ (wobei Γ, Ξ und A, B nicht notwendigerweise verschieden sind). Dabei gilt Γ, Ξ sind Formelmengen und A, B sind Formeln von $\mathcal{L}$.

Wir beginnen mit dem Herleiten von Theoremen. Sie wissen schon, dass wir eigentlich Theoremschemata in unserem System S herleiten. Wir folgen dabei der Idee der syntaktischen Entwicklung von Theorien. Das heißt, wir beginnen Theoreme nur mit den Mitteln zu beweisen, die uns die Entwicklung von S bis dorthin zur Verfügung stellt. Haben wir ein Theorem (auf eine korrekte Art und Weise) in S hergeleitet, dann können wir das in allen nachfolgenden Herleitungen von Theoremen etc. benutzen. Das macht die Benutzung von S am Anfang etwas sperrig, aber so sind wir – sozusagen – *gezwungen*, ganz genau zu arbeiten.

4.1.1 Einige Theoreme von S

In diesem Unterabschnitt werden einige Theoreme von S ausführlich, Schritt für Schritt bewiesen. Die Struktur der Herleitungen der Theoreme ist dabei immer dieselbe: Zeilennummer, Zeichenreihe, Begründung.

1. Herleitung von $\vdash A \vee \neg A$.

   a. $A \vdash A \vee \neg A$ ((ADD), Höhe: 0)

   b. $\neg A \vdash A \vee \neg A$ ((ADD), Höhe: 0)

   c. $\vdash A \vee \neg A$ (a., b., (FU))

   Die Prämissen sind a. und b. Die maximale Herleitungshöhe unter diesen Prämissen ist $\max(0, 0) = 0$. Nach Definition 4.4 (Schritt, $k = n + 1$) ist die Konklusion dieser Regel in S herleitbar mit Herleitungshöhe $0 + 1 = 1$.

2. Herleitung von $\vdash A \vee (A \to B)$

   a. $A \vdash A \vee (A \to B)$ (ADD)

   b. $\neg A, A \vdash B$ (ECQ)

   c. $\neg A \vdash A \to B$ (b., (KB))

   d. $A \to B \vdash A \vee (A \to B)$ (ADD)

   e. $\neg A \vdash A \vee (A \to B)$ (c., d., (Schnitt$|A \to B|$))

   g. $\vdash A \vee (A \to B)$ (a., f., (FU)) Herleitungshöhe ist 3.

   Anmerkung: Der Pfad über $\neg A$ ist der längste: b. ECQ, Höhe 0; c. KB, Höhe 1; e. Schnitt, Höhe 2; f. FU Höhe 3.

3. *Consequentia mirabilis*: $(\neg A \to A) \to A$

   a. $\neg A \to A, \neg A \vdash \neg\neg A$ (MT)

   b. $\neg\neg A \vdash A$ (DN)

   c. $\neg A, \neg A \to A \vdash A$ (a., b., (Schnitt))

   d. $A \vdash A$ (TS)

   e. $A, \neg A \to A \vdash A$ (d., (MON))

   f. $\neg A \to A \vdash A$ (c., e., (FU))

   g. $\vdash (\neg A \to A) \to A$ (f., (KB))

4. $\vdash ((A \to B) \to A) \to A$

   Gedanke:

   2. Man leite $(A \to B) \to A \vdash A$ her. (KB)

1. Fallunterscheidung:

(FU$_1$) $A, (A \rightarrow B) \rightarrow A) \vdash A$

(FU$_2$) $\neg A, (A \rightarrow B) \rightarrow A) \vdash A$

a. $A, (A \rightarrow B) \rightarrow A \vdash A$

b. $\neg A, (A \rightarrow B) \rightarrow A \vdash \neg(A \rightarrow B)$

c. $\neg(A \rightarrow B) \vdash A \wedge \neg B$

d. $A \wedge \neg B \vdash A$

e. $\neg(A \rightarrow B) \vdash A$

f. $\neg A, (A \rightarrow B) \rightarrow A \vdash A$

g. $(A \rightarrow B) \rightarrow A \vdash A$

h. $\vdash ((A \rightarrow B) \rightarrow A) \rightarrow A$

5. $\vdash \neg(A \leftrightarrow \neg A)$

Denken Sie daran, dass $B \leftrightarrow C$ ja nichts anderes ist als: $(B \rightarrow C) \wedge (C \rightarrow B)$!

Gedanke:

2. Man leite $\neg\neg(A \leftrightarrow \neg A) \vdash C \wedge \neg C$ her. Das erhalten wir, wenn wir durch 1. Fallunterscheidung die nachfolgenden Schlüsse herleiten können:

(FU$_1$) $A, A \leftrightarrow \neg A \vdash C \wedge \neg C$, und

(FU$_2$) $\neg A, A \leftrightarrow \neg A \vdash C \wedge \neg C$.

Wir machen das ausführlich, und Sie werden sich bald denken, auch sehr umständlich! – Dennoch, los geht's!

a. $\neg\neg(A \leftrightarrow \neg A) \vdash A \leftrightarrow \neg A$ (DN)

b. $A, A \leftrightarrow \neg A \vdash \neg A$ (Schluss der Form: $C, C \leftrightarrow D \vdash D$, Übungsaufgabe!)

c. $\neg A, A \vdash C$ (ECQ)

d. $A, A \leftrightarrow \neg A \vdash C$ (b., c., (Schnitt$|\neg A|$))

e. $\neg A, A \vdash \neg C$ (ECQ)

f. $A, A \leftrightarrow \neg A \vdash \neg C$ (b., e., (Schnitt$|\neg A|$))

g. $C, \neg C \vdash C \wedge \neg C$ (KON)

h. $\neg C, A, A \leftrightarrow \neg A \vdash C \wedge \neg C$ (d., g., (Schnitt$|C|$))

i. $A, A \leftrightarrow \neg A \vdash C \wedge \neg C$ (f., h., (Schnitt$|\neg C|$))

Ganz analog argumentiert man für:

j. $\neg A, A \leftrightarrow \neg A \vdash C \wedge \neg C$

k. $A \leftrightarrow \neg A \vdash C \wedge \neg C$ (i., j., (FU))

l. $\neg\neg(A \leftrightarrow \neg A) \vdash C \wedge \neg C$ (a., k., (Schnitt$|(A \leftrightarrow \neg A)|$))

m. $\vdash \neg(A \leftrightarrow \neg A)$ (l., (IB))

6. Der Barbier: $\vdash \neg\exists x\forall y(A[x,y] \leftrightarrow \neg A[y,y])$
   a. $A[a,a] \leftrightarrow \neg A[a,a] \vdash C \wedge \neg C$ (von eben)
   b. $\forall y(A[a,y] \leftrightarrow \neg A[y,y]) \vdash A[a,a] \leftrightarrow \neg A[a,a]$ (A)
   c. $\forall y(A[a,y] \leftrightarrow \neg A[y,y]) \vdash C \wedge \neg C$ (a., b., (Schnitt))
   d. $\exists x\forall y(A[x,y] \leftrightarrow \neg A[y,y]) \vdash C \wedge \neg C$ (c., (EE), VB erfüllt!)
   e. $\neg(C \wedge \neg C) \vdash \neg\exists x\forall y(A[x,y] \leftrightarrow \neg A[y,y])$ (d., (sKontra))
   f. $\neg(C \wedge \neg C)$ (Theorem)
   h. $\vdash \neg\exists x\forall y(A[x,y] \leftrightarrow \neg A[y,y])$ (e., f., Schnitt)
7. $\vdash \neg\exists x A[x] \rightarrow \forall x \neg A[x]$

   Beweisidee:

   Das Implikationszeichen ist der Hauptjunktor, also empfiehlt es sich, einen Konditionalen Beweis zu probieren. – Statt 'Variablenbedingung' schreiben wir kurz 'VB'.

   a. $A[a] \vdash \exists x A[x]$ (E)
   b. $\vdash A[a] \rightarrow \exists x A[x]$ (a., (KB))
   c. $A[a] \rightarrow \exists x A[x], \neg\exists x A[x] \vdash \neg A[a]$ (MT)
   d. $\neg\exists x A[x] \vdash \neg A[a]$ (b., c., (Schnitt|$A[a] \rightarrow \exists x A[x]$|))
   e. $\neg\exists x A[x] \vdash \forall x \neg A[x]$ (d., (AE) mit VB sei erfüllt!)
   f. $\vdash \neg\exists x A[x] \rightarrow \forall x \neg A[x]$ (e., (KB))
8. $\vdash (a = b \rightarrow (A[a] \rightarrow A[b]))$
   a. $a = b, A[a] \vdash A[b]$ (G2)
   b. $a = b \vdash A[a] \rightarrow A[b]$ (a., KB)
   c. $\vdash (a = b \rightarrow (A[a] \rightarrow A[b]))$ (b., (KB))
9. $\vdash (a = b \rightarrow (A[b] \rightarrow A[a]))$
   a. $a = b, A[b] \vdash A[a]$ (G2)
   b. $a = b \vdash A[b] \rightarrow A[a]$ (a., (KB))
   c. $\vdash (a = b \rightarrow (A[b] \rightarrow A[a]))$ (b., (KB))
10. Damit gilt auch: $\vdash (a = b \rightarrow (A[a] \leftrightarrow A[b]))$
11. $\vdash \forall y\exists x(x = y)$
    a. $\vdash a = a$ (G1)
    b. $a = a \vdash \exists x(x = a)$ (E)
    c. $\vdash \exists x(x = a)$ (a. b., (Schnitt))
    d. $\vdash \forall y\exists x(x = y)$ (b., (AE), VB!)

Sie haben bemerkt, dass wir es erlaubt haben, auf Theoreme zurückzugreifen, die wir bereits bewiesen haben. Das ist in Ordnung, da wir im Prinzip für jedes solche Vorgehen den Beweis des verwendeten Theorems anfügen könnten.

4.1.2 Einige Schlussweisen von S

Wir leiten auch gleich noch weitere Schlussweisen her!

1. $A \vdash A$
   a. $A \vdash \neg\neg A$ (DN)
   b. $\neg\neg A \vdash A$ (DN)
   c. $A \vdash A$ (a., b., (Schnitt$|\neg\neg A|$))

   Das heißt, dass wir (TS) gar nicht benötigt haben. Aber um das zu erreichen, benötigen wir (wenigstens in dieser Herleitung) (DN1), (DN2) und Schnitt.

2. $A \rightarrow B \vdash \neg A \vee B$
   a. $\neg A, A \rightarrow B \vdash \neg A \vee B$ (ADD)
   b. $A, A \rightarrow B \vdash B$ (MP)
   c. $B \vdash \neg A \vee B$ (ADD)
   d. $A, A \rightarrow B \vdash \neg A \vee B$ (b., c., (Schnitt))
   e. $A \rightarrow B \vdash \neg A \vee B$ (a., d., (FU))

   [Anmerkung zur Herleitungshöhe: Die Herleitungshöhe der ersten Prämisse von (FU) (das ist Schritt a.) ist 0. Die Herleitungshöhe der zweiten Prämisse von (FU) (das ist Schritt d.) ist 1 (da die Schritte b. und c. Grundschlussweisen mit Herleitungshöhe 0 sind und die Schlussregel (Schnitt) die Herleitungshöhe um 1 erhöht). Somit ist $n = \max(0, 1) = 1$. Die Herleitungshöhe der Konklusion von (FU) (Schritt e.) ist dann $n + 1 = 1 + 1 = 2$.]

3. $\neg A \vee B \vdash A \rightarrow B$
   a. $A \vdash \neg\neg A$ (DN)
   b. $\neg\neg A, \neg A \vee B \vdash B$ (DS)
   c. $A, \neg A \vee B \vdash B$ (a., b., (Schnitt))
   d. $\neg A \vee B \vdash A \rightarrow B$ (c., (KB))

4. $\forall x(A[x] \rightarrow B[x]) \vdash \forall x A[x] \rightarrow \forall x B[x]$ bzw.
   $\vdash \forall x(A[x] \rightarrow B[x]) \rightarrow (\forall x A[x] \rightarrow \forall x B[x])$
   a. $\forall x(A[x] \rightarrow B[x]) \vdash A[a] \rightarrow B[a]$ (A)
   b. $A[a] \rightarrow B[a], A[a] \vdash B[a]$ (MP)
   c. $A[a], \forall x(A[x] \rightarrow B[x]) \vdash B[a]$ (a., b. (Schnitt))
   d. $\forall x A[x], \forall x(A[x] \rightarrow B[x]) \vdash B[a]$ (c., (AL))
   e. $\forall x A[x], \forall x(A[x] \rightarrow B[x]) \vdash \forall x B[x]$ (d., (AE) mit VB!)
   f. $\forall x(A[x] \rightarrow B[x]) \vdash \forall x A[x] \rightarrow \forall x B[x]$ (e., (KB))
   g. $\vdash \forall x(A[x] \rightarrow B[x]) \rightarrow (\forall x A[x] \rightarrow \forall x B[x])$ (f., (KB))

5. $A[a] \vdash \exists x(x = a \wedge A[x])$
   a. $A[a] \vdash A[a]$
   b. $\vdash a = a$
   c. $A[a] \vdash A[a] \wedge a = a$
   d. $A[a] \vdash \exists x(A[x] \wedge a = x)$
6. $\exists x(x = a \wedge A[x]) \vdash A[a]$
   a. $b = a, A[b] \vdash A[a]$
   b. $b = a \wedge A[b] \vdash A[a]$
   c. $\exists x(x = a \wedge A[x]) \vdash A[a]$

4.1.3 Herleitbare Schlussregeln von S

Wir können noch weitere Schlussregeln von S herleiten. Dazu definieren wir den Begriff der *herleitbaren Schlussregel* wie folgt:

Definition 4.7: Herleitbare Schlussregel

Eine Schlussregel der Form

$$\frac{\Gamma_1 \vdash_S A_1, \ldots \Gamma_n \vdash_S A_n}{\Gamma \vdash_S A}$$

ist herleitbar in S :gdw. aus der Herleitbarkeit der Prämissen $\Gamma_i \vdash_S A_i$ mit $1 \leq i \leq n$ in S die Konklusion der Schlussregel $\Gamma \vdash_S A$ in S herleitbar ist.

Eine Regel ist herleitbar (zulässig) im Kalkül S, wenn ihre Konklusion auf Basis der bereits in S verfügbaren Regeln und Schlussweisen hergeleitet werden kann, sobald alle Prämissen hergeleitet wurden. Man könnte sagen, die Regel ist redundant, da sie keinen neuen Herleitungsspielraum eröffnet.

Nun können wir weitere Schlussregeln herleiten, etwa:

1. (KON_r)

   $$\frac{\Gamma \vdash A \quad \Gamma \vdash B}{\Gamma \vdash A \wedge B}$$

   (KON_r) steht für Konjunktionseinführung rechts. Begründet wird (KON_r) nun so: Wir setzen voraus, dass die Prämissen dieser Schlussregel herleitbar sind, $A, B \vdash A \wedge B$ ist herleitbar, da das eine Grundschlussweise von S ist. Wegen (MON) ist auch $A, B, \Gamma \vdash A \wedge B$ herleitbar.

   a. $\Gamma \vdash A$
   b. $\Gamma \vdash B$

c. $A, B, \Gamma \vdash A \land B$

d. $B, \Gamma \vdash A \land B$ (a., c., Schnitt $|A|$)

e. $\Gamma \vdash A \land B$ (b., d., Schnitt $|B|$)

2. Wir können (KON_r) auch verallgemeinern:

$$\frac{\Gamma \vdash A \quad \Phi \vdash B}{\Phi, \Gamma \vdash A \land B}$$

ist ebenfalls herleitbar; wir nennen diese Regel (faulheitshalber ebenfalls (KON_r)).

Wir hätten auch (KON_r) anfänglich zu S hinzugeben können, um dann (KON) herzuleiten:

a. $A \vdash A$ (TS)

b. $A, B \vdash A$ (a., MON)

c. $B \vdash B$ (TS)

d. $A, B \vdash B$ (b., MON)

e. $A, B \vdash A \land B$ (b., c., KON_r)

3. (KON_l)

$$\frac{A, B \vdash C}{A \land B \vdash C}$$

können wir auch herleiten:

a. $A, B \vdash C$ (Prämisse)

b. $A \land B \vdash A$ (SIMP)

c. $A \land B, B \vdash C$ (a., b., Schnitt)

d. $A \land B \vdash B$ (SIMP)

e. $A \land B \vdash C$ (c., d., Schnitt)

4. Leiten wir doch noch eine Schlussregel her! Nämlich *Kontraposition* (Kontra):

$$\frac{A \vdash B}{\neg B \vdash \neg A}$$

a. $A \vdash B$

b. $B, \neg B \vdash \neg A$ (ECQ)

c. $A, \neg B \vdash \neg A$ (a., b., (Schnitt))

d. $\neg A, \neg B \vdash \neg A$ (TS)

e. $\neg B \vdash \neg A$ (c., d., (FU))

5. (AL)

$$\frac{A[a] \vdash B}{\forall x A[x] \vdash B}$$

a. $\forall x A[x] \vdash A[a]$ (A)

b. $A[a] \vdash B$ (Prämisse)

c. $\forall x A[x] \vdash B$ (a., b., (Schnitt))

6. Analog zu (AL) erhalten wir auch: (ER)

$$\frac{B \vdash A[a]}{B \vdash \exists x A[x]}$$

7. Wir können auch *starke* Kontraposition herleiten (sKontra):

$$\frac{\neg B,\ \Phi \vdash \neg A}{A,\ \Phi \vdash B}$$

Die Herleitung von (sKontra) ist eine Übungsaufgabe. Mithilfe von (Kontra) und (sKontra) lassen sich nur folgende Behauptungen beweisen: (1) $\vdash (A \rightarrow B) \leftrightarrow (\neg B \rightarrow \neg A)$, (2) $\vdash (B \rightarrow A) \leftrightarrow (\neg A \rightarrow \neg B)$, (3) $\vdash (A \leftrightarrow B) \leftrightarrow (\neg A \leftrightarrow \neg B)$.

8. Reflexivität$_G$, (Refl$_G$)

$$\frac{a = a, \Gamma \vdash C}{\Gamma \vdash C}$$

a. $\Gamma \vdash a = a$

b. $a = a, \Gamma \vdash C$

c. $\Gamma \vdash C$

9. Substitution$_G$, (Subst$_G$)

$$\frac{a = b, A[b], A[a], \Gamma \vdash C}{a = b, A[a], \Gamma \vdash C}$$

a. $a = b, A[a], \Gamma \vdash A[b]$

b. $A[b], a = b, A[a], \Gamma \vdash C$

c. $a = b, A[a], \Gamma \vdash C$

10. (G$_r$)

$$\frac{\Gamma \vdash a = b \quad \Phi \vdash A[a]}{\Gamma, \Phi \vdash A[b]}$$

a. $a = b, A[a], \Gamma \vdash A[b]$

b. $\Gamma \vdash a = b$

c. $A[a], \Gamma \vdash A[b]$

d. $\Phi \vdash A[a]$

e. $\Gamma, \Phi \vdash A[b]$

Fügen Sie in 8., 9. und 10. die Begründungen selbst hinzu!

4.1.4 Extensionalität (syntaktisch)

Wie bereits im semantischen Teil überlegen wir uns auch die syntaktische Ausdrückbarkeit der Extensionalität anhand von zwei Theoremen; siehe etwa wieder [Sch21].

Theorem 12 (Ersetzbarkeit logisch äquivalenter Teilformeln). *Seien A, B, C Formeln von $\mathcal{L}$, dann gilt: $A \leftrightarrow B \vdash C \leftrightarrow C[B/A]$ (wobei $C[B/A]$ die Formel ist, die entsteht, wenn alle Vorkommen der Teilformel A in C durch B ersetzt werden, unter Beachtung der Regeln zur Vermeidung von Variablenkollision).*

Die Beweisskizze dafür zu entwickeln, ist eine Übungsaufgabe. Der Beweis erfolgt jedenfalls mittels Induktion nach der Komplexität von C.

Wir schließen die beweistheoretische Entwicklung von S mit dem folgenden Theoremen ab.

Theorem 13. *Seien $A, A_1, \ldots, A_n, B$ und C Formeln von $\mathcal{L}$:*

1. *Wenn $\vdash A \leftrightarrow B$, dann gilt $\vdash C \leftrightarrow C[B/A]$.*
2. *Wenn $A_1, \ldots, A_n \vdash A \leftrightarrow B$, dann $A_1, \ldots, A_n \vdash C \leftrightarrow C[B/A]$.*

Theorem 14 (Leibniz-Gesetz / Ersetzbarkeit von Identischem (syntaktisch)).

1. $\vdash a = b \rightarrow (A[a] \leftrightarrow A[b])$

Insbesondere könnte man $\vdash a = b \rightarrow (A[a] \leftrightarrow A[b])$ durch G-Basis mittels Induktion nach der Komplexität von A beweisen. **G-Basis** ist nun:

$$a = b, (P(t_1, \ldots, a, \ldots, t_n) \vdash P(t_1, \ldots, b, \ldots, t_n))$$

Das heißt, wir hätten unser formales System S **schlanker** formulieren können, etwa hätten wir mit der Grundschlussweise $a = b, P(t_1, \ldots, a, \ldots, t_n) \vdash P(t_1, \ldots, b, \ldots, t_n))$ starten können und dann (G2) oder auch $\vdash a = b \rightarrow (A[a] \leftrightarrow A[b])$ induktiv beweisen können.

Von einem praktischen Gesichtspunkt aus betrachtet, ist S nützlich. Das Herleiten ist im Allgemeinen (relativ) einfach und durchsichtig vermöge der vielen Grundschlussweisen und (Basis-)Schlussregeln. Für das Beweisen metalogischer Resultate sind praktische formale Systeme nicht so geschätzt, da deswegen mehr Fälle berücksichtigt werden müssen. Für unsere metalogischen Beweise reduzieren wir S auf: Se, das ist S elegant.

4.2 S elegant: Se

Wir lernen dadurch, ein formales System (betrachtet aus der metalogischen Perspektive) zu vereinfachen, und sogar etwas über **deduktive Äquivalenz von formalen Systemen**. – Setzen wir fort und entwickeln wir aus der Perspektive der Metalogik ein elegantes (oder wenigstens: eleganteres) Schlussweisensystem, eben Se.

4.2.1 Deduktive Äquivalenz

Wir beginnen mit einer Definition von deduktiver Äquivalenz.

Definition 4.8: Deduktive Äquivalenz

Zwei formale Systeme FS_1, FS_2 sind *deduktiv äquivalent* gdw. für alle Formeln $A, A_1, \ldots, A_n$ und Formelmengen $\Gamma, \Gamma_1, \ldots, \Gamma_n$ von $\mathcal{L}$ gilt:

1. $\Gamma \vdash_{FS_1} A$:gdw. $\Gamma^* \vdash_{FS_2} A^*$.
2. $\frac{\Gamma_1 \vdash_{FS_1} A_1, \ldots \Gamma_n \vdash_{FS_1} A_n}{\Gamma \vdash_{FS_1} A}$:gdw. $\frac{\Gamma_1^* \vdash_{FS_2} A_1^*, \ldots \Gamma_n^* \vdash_{FS_2} A_n^*}{\Gamma \vdash_{FS_2} A^*}$

Wobei gilt: * deutet eine geignete Übersetzung an. Wir betrachten gleich eine konkrete Übersetzung.

Kurz und weniger genau: Zwei formale Systeme sind deduktiv äquivalent gdw. sie bezüglich der Menge der Thesen, der Schlussweisen und Schlussregeln übereinstimmen. Bedingung 2 ist eine sehr starke Bedingung und stellt sicher, dass die Systeme nicht nur dieselben einzelnen Schlüsse, sondern auch dieselben *höheren* inferentiellen Beziehungen zwischen Schlüssen erfassen. Es bedeutet, dass die *metalogische Struktur* der Herleitbarkeit vergleichbar ist. Üblicherweise beschränkt man sich auf Bedingung 1.

Das folgende Lemma beinhaltet Schlussweisen, die in S herleitbar sind (manche haben wir schon hergeleitet).

Lemma 3.
Die folgenden Schlussweisen (und ihre Umkehrungen, $\dashv$) sind in S *herleitbar:*

Quantorentausch 1: $\forall x A[x] \dashv\vdash \neg\exists x \neg A[x]$

Quantorentausch 2: $\exists x A[x] \dashv\vdash \neg\forall x \neg A[x]$

De Morgan 1 (für $\wedge$): $\neg(A \wedge B) \dashv\vdash \neg A \vee \neg B$

De Morgan 2 (für $\vee$): $A \vee B \dashv\vdash \neg(\neg A \wedge \neg B)$

De Morgan 3 (für $\wedge$): $A \wedge B \dashv\vdash \neg(\neg A \vee \neg B)$

De Morgan 4 (für $\vee$): $\neg(A \vee B) \dashv\vdash \neg A \wedge \neg B$

Implikation 1: $A \rightarrow B \dashv\vdash \neg(A \wedge \neg B)$

Implikation 2: $A \rightarrow B \dashv\vdash \neg A \vee B$

Das System Se wird (neben den gebundenen Variablen) nur $\vee$, $\neg$, $\exists$ und $=$ als logische Zeichen enthalten, das heißt, nur ein Teil der formalen Sprache $\mathcal{L}$ wird in Se verwendet, deswegen benötigen wir noch folgende Übersetzung:

Definition 4.9: Übersetzung von $\mathcal{L}$-Formeln nach $\mathcal{L}_{\text{Se}}$

Sei A eine Formel der Sprache $\mathcal{L}$. Die Übersetzung $(A)^e$ in die Sprache des Systems Se, d.i. $\mathcal{L}_{\text{Se}}$ (welches die logischen Zeichen $\neg, \vee, \exists, =$ verwendet) ist rekursiv wie folgt definiert:

$$
\begin{aligned}
(P)^e &:\leftrightarrow P && \text{falls } P \text{ eine atomare Formel ist}\\
(\neg A)^e &:\leftrightarrow \neg(A)^e \\
(A \wedge B)^e &:\leftrightarrow \neg(\neg(A)^e \vee \neg(B)^e) \\
(A \vee B)^e &:\leftrightarrow (A)^e \vee (B)^e \\
(A \rightarrow B)^e &:\leftrightarrow \neg(A)^e \vee (B)^e \\
(\forall x\, A[x])^e &:\leftrightarrow \neg\exists x\, \neg(A[x])^e \\
(\exists x\, A[x])^e &:\leftrightarrow \exists x\, (A[x])^e
\end{aligned}
$$

Dabei ist $(A[x])^e$ so zu verstehen, dass die Übersetzung auf die Zeichenreihe $A[x]$ (in $\neg\exists x\, \neg(A[x])^e$, $\exists x\, (A[x])^e$) angewendet wird, bevor der äußere Quantor der Zielsprache $\mathcal{L}_{\text{Se}}$ hinzukommt.

Beispiel zur Verdeutlichung der Übersetzung $(A[v])^e$:

Wir wollen die $\mathcal{L}$-Formel $(\forall x(P(x) \wedge Q(x)))^e$ in die Zielsprache $\mathcal{L}_{\text{Se}}$ übersetzen. In $\mathcal{L}_{\text{Se}}$ seien nur $\neg, \vee, \exists, =$ primitive logische Zeichen. Die Übersetzungsfunktion $(\ldots)^e$ wird rekursiv angewendet:

1. Die äußere Struktur der zu übersetzenden Formel ist $(\forall y\, B[y])^e$. Gemäß der Übersetzungsregel für den Allquantor gilt:

   $$(\forall y\, B[y])^e \quad :\leftrightarrow \quad \neg\exists y\, \neg(B[y])^e$$

   In unserem Fall ist die gebundene Variable y hier x, und $B[y]$ ist die Zeichenreihe $(P(x) \wedge Q(x))$. Wir müssen also $(P(x) \wedge Q(x))^e$ bestimmen.

2. Um $(P(x) \wedge Q(x))^e$ zu übersetzen, verwenden wir die Regel für die Konjunktion, die diese mittels $\neg$ und $\vee$ definiert (De Morgan):

   $$(C \wedge D)^e \quad :\leftrightarrow \quad \neg(\neg(C)^e \vee \neg(D)^e)$$

   Somit ist:

   $$(P(x) \wedge Q(x))^e \quad :\leftrightarrow \quad \neg(\neg(P(x))^e \vee \neg(Q(x))^e)$$

3. Nun übersetzen wir die quasi-atomaren Teile $(P(x))^e$ und $(Q(x))^e$. Gemäß der Regel für atomare Formeln $(R)^e :\leftrightarrow R$ gilt:

   - $(P(x))^e \quad :\leftrightarrow \quad P(x)$
   - $(Q(x))^e \quad :\leftrightarrow \quad Q(x)$

Hierbei ist zu beachten, dass $P(x)$ und $Q(x)$ als Zeichenreihen betrachtet werden, in denen x als die Variable fungiert, die später vom äußeren Quantor der Zielsprache $\mathcal{L}_{\text{Se}}$ gebunden wird.

4. Wir setzen die Ergebnisse aus Schritt 3 in Schritt 2 ein:

$$(P(x) \wedge Q(x))^e \quad :\leftrightarrow \quad \neg(\neg P(x) \vee \neg Q(x))$$

5. Schließlich setzen wir das Ergebnis aus Schritt 4 in die Formel aus Schritt 1 ein:

$$(\forall x(P(x) \wedge Q(x)))^e \quad :\leftrightarrow \quad \neg\exists x\, \neg(\neg(\neg P(x) \vee \neg Q(x)))$$

Man könnte den inneren Teil weiter vereinfachen zu $\neg\exists x\, ((\neg P(x) \vee \neg Q(x)))$ unter Annahme der doppelten Negationselimination (DN) in der Metasprache der Übersetzung, aber die obige Form ist die direkte Anwendung der Regeln.

Im Lichte dieser Überlegungen wollen wir also folgendes Theorem zeigen.

Theorem 15 (Deduktive Äquivalenz von S, Se).
S *und* Se *sind deduktiv äquivalent.*

Wegen der sprachlichen Unterschiede müssen wir induktiv nach der Höhe der Herleitung zeigen, dass für alle Formeln $A, A_1, \ldots, A_n$ und Formelmengen $\Gamma, \Gamma_1, \ldots, \Gamma_n$ von $\mathcal{L}$ gilt:

1. $\Gamma \vdash_{\text{S}} A$:gdw. $\Gamma^e \vdash_{\text{Se}} A^e$.
2. $\frac{\Gamma_1 \vdash_{\text{S}} A_1, \ldots, \Gamma_n \vdash_{\text{S}} A_n}{\Gamma \vdash_{\text{S}} A}$ gdw. $\frac{\Gamma_1^e \vdash_{\text{Se}} A_1^e, \ldots, \Gamma_n^e \vdash_{\text{Se}} A_n^e}{\Gamma^e \vdash_{\text{Se}} A^e}$

Bevor wir das aber bewerkstelligen können, müssen wir Se entwickeln. Das machen wir jetzt!

4.2.2 Das formale System Se

Nun ist es naheliegend, dass die logischen Zeichen $\vee$, $\neg$, $\exists$ und $=$ genügen. Wir *behalten* im neuen System Se folgende Grundschlussweisen:

(DS) $A \vee B, \neg A \vdash B$ und $A \vee B, \neg B \vdash A$ (Disjunktiver Syllogismus)

(ADD) $A \vdash A \vee B$ und $B \vdash A \vee B$ (Addition)

(E) $A[a] \vdash \exists x A[x]$ (Existenzielle Generalisierung)

(G1) $\vdash a = a$ (Reflexivität der Gleichheit)

(G2) $a = b, A[a] \vdash A[b]$ (Substitutionsprinzip)

Als Basisschlussregeln kommen die folgenden Regeln zur Anwendung:

(EE*)

$$\frac{A[a], \Phi \vdash B}{\exists x A[x], \Phi \vdash B}$$

(MON)

$$\frac{\Phi \vdash C}{B, \Phi \vdash C}$$

(FU)

$$\frac{B, \Phi \vdash C \quad \neg B, \Gamma \vdash C}{\Phi, \Gamma \vdash C}$$

(Schnitt)

$$\frac{\Phi \vdash A \quad A, \Gamma \vdash B}{\Phi, \Gamma \vdash B}$$

(EE*): Die bereits vertraute Variablenbedingung gilt es hier zu beachten.

Herleitung einiger Grundschlussweisen und Basisschlussregeln von S in ihrer Übersetzung nach Definition 4.9, wobei auf ^{e} systematisch verzichtet wird. Die Definitionen von 'herleitbar', 'Theorem' sind wie für S definiert (mit offensichtlichen Änderungen).

1. $A, \neg A \vdash B$ (ECQ)
   a. $A, \neg A \vdash A \vee B$ ((ADD), (MON))
   b. $\neg A, A \vee B \vdash B$ ((DS))
   c. $A, \neg A \vdash B$ (a., b., Schnitt)
2. $A \vdash A$ (TS)
   a. $A \vdash A \vee B$ (ADD)
   b. $\neg B, A \vee B \vdash A$ (DS)
   c. $\neg B, A \vdash A$ (a., b., (Schnitt))
   d. $A \vdash A \vee B$ (ADD)
   e. $\neg\neg B, A \vee \neg B \vdash A$ (DS)
   f. $\neg\neg B, A \vdash A$ (d., e., (Schnitt))
   g. $A \vdash A$ (c., f., (FU))
3. $\neg\neg A \vdash A$ (DN)
   a. $\vdash A \vee \neg A$ (Theorem, Herleitung wie in S)
   b. $\neg\neg A, A \vee \neg A \vdash A$ (DS)
   c. $\neg\neg A \vdash A$ (a., b., (Schnitt))

4. $A \vdash \neg\neg A$ (DN)
   a. $\neg A, A \vdash \neg\neg A$ (ECQ)
   b. $\neg\neg A, A \vdash \neg\neg A$ ((TS), (MON))
   c. $A \vdash \neg\neg A$ (a., b., (FU))
5. Die ^{e}-Übersetzungen von Modus Ponens und Modus Tollens:

   $\neg A \vee B, A \vdash B$ (MP)

   $\neg A \vee B, \neg B \vdash \neg A$ (MT)

   Beide sind offenbar in Se herleitbar.
6. $\neg\exists x \neg A[x] \vdash A[a]$
   a. $\neg A[a] \vdash \exists x \neg A[x]$
   b. $\neg\exists x \neg A[x] \vdash \neg\neg A[a]$ ((Kontra), Herleitung wie in S)
   c. $\neg\neg A[a] \vdash A[a]$
   d. $\neg\exists x \neg A[x] \vdash A[a]$
7. (KB) in der alten Form:

   $$\frac{B, \Phi \vdash C}{\Phi \vdash B \rightarrow C}$$

   In der neuen Form (KB*e*):

   $$\frac{B, \Phi \vdash C}{\Phi \vdash \neg B \vee C}$$

   Wir setzen voraus, dass $B, \Phi \vdash C$ herleitbar ist. Zu zeigen: $\Phi \vdash \neg B \vee C$.
   a. $B, \Phi \vdash C$ Prämisse
   b. $B, \Phi \vdash \neg B \vee C$ (a., (ADD2), (Schnitt))
   c. $\neg B, \Phi \vdash \neg B$ ((TS), (MON))
   d. $\neg B, \Phi \vdash \neg B \vee C$ (c., (ADD), (Schnitt))
   e. $\Phi \vdash \neg B \vee C$ (b., d., (FU))
8. (IB*e*):

   $$\frac{\neg B, \Phi \vdash \neg(C \vee \neg C)}{\Phi \vdash B}$$

   a. $\neg B, \Phi \vdash \neg(C \vee \neg C)$ (Prämisse)
   b. $\neg\neg(C \vee \neg C), \Phi \vdash \neg\neg B$ (a., (Kontra))
   c. $\vdash \neg\neg(C \vee \neg C)$ (Theorem)
   d. $\Phi \vdash \neg\neg B$ (b., c., (Schnitt))
   e. $\neg\neg B \vdash B$ (Theorem)
   f. $\Phi \vdash B$ (d., e., (Schnitt))

9. (AEe^*)

$$\frac{\Phi \vdash A[a]}{\Phi \vdash \neg\exists x\, \neg A[x]}$$

a. $\Phi \vdash A[a]$ (Prämisse)
b. $C \vee \neg C, \Phi \vdash A[a]$ (a., (MON))
c. $\neg A[a], \Phi \vdash \neg(C \vee \neg C)$ (b., (Kontra))
d. $\exists x\, \neg A[x], \Phi \vdash \neg(C \vee \neg C)$ (c., (EE), VB erfüllt!)
e. $\vdash \neg\neg(C \vee \neg C)$ (Theorem)
f. $\neg\neg(C \vee \neg C), \Phi \vdash \neg\exists x\, \neg A[x]$ (d., (Kontra))
g. $\Phi \vdash \neg\exists x\, \neg A[x]$ (e., f., (Schnitt))

10. (SIMPe) $\neg(\neg A \vee \neg B) \vdash A$

(SIMPf) $\neg(\neg A \vee \neg B) \vdash B$

(DISe) $\neg A \vee C, \neg B \vee C, \Gamma \vdash \neg(A \vee B) \vee C$ – Übungsaufgaben.

Damit ist die Hauptarbeit für eine Richtung des Beweises von Theorem 15 (der deduktiven Äquivalenz von S und Se) geleistet. Wir haben skizziert, wie die (übersetzten) Grundschlussweisen und Schlussregeln von S in Se hergeleitet werden können. Daraus folgt nun **mittels Induktion über die Herleitungshöhe** in S:

Wenn $\Gamma \vdash_S A$, dann $\Gamma^e \vdash_{Se} A^e$.

(Hierbei ist $\Gamma^e = \{C^e \mid C \in \Gamma\}$ die Menge der übersetzten Formeln aus Γ.)

Für die **andere Richtung der Äquivalenz** – also: wenn $\Delta \vdash_{Se} B$ (wobei Δ eine Formelmenge und B eine Formel von $\mathcal{L}$ sind, die nur die Symbole von Se verwenden), dann $\Delta \vdash_S B$ – argumentiert man, dass jede Grundschlussweise und jede Schlussregel von Se auch eine Grundschlussweise oder eine bereits hergeleitete Schlussweise oder Schlussregel in S ist. Diese Richtung ist typischerweise direkter nachzuweisen.

Wir benötigen einen Nachweis, dass die ^{e}-Übersetzung die logische Bedeutung im folgenden Sinne erhält – ^{e}-Brückenlemma: $\vdash_S C \leftrightarrow C^e$ für jede $\mathcal{L}$-Formel C ist herleitbar. Das heißt, unsere Übersetzungsdefinition ist korrekt. Der **Beweis** der Äquivalenz $\vdash_S C \leftrightarrow C^e$ erfolgt nach der Komplexität von C mithilfe der ^{e}-Übersetzung und den eingangs erwähnten Gesetzen von Quantorentausch und DeMorgan und zwar so:

Beweis:

1. Sei C eine Primformel $P(a_1, \ldots, a_n)$, oder $a = b$, dann ist die ^{e}-Übersetzung trivial; und somit ist dieser Fall erledigt.
2. Im Falle von Negationsformeln ergibt $(\neg A)^e$ wiederum eine Negationsformel, nämlich $\neg(A)^e$; d. h., die Übersetzung behält die Negation bei.
3. Im Falle von Konjunktionformeln $(A \wedge B)^e$ erzeugt die ^{e}-Übersetzung $\neg(\neg(A)^e \vee \neg(B)^e)$. In S gilt das De Morgan'sche Gesetz: $(E \wedge F) \leftrightarrow \neg(\neg E \vee \neg F)$.

4. Disjunktionformeln sind einfach, da die ^{e}-Übersetzung wiederum Disjunktionsformeln erzeugt.
5. Für Allformeln gilt: $(\forall x A[x])^e \leftrightarrow \neg\exists x \neg(A[x])^e$. In S gelten Quantorentauschgesetze.
6. Existenzformeln sind ähnlich wie Negations- oder Disjunktionsformeln sehr einfach, da Existenzquantoren in Existenzquantoren übersetzt werden.

Der Rest des Beweises wird nun nach der **Induktion der Herleitungshöhe** geführt. Wir müssen zeigen: Wenn $\Delta \vdash_{\text{Se}} B$ (wobei Δ eine Formelmenge und B eine Formel der Sprache $\mathcal{L}_{\text{Se}}$ sind), dann gilt $\Delta \vdash_{\text{S}} B$.

Induktionsbasis: Jede Grundschlussweise von Se ist eine Grundschlussweise von S.

Induktionshypothese: Die Behauptung gilt für Herleitungen in Se mit einer Höhe $m \leq n$, d. h.: Wenn $\Delta \vdash_{\text{Se}} B$, dann $\Delta \vdash_{\text{S}} B$.

Induktionsschritt: Betrachten wir etwa die Fallunterscheidung (FU). Die Prämissen $B, \Phi \vdash_{\text{Se}} C$ und $\neg B, \Phi \vdash_{\text{Se}} C$ haben eine Höhe $\leq n$. Nach IH sind sie in S herleitbar und S hat ebenfalls die Schlussregel (FU) – es gilt: $\Phi \vdash_{\text{S}} C$.

Alle anderen Schlussregeln werden ähnlich argumentiert. Damit haben wir gezeigt: Wenn $\Gamma^e \vdash_{\text{Se}} A^e$, dann $\Gamma^e \vdash_{\text{S}} A^e$. Jetzt kommt unser ^{e}-**Brückenlemma** ins Spiel, denn wir wollen ja zeigen, dass $\Gamma \vdash_{\text{S}} A$ – das geht jetzt so:

Jede B^e-Formel von Γ^e ist wegen des ^{e}-Brückenlemmas äquivalent zu einer Formel B. Es gilt also: $B_1^e, \ldots, B_n^e \vdash_{\text{S}} A^e$.

Wegen des ^{e}-Brückenlemma gilt: $B_1 \vdash B_1^e, \ldots, B_n \vdash_{\text{S}} B_n^e$.

Mittels n-maliger Anwendung von (Schnitt) erhalten wir: $B_1, \ldots, B_n \vdash_{\text{S}} A^e$.

Ebenfalls wegen des ^{e}-Brückenlemmas gilt: $A^e \vdash A$ – mittels einer weiteren Anwendung von (Schnitt) erhalten wir das erwünschte Ergebnis: $B_1, \ldots, B_n \vdash_{\text{S}} A$.

4.3 Ein Mal Philosophisches

Sie könnten erwartet haben, dass an dieser Stelle auch etwas über das Cartesianische Cogito gesagt wird, doch das wird es noch nicht. Im Rahmen der Klassischen Prädikatenlogik ohne Erweiterungen (wie etwa bestimmte Kennzeichnungen (auch definite Deskriptionen genannt) oder eine formale Theorie von Indexicals) ist das kognitive Vergnügen ein zweifelhaftes. Später betrachten wir eine Freie Logik (Kapitel 7), dann kommen wir darauf zurück.

Wir haben das Phaidon-Argument bereits semantisch betrachtet. Nur zur Erinnerungsauffrischung: $\mathcal{S} = \{K, M, P, V, A, H, I\}$. Wir lesen die Prädikate so:

- K: … ist ein mathematisches Konzept
- P: … ist präzise
- M: … ist ein Mensch

- V: … verfügt über …
- A: … ist … angeboren
- H: … ist hergeleitet von … (aus der Erfahrung)
- I: … ist perfekt instanziiert (in der physikalischen Welt)

An dortiger Stelle habe ich vorgeschlagen, das Argument wie folgt zu formalisieren:

1′. $\forall x(K(x) \rightarrow P(x))$

2′. $\forall x \forall y(M(x) \wedge K(y) \wedge P(y) \wedge V(x,y) \rightarrow A(y,x) \vee H(x,y))$

3′. $\forall x \forall y(M(x) \wedge K(y) \wedge P(y) \rightarrow V(x,y))$

4′. $\neg\exists x(K(x) \wedge P(x) \wedge I(x))$

5′. $\forall x \forall y(M(x) \wedge K(y) \wedge P(y) \wedge V(x,y) \wedge \neg I(y) \rightarrow \neg H(x,y))$

6′. $\therefore \forall x \forall y(M(x) \wedge K(y) \rightarrow A(y,x))$

Wir haben bereits die Gültigkeit des Arguments mit semantischen Methoden gezeigt; ja, es ist in der Tat (klassisch) gültig. Wir erinnern uns auch an die kleine Bemerkung, dass wir das Argument immer noch rational bezweifeln können, wenn wir beispielsweise eine Prämisse kritisieren. Wir geben eine Herleitung der Konklusion aus den Prämissen in S und zwar in einer sehr verkürzten Form. Jeden einzelnen Schritt genau zu begründen, ist eine Übungsaufgabe. S ist ein sehr leistungsfähiges System – alles im Detail zu begründen, bleibt aber mitnichten trivial – Logik eben.

Herleitung (in sehr reduzierter Form).

1. $M(a) \wedge K(b), \forall x(K(x) \rightarrow P(x)) \vdash P(b)$
2. $M(a) \wedge K(b) \wedge P(b), \forall x \forall y(M(x) \wedge K(y) \wedge P(y) \rightarrow V(x,y)) \vdash V(a,b)$
3. $M(a) \wedge K(b) \wedge P(b) \wedge V(a,b), \forall x \forall y(M(x) \wedge K(y) \wedge P(y) \wedge V(x,y) \rightarrow A(y,x) \vee H(x,y)) \vdash A(b,a) \vee H(a,b)$
4. $\neg A(b,a), A(b,a) \vee H(a,b) \vdash H(a,b)$
5. $\neg A(b,a), M(a) \wedge K(b) \wedge P(b) \wedge V(a,b), \forall x \forall y(M(x) \wedge K(y) \wedge P(y) \wedge V(x,y) \rightarrow A(y,x) \vee H(x,y)) \vdash H(a,b)$
6. $\neg A(b,a), M(a) \wedge K(b) \wedge P(b) \wedge V(a,b) \vdash \neg\neg H(a,b)$
7. $\forall x \forall y(M(x) \wedge K(y) \wedge P(y) \wedge V(x,y) \wedge \neg I(y) \rightarrow \neg H(x,y)) \vdash \forall x \forall y(M(x) \wedge K(y) \wedge P(y) \wedge V(x,y) \rightarrow (\neg I(y) \rightarrow \neg H(x,y)))$
8. $\neg A(b,a), M(a) \wedge K(b) \wedge P(b) \wedge V(a,b), \neg\neg H(a,b), \forall x \forall y(M(x) \wedge K(y) \wedge P(y) \wedge V(x,y) \rightarrow (\neg I(y) \rightarrow \neg H(x,y))) \vdash I(b)$
9. $\neg A(b,a), M(a) \wedge K(b) \wedge P(b) \wedge V(a,b), \neg\neg H(a,b) \vdash I(b)$
10. $\neg A(b,a), M(a) \wedge K(b) \wedge P(b) \wedge V(a,b) \vdash I(b)$
11. $M(a) \wedge K(b) \wedge P(b) \wedge V(a,b) \vdash M(a) \wedge K(b)$
12. $\neg A(b,a), M(a) \wedge K(b) \vdash I(b)$
13. $\neg A(b,a), M(a) \wedge K(b) \vdash K(b) \wedge P(b)$

14. $\neg A(b, a), M(a) \land K(b) \vdash \exists x(K(x) \land P(x) \land I(x))$

15. $\neg A(b, a), M(a) \land K(b) \vdash \exists x(K(x) \land P(x) \land I(x)) \land \neg\exists x(K(x) \land P(x) \land I(x))$

16. $M(a) \land K(b) \vdash A(b, a)$

17. $\vdash \forall x \forall y(M(x) \land K(y) \to A(y, x))$

Eine nicht-reduzierte Ausformulierung dieser Herleitung ist noch wesentlich umfangreicher.

4.4 Syntaktische Methoden: Übungen

1. Leiten Sie $\forall x A[x] \vdash \neg\exists x \neg A[x], \neg\exists x \neg A[x] \vdash \forall x A[x]$ her.
2. Leiten Sie
$$\frac{\neg B,\ \Phi \vdash \neg A}{A,\ \Phi \vdash B}$$
in S her. Diese Schlussregel wird auch *starke Kontraposition* (sKontra) genannt. Damit kann man ganz leicht auch $\vdash (\neg B \to \neg A) \to (A \to B)$ in S beweisen.
3. Leiten Sie
$$\frac{A, \Gamma \vdash C \quad B, \Phi \vdash C}{A \lor B, \Phi,\ \Gamma \vdash C}$$
in S her.
4. Leiten Sie
$$\frac{\Phi \vdash A \quad \Phi \vdash \neg A \lor B}{\Phi \vdash B}$$
in Se her.
5. Leiten Sie
$$\frac{\Gamma \vdash \neg A[a]}{\Gamma \vdash \neg\exists x A[x]}$$
in Se her. Dabei gilt es die Variablenbedingung zu beachten!
6. In S gelten:
   a. $\vdash (A \to B) \leftrightarrow (\neg B \to \neg A)$,
   b. $\vdash (B \to A) \leftrightarrow (\neg A \to \neg B)$,
   c. $\vdash (A \leftrightarrow B) \leftrightarrow (\neg A \leftrightarrow \neg B)$.

   Zeigen Sie das.
7. Leiten Sie in S her: $E \leftrightarrow E', F \leftrightarrow F' \vdash (E \land F) \leftrightarrow (E' \land F')$, $\forall x(E[x] \to F[x]), \forall x(F[x] \to E[x]) \vdash \forall x(E[x] \leftrightarrow F[x])$.

8. Leiten Sie $\neg A \wedge \neg B \vdash \neg(A \vee B)$ in S her.
9. Leiten Sie $\neg A \vee \neg B \vdash \neg(A \wedge B)$ in S her.
10. Leiten Sie $A, A \leftrightarrow B \vdash B$ in S her.
11. In Unterabschnitt 4.1.1 fehlt in der Herleitung von Theorem 4 alle Begründungen; fügen Sie diese an!
12. Es folgt eine Herleitung von $\exists y(\exists x A[x] \rightarrow A[y])$ in S. Geben Sie fehlende Begründungen an. Was ist die Beweisstrategie?
    a. $\neg\exists y(\exists x A[x] \rightarrow A[y]) \vdash \forall y \neg(\exists x A[x] \rightarrow A[y])$
    b. $\forall y \neg(\exists x A[x] \rightarrow A[y]) \vdash \forall y(\exists x A[x] \wedge \neg A[y])$
    c. $\forall y(\exists x A[x] \wedge \neg A[y]) \vdash \exists x A[x] \wedge \forall y \neg A[y]$
    d. $\vdash \forall y \neg A[y] \leftrightarrow \forall x \neg A[x]$
    e. $\vdash \forall x \neg A[x] \leftrightarrow \neg\exists x A[x]$
    f. $\forall y \neg(\exists x A[x] \wedge \neg A[y]) \vdash \exists x A[x] \wedge \neg\exists x A[x]$
    g. $\neg\exists y(\exists x A[x] \rightarrow A[y]) \vdash \exists x A[x] \wedge \neg\exists x A[x]$
    h. $\vdash \exists y(\exists x A[x] \rightarrow A[y])$
13. Beweisen Sie: $\exists y(A[y] \rightarrow \forall x A[x])$

    Ein Beweis geht in aller Kürze so: Man verwende den (IB) und zeige also:

    $\neg\exists y(A[y] \rightarrow \forall x A[x]) \vdash C \wedge \neg C$, daher gilt (wegen (IB)): $\vdash \exists y(A[y] \rightarrow \forall x A[x])$. Geben Sie Begründungen an. Bestimmen Sie die Höhe Ihrer Herleitung.
14. Leiten Sie die Schlussweisen von Lemma 3 her, die noch nicht hergeleitet wurden.
15. $\{\exists x \exists y(\neg(x = y) \wedge \forall z(z = x \vee z = y)), \neg(a = b), c = a\} \vdash_S \neg(c = b)$
16. Beweisen Sie Theorem 13 und Theorem 14.
17. Leiten Sie in Se her:
    a. (SIMPa) $\neg(\neg A \vee \neg B) \vdash A$
    b. (SIMPb) $\neg(\neg A \vee \neg B) \vdash B$
    c. (DISc) $\neg A \vee C, \neg B \vee C, \Gamma \vdash \neg(A \vee B) \vee C$
18. **Kniffelig:** In der syntaktischen Behandlung des Phaidon-Argumentes sind wir sehr *abstrakt* vorgegangen. Formulieren Sie fehlenden Schritte – überzeugen Sie sich von der Richtigkeit der Herleitung.
19. Beweisen Sie das folgende Metatheorem (die **Zulässigkeit der Substitution**) für das formale System S: Wenn $\Gamma[a] \vdash A[a]$, dann $\Gamma[b] \vdash A[b]$. Dabei ist $\Gamma[a]$ analog zur Schreibweise $A[a]$ zu verstehen.

    Eine kleine Anmerkung über die Zulässsigkeit einer Schlussregel: Eine solche erweitert zwar nicht die Mächtigkeit (die Menge der Theoreme/Schlüsse) des Kalküls S, sie kann allerdings möglicherweise nicht als eine Abfolge von Schritten der ursprünglichen Regeln von S bewiesen werden. Die eben angesprochene Substitution ist eine zulässige Regel in eben diesem Sinne.

20. **Kniffelig:** Anstelle der Grundschlussweisen von Se verwenden wir nun:

(DS) $A \vee B, \neg A, \Phi \vdash B$ (Disjunktiver Syllogismus)

$A \vee B, \neg B, \Phi \vdash A$ (Disjunktiver Syllogismus)

(ADD) $A, \Phi \vdash A \vee B$ (Addition)

$B, \Phi \vdash A \vee B$ (Addition)

(E) $A[a], \Phi \vdash \exists x A[x]$

(G1) $\Phi \vdash a = a$

(G2) $a = b, A[a], \Phi \vdash A[b]$

Zeigen Sie, dass (MON) in dem System mit den neuen Grundschlussregeln und den Basisschlussregeln (ohne (MON)) enthalten ist.

21. Sind folgende Behauptungen wahr:

a. Wenn eine Argumentform $A_1, \ldots, A_n \therefore B$ gültig ist, dann ist $A_1 \wedge \cdots \wedge A_n \rightarrow B$ logisch wahr.

b. Wenn $A_1 \wedge \cdots \wedge A_n \rightarrow B$ logisch wahr ist, dann ist $A_1, \ldots, A_n \therefore B$ gültig.

c. Wenn eine Argumentform $A_1, \ldots, A_n \therefore B$ gültig ist, dann ist $A_1 \wedge \cdots \wedge A_n \rightarrow B$ wahr.

d. Wenn $A_1 \wedge \cdots \wedge A_n \rightarrow B$ wahr ist, dann ist $A_1, \ldots, A_n \therefore B$ gültig.

e. Wenn A falsch ist, dann gilt: $A \vdash C$.

f. Wenn A logisch falsch ist, dann gilt: $A \vdash C$.

g. Wenn C wahr ist, dann gilt: $A \vdash C$.

h. Wenn C logisch wahr ist, dann gilt: $A \vdash C$.

5 Widerspruchsfreiheit & Modell

In diesem Kapitel werden die bisher entwickelten semantischen und syntaktischen Methoden zusammengeführt und zwar so, dass sich zwei zentrale Sätze der Metatheorie beweisen lassen: Korrektheitssatz und Vollständigkeitssatz.

Lernziele

- Die Korrektheits- und Vollständigkeitssätze zu formulieren und ihre Bedeutung zu erläutern.
- Äquivalente Formulierungen für beide Sätze anzugeben.
- Den Beweis des Korrektheitssatzes selbstständig zu führen.
- Die wesentlichen Bestandteile und die Strategie des Vollständigkeitsbeweises nach Henkin zu skizzieren.

Überprüfen Sie Ihr Verständnis durch das Lösen der Übungen im Abschnitt 5.7. Sie werden dabei die vorgestellten Konzepte aktiv anwenden und vertiefen.

Los geht's!

Wir formulieren gleich anschließend beide Sätze in zwei Versionen. Wir zeigen in der Metatheorie, dass die beiden Versionen jeweils (metatheoretisch) äquivalent sind; das passiert in Abschnitt 5.1.

Im Abschnitt 5.2 widmen wir uns dem Beweis der Korrektheit. In den Abschnitten 5.3 und 5.4 gehen wir detailliert den Beweis des Vollständigkeitssatzes durch. Dabei besprechen wir im Abschnitt 5.3 die Vollständigkeit für ein formales System, in dem die Gleichheit weder semantisch noch syntaktisch ausgezeichnet ist. Wir nennen dieses Ser.

Danach zeigen wir im Abschnitt 5.4, wie Vollständigkeit für Se bewiesen werden kann.

5.1 Zwei Versionen von Korrektheit & Vollständigkeit

Was besagen nun die beiden Sätze? Der Korrektheitssatz (in Version 1) ist diese Behauptung: Wenn es eine Herleitung einer Formel A aus einer Formelmenge Γ in einem formalen System (etwa Se) gibt, dann folgt A aus Γ logisch (im semantischen Sinne). Formelmengen und Formeln sind immer relativiert zur formalen Sprache $\mathcal{L}$ zu betrachten.

Korrektheitssatz 1:

Sei Γ eine Formelmenge und sei A eine Formel von $\mathcal{L}$: Wenn $\Gamma \vdash_{\mathsf{Se}} A$, dann $\Gamma \models A$.

Der Vollständigkeitssatz ist die Umkehrung des Korrektheitssatzes und lautet: Wenn eine Formelmenge Γ eine Formel A logisch impliziert, dann gibt es eine Herleitung von A aus Γ in Se.

Vollständigkeitssatz 1:

Sei Γ eine Formelmenge und sei A eine Formel von $\mathcal{L}$: Wenn $\Gamma \models A$, dann $\Gamma \vdash_{\mathsf{Se}} A$.

Der Vollständigkeitssatz ist schwerer zu beweisen und im Beweis kommen auch starke mengentheoretische Prinzipien zur Anwendung. Der Korrektheitssatz ist dagegen einfacher zu beweisen und deswegen fangen wir damit an – doch alles der Reihe nach.

Metatheoretisch folgt aus beiden Sätzen natürlich sofort:

$\Gamma \models A$ genau dann, wenn $\Gamma \vdash_{\mathsf{Se}} A$.

Das heißt, dass sich die **semantische Folgerungsrelation** und die **syntaktische Folgerungsrelation genau** oder wenn man so möchte **perfekt entsprechen**. Das heißt, die Menge der semantischen Folgerungen und die Menge der syntaktischen Folgerungen sind gleich. Etwas, das mit etwas Mengentheorie so ausgedrückt werden kann:

$$\begin{gathered}\{\Gamma \models A \mid \Gamma \text{ ist eine } \mathcal{L}\text{-Formelmenge, } A \text{ eine } \mathcal{L}\text{-Formel}\} \\ = \\ \{\Gamma \vdash_{\mathsf{Se}} A \mid \Gamma \text{ ist eine } \mathcal{L}\text{-Formelmenge, } A \text{ eine } \mathcal{L}\text{-Formel}\}\end{gathered} \tag{5.1}$$

Das ist höchst erstaunlich, denn die semantische und die syntaktische Folgerungsrelation sind mit vollkommen unterschiedlichen Methoden definiert!

Es war eine der bahnbrechenden Arbeiten von Kurt Gödel (später überarbeitet von Leon Henkin und Gisbert Hasenjaeger), die diesen Zusammenhang ans Tageslicht befördert hat.

Wir werden den Vollständigkeitssatz aber nicht in jener Formulierung beweisen, sondern in dieser:

Vollständigkeitssatz 2:

Für alle Formelmengen Γ von $\mathcal{L}$ gilt: Wenn Γ widerspruchsfrei/konsistent ist, dann hat Γ ein Modell.

Auch der Korrektheitssatz hat eine zweite Version:

Korrektheitssatz 2:

Für alle Formelmengen Γ von $\mathcal{L}$ gilt: Wenn Γ ein Modell hat, dann ist Γ widerspruchsfrei/konsistent.

Zunächst, was soll denn Widerspruchsfreiheit heißen? Im Wesentlichen nichts anderes als: Aus einer Formel/Formelmenge folgt keine Formel der Form $C \wedge \neg C$. Unter diesem Gesichtspunkt ist die folgende Definition natürlich.

Definition 5.1: Widerspruchsfrei

Sei Γ eine Formelmenge und A eine Formel der Sprache $\mathcal{L}$, dann gilt:

1. Eine Formel A (von $\mathcal{L}$) ist widerspruchsfrei/konsistent (Widf(A)) :gdw. es keine Formel B (von $\mathcal{L}$) gibt, sodass gilt: $\{A\} \vdash_{Se} B$ und $\{A\} \vdash_{Se} \neg B$.
2. Eine Formelmenge Γ (von $\mathcal{L}$) ist widerspruchsfrei/konsistent (Widf(Γ)) :gdw. es keine Formel B (von $\mathcal{L}$) gibt, sodass gilt: $\Gamma \vdash_{Se} B$ und $\Gamma \vdash_{Se} \neg B$.

Wir schreiben (wie in der Definition angedeutet) 'Widf(A)', 'Widf(Γ)' für: A ist widerspruchsfrei bzw. Γ ist widerspruchsfrei.

Aufgrund der Definition von widerspruchsfrei ergibt sich sofort:

Eine Formel/Formelmenge (relativ zur Sprache $\mathcal{L}$) ist widerspruchsvoll (kurz Widv($\cdot$)) gdw. diese Formel/Formelmenge nicht widerspruchsfrei ist. Das heißt, eine Formelmenge Γ der Sprache $\mathcal{L}$ ist widerspruchsvoll gdw. es eine Formel C der Sprache $\mathcal{L}$ gibt, sodass $\Gamma \vdash_{Se} C$ und $\Gamma \vdash_{Se} \neg C$.

Dazu zwei Beispiele!

Beispiel 5.1

Fragen wir uns: Kann es sein, dass das Formelschema $C \wedge \neg C$ widerspruchsfrei ist? Nein, das ist nicht der Fall, denn Widf($C \wedge \neg C$) gilt nicht, da:

1. $C \wedge \neg C \vdash C$
2. $C \wedge \neg C \vdash \neg C$
3. $C, \neg C \vdash B$
4. $\neg C, C \wedge \neg C \vdash B$
5. $C \wedge \neg C \vdash B$
6. $C, \neg C \vdash \neg B$
7. $\neg C, C \wedge \neg C \vdash \neg B$
8. $C \wedge \neg C \vdash \neg B$

Die Zeilen 5 und 8 sind für uns interessant, denn jetzt wissen wir, dass das Formelschema $C \wedge \neg C$ widerspruchsvoll ist.

Fügen Sie Begründungen hinzu! Können Sie das Ergebnis in der letzten Zeile auch schneller erzielen?

Bevor wir weitergehen, überlegen wir uns noch etwas. Im Lichte unseres Korrektheitsatzes (in der Version 1) können wir uns fragen, gilt: Widf($P(a)$)?

Ja, denn: Wir nehmen an, dass Widv($P(a)$), d. h.

1. $P(a) \vdash C$
2. $P(a) \vdash \neg C$
3. $P(a) \vdash C \wedge \neg C$
4. Also: $P(a) \models C \wedge \neg C$
5. Nun hat aber $C \wedge \neg C$ kein Modell, also hat $P(a)$ kein Modell.
6. $P(a)$ ist aber eine kontingente Formel, also hat $P(a)$ ein Modell. Widerspruch.

Jetzt aber zu weiteren Lemmata! Wir schreiben nicht immer die Relativierung zur Sprache $\mathcal{L}$ hinzu, wenn klar ist, dass diese Sprache im Hintergrund gegeben ist.

Lemma 4. *Sei* Γ *eine Formelmenge von* $\mathcal{L}$*:* Widf(Γ) *gdw. es gibt eine Formel B von* $\mathcal{L}$*, sodass gilt:* $\Gamma \nvdash B$.

In Worten: Eine Formelmenge ist widerspruchsfrei gdw. es eine nicht herleitbare Formel gibt. Oder mit mehr Gebrauch vom sogenannten *Logikerdeutsch*: Γ ist widerspruchsfrei genau dann, wenn es eine Formel B gibt, sodass gilt: Es gibt keine Herleitung von B aus Γ (in einem formalen System, etwa S oder Se).

Wir zeigen dies mittels Kontraposition in der Metasprache. Die ursprüngliche Formulierung des Lemmas ist: Sei Γ eine Formelmenge und B eine Formel von $\mathcal{L}$: Widf(Γ) gdw. es eine Formel B gibt, sodass gilt: $\Gamma \nvdash B$.

Mittels Kontraposition in der Metasprache erhalten wir eine dazu äquivalente Formulierung: Es ist nicht der Fall, dass Widf(Γ) gdw. für alle B: $\Gamma \vdash B$. – Das ist die **kontrapositive** Form des obigen Lemmas.

Beweis:

$\Rightarrow$: Wegen Annahme gilt Widv(Γ), es gibt also eine Formel C, sodass: $\Gamma \vdash C$ und $\Gamma \vdash \neg C$, daher gilt: $\Gamma \vdash B$. Falls Sie das nicht gleich sehen: (ECQ) und (Schnitt) helfen Ihnen weiter!

$\Leftarrow$: Da für alle B: $\Gamma \vdash B$ folgt: $\Gamma \vdash B$ und $\Gamma \vdash \neg B$, also: Widv(Γ). Der Witz dieser Überlegung ist: Wenn *alle* Formeln aus Γ herleitbar sind, dann eben sowohl B als auch $\neg B$.

Direkt aus unseren Definitionen folgt das **überaus wichtige Lemma** der **syntaktischen Kompaktheit**:

Lemma 5 (Syntaktische Kompaktheit). *Sei* Γ *eine Formelmenge von* $\mathcal{L}$*:* Γ *ist genau dann widerspruchsfrei, wenn jede endliche Teilmenge* Δ *von* Γ *widerspruchsfrei ist.*

Beweisidee.

Der Beweis ist eine wichtige Übungsaufgabe (siehe Abschnitt 5.7). Die zentrale Idee ist, dass jede Herleitung in unserem System S eine endliche Sequenz bzw. Folge von Schlussweisen ist und daher nur eine endliche Anzahl von Prämissen aus Γ verwenden kann. Ein Widerspruch in Γ zeigt sich also bereits in einer endlichen Teilmenge von Γ.

Dieses Lemma ist die **syntaktische Version des Kompaktheitssatzes**. Es ist ein direktes Resultat der Endlichkeit von Beweisen in unserem formalen System. Wie wir sehen werden, ist dieses unscheinbar wirkende Lemma ein entscheidendes Werkzeug, das wir benötigen, um widerspruchsfreie Mengen zu maximal widerspruchsfreien Mengen zu erweitern – ein wichtiger Schritt im Beweis des Vollständigkeitssatzes.

Wir werden später sehen, dass aus dem Vollständigkeitssatz die Version des **semantischen Kompaktheitssatzes** folgt: Eine $\mathcal{L}$-Formelmenge Γ hat genau dann ein Modell, wenn jede endliche Teilmenge von Γ ein Modell hat.

Das folgende Lemma rundet unsere kleine Untersuchung zur Widerspruchsfreiheit ab – der Beweis ist eine Übungsaufgabe:

Lemma 6. *Sei Φ eine Formelmenge und sei A eine Formel von $\mathcal{L}$, dann gilt:*

a. $\Phi \vdash A$ *gdw.* $\mathsf{Widv}(\Phi \cup \{\neg A\})$

b. $\Phi \vdash \neg A$ *gdw.* $\mathsf{Widv}(\Phi \cup \{A\})$.

c. *Wenn* $\mathsf{Widf}(\Phi)$, *dann ist* $\mathsf{Widf}(\Phi \cup \{A\})$ *oder* $\mathsf{Widf}(\Phi \cup \{\neg A\})$

Wir setzen fort, indem wir wichtige Zusammenhänge von Widerspruchsfreit einer Formelmenge und Modell haben einer Formelmenge beleuchten. Sei Γ eine $\mathcal{L}$-Formelmenge, dann gilt: **Wenn Γ ein Modell hat (kurz: $\mathsf{Mod}(\Gamma)$), dann** $\mathsf{Widf}(\Gamma)$.

Die kontrapositive Form ist: Wenn $\mathsf{Widv}(\Gamma)$, dann nicht $\mathsf{Mod}(\Gamma)$.

Die Beweisskizze dafür ist:

1. $\mathsf{Widv}(\Gamma)$ (Annahme)
2. Daher: $\Gamma \vdash A$ und $\Gamma \vdash \neg A$
3. Also gilt: $\Gamma \models A$ und $\Gamma \models \neg A$ (Wegen Korrektheit in Version 1)
4. Also gilt: $\Gamma \models A \wedge \neg A$.
5. $A \wedge \neg A$ hat kein Modell.
6. Also hat Γ kein Modell.

Das haben wir mittels Korrektheit (Version 1) gemacht, das heißt aber, wir haben gezeigt:

$$\frac{\text{Wenn } \Gamma \vdash A\,,\ \text{dann } \Gamma \models A\,.}{\text{Wenn } \mathsf{Mod}(\Gamma)\,,\ \text{dann } \mathsf{Widf}(\Gamma)\,.}$$

Die Umkehrung gilt auch, und der Beweis dafür ist eine Übungsaufgabe. Dieser Zusammenhang ist einen Satz wert!

Satz 1 (Zwei Formulierungen des Korrektheitssatzes).
Sei Γ eine Formelmenge von $\mathcal{L}$ und sei A eine Formel von $\mathcal{L}$. Die folgenden beiden Formulierungen sind äquivalent:

i. *Wenn $\Gamma \vdash A$, dann $\Gamma \models A$.* *Korrektheit Version 1*

ii. *Wenn* Mod(Γ), *dann* Widf(Γ). *Korrektheit Version 2*

Es gilt auch (wie angekündigt):

Satz 2 (Zwei Formulierungen des Vollständigkeitssatzes).
Sei Γ eine Formelmenge von $\mathcal{L}$ und sei A eine Formel von $\mathcal{L}$. Die folgenden beiden Formulierungen sind äquivalent:

i. *Wenn $\Gamma \models A$, dann $\Gamma \vdash A$.* *Vollständigkeit Version 1*

ii. *Wenn* Widf(Γ), *dann* Mod(Γ). *Vollständigkeit Version 2*

Die Beweise sind sehr einfach, aber sie zeigen, wie sehr *Widerspruchsfreiheit* und *Herleitbarkeit* (syntakische Komponenten), *Modell haben* und *logische Folge* (semantische Komponenten) miteinander verbunden sind – und sind deswegen von großer Wichtigkeit!

Vollständigkeit 1 $\Longrightarrow$ Vollständigkeit 2.

Wir skizzieren den Beweis wieder und überlassen es der Leserin, die Begründungen anzufügen. Wenn Sie die Begründungen anfügen, denken Sie nicht zu kompliziert, halten Sie sich an die Definitionen, Lemmata und Sätze, die wir schon aufgestellt haben. Also, schreiten wir fort:

1. Sei Γ eine widerspruchsfreie $\mathcal{L}$-Formelmenge und C eine $\mathcal{L}$-Formel: Widf(Γ), $\Gamma \nvdash C \wedge \neg C$.
2. Wenn $\Gamma \models A$, dann $\Gamma \vdash A$, also:
3. Wenn $\Gamma \nvdash A$, dann $\Gamma \not\models A$.
4. Daher: Wenn $\Gamma \nvdash C \wedge \neg C$, dann $\Gamma \not\models C \wedge \neg C$.
5. Ergo: $\Gamma \not\models C \wedge \neg C$, das heißt:
6. Γ hat ein Modell und $C \wedge \neg C$ hat kein Modell.
7. Also gilt: Mod(Γ).

Jetzt zur umgekehrten Richtung, das ist: **Vollständigkeit 2 $\Longrightarrow$ Vollständigkeit 1.**

1. $\Gamma \models A$
2. Wenn $\Gamma \models A$, dann ist es nicht der Fall, dass Mod($\Gamma \cup \{\neg A\}$).
3. Wenn es nicht der Fall ist, dass Mod($\Gamma \cup \{\neg A\}$), dann Widv($\Gamma \cup \{\neg A\}$).
4. Wenn Widv($\Gamma \cup \{\neg A\}$), dann:
5. $\Gamma, \neg A \vdash B$ und $\Gamma, \neg A \vdash \neg B$.

6. Somit: $\Gamma, \neg A \vdash B \wedge \neg B$.
7. Also: $\Gamma \vdash A$.

Die metatheoretische Äquivalenz

$$\textbf{Vollständigkeit 1} \quad \Longleftrightarrow \quad \textbf{Vollständigkeit 2}$$

ist für die Beweisstrategie des Vollständigkeitssatzes dieses Buches von entscheidender Tragweite: Wir beweisen diesen Satz in der Version 2 (Slogan: Jede widerspruchsfreie/konsistente Menge hat ein Modell). Nur weil wir wissen, dass diese Version äquivalent zur Version 1 ist (Slogan: Was logisch folgt, ist auch herleitbar), können wir wahrheitsgemäß behaupten, den Vollständigkeitssatz in seiner ganzen Stärke bewiesen zu haben. Der Äquivalenzbeweis ist also das metatheoretische Scharnier, das unsere konkrete Beweismethode mit dem ursprünglich formulierten Ziel verbindet.

Wir haben hier die metatheoretische Äquivalenz der verschiedenen Formulierungen bewiesen. Zur Verdeutlichung sei gesagt, dass damit *nur* die Äquivalenz der jeweiligen Formulierungen und keine Version des Korrektheitssatzes oder Vollständigkeitssatzes bewiesen ist.

Wir beginnen mit den Beweisen des Korrektheitssatzes!

5.2 Korrektheit

Die Korrekheit beweisen wir auf verschiedene Arten und zwar für das System S; da S und Se deduktiv äquivalent sind, ist auch Se ein korrektes formales System.

Um den Korrektheitssatz zu beweisen, benötigen wir hier wiederum die starke Induktion. Warum ist die starke Induktion hier erforderlich?

Der Grund liegt in der baumartigen Struktur unseres formalen Systems S. Eine Herleitung der Höhe k entsteht durch die Anwendung einer Schlussregel auf Prämissen, deren eigene Herleitungshöhen stets kleiner als k sind, aber nicht notwendigerweise $k - 1$ sein müssen.

Betrachten wir als Beispiel die Schnittregel (Schnitt):

$$\frac{\Phi \vdash A \qquad A, \Gamma \vdash B}{\Phi, \Gamma \vdash B}$$

Die Höhe der Konklusion ist $1 + \max(\text{Höhe}_1, \text{Höhe}_2)$.

Es ist möglich, dass die erste Prämisse eine Höhe von $k - 1$ hat, die zweite jedoch eine viel geringere, beispielsweise $k - 7$. Mit der schwachen Induktion dürften wir nur annehmen, dass die Eigenschaft für den spezifischen Fall $k - 1$ gilt. Dies würde die erste Prämisse abdecken, uns aber keine Information über die zweite Prämisse mit geringerer Herleitungshöhe liefern.

Aus diesem Grund deckt die starke Induktionshypothese alle diese variablen Höhen zuverlässig ab. Obwohl die starke Induktion mächtiger erscheint, ist sie in der Metatheorie zur schwachen Induktion logisch äquivalent. Sie ist ein Standardwerkzeug und sehr gut auf die rekursive Struktur unserer Herleitungen zugeschnitten. Mit diesem Rüstzeug können wir nun zum Beweis schreiten.

5.2.1 Erster Beweisansatz: Herleitungshöhe

Für den Beweis des Korrektheitssatzes bietet sich die Methode der starken Induktion über die Höhe der Herleitung (wie festgelegt in Definition 4.4) an. Dieses Vorgehen entspricht dem Standard in der Literatur und ist methodisch einwandfrei.

Theorem 16 (Korrektheit, Version 1). *Sei* Γ *eine Formelmenge und* A *eine Formel von* $\mathcal{L}$*: Wenn* $\Gamma \vdash A$*, dann gilt auch* $\Gamma \models A$*.*

Beweis:

Wir beweisen diesen Satz mittels starker Induktion über die Herleitungshöhe k.

Sei $P(k)$ die Aussage: Für jede Herleitung $\Gamma \vdash A$ mit einer Herleitungshöhe von k gilt, dass $\Gamma \models A$.

Induktionsanfang ($k = 0$):

Eine Herleitung mit der Höhe 0 ist per Definition 4.4 eine Grundschlussweise unseres Systems S. Wir müssen also zeigen, dass jede dieser Grundschlussweisen semantisch korrekt ist. Nehmen wir als Beispiel (DIS): $A \to C, B \to C, A \vee B \vdash C$. Wir müssen zeigen, dass $\{A \to C, B \to C, A \vee B\} \models C$. Sei $\mathfrak{I}$ eine beliebige Interpretation, unter der alle Formeln von $\{A \to C, B \to C, A \vee B\}$ wahr sind – sprich $\mathfrak{I}$ ist ein Modell dieser Formelmenge. Nach der semantischen Definition der materialen Implikation und der Disjunktion ist dann auch C unter $\mathfrak{I}$ wahr. Dieses Argument muss für alle Grundschlussweisen von S durchgeführt werden (was wir als gegeben annehmen). Somit ist $P(0)$ wahr.

Induktionsschritt ($k > 0$):

Induktionshypothese (IH):

Wir nehmen an, dass $P(m)$ für alle Herleitungshöhen $m < k$ wahr ist.

Induktionsbehauptung:

Sei nun eine Herleitung von $\Gamma \vdash A$ mit der Höhe k gegeben. Da $k > 0$, muss diese Herleitung die Konklusion einer der **Schlussregeln** von S sein (IB, KB, FU etc.). Die Prämissen dieser Regel müssen Herleitungen mit Höhen $m_1, \ldots, m_n$ sein, die alle strikt kleiner als k sind. Wir betrachten exemplarisch Schnitt und Konditionalen Beweis.

- **Schnitt.** Die Regel lautet:

$$\frac{\Phi \vdash A \qquad A, \Gamma \vdash B}{\Phi, \Gamma \vdash B}$$

Die Herleitung von $\Phi, \Gamma \vdash B$ hat die Höhe k. Die beiden Prämissen sind Herleitungen mit Höhen $m_1 < k$ und $m_2 < k$. Nach unserer Induktionshypothese (IH) können wir für beide Prämissen schließen:

1. Aus $\Phi \vdash A$ folgt $\Phi \models A$.
2. Aus $A, \Gamma \vdash B$ folgt $A, \Gamma \models B$.

Jetzt zeigen wir, dass daraus $\Phi, \Gamma \models B$ folgt. Sei $\mathfrak{I}$ eine beliebige Interpretation, sodass $\mathfrak{I} \models \Phi \cup \Gamma$. Aus 1. und $\mathfrak{I} \models \Phi$ ergibt sich unmittelbar, dass $\mathfrak{I} \models A$; zusammen mit 2. und $\mathfrak{I} \models \Gamma$ ergibt sich nun in der Metatheorie, dass $\mathfrak{I} \models B$.

- **Existenz-Einführung (EE*).** Die Regel lautet:

$$\frac{A[a], \Phi \vdash B}{\exists x A[x], \Phi \vdash B}$$

(Die Variablenbedingung ist zu beachten!) Die Prämisse $A[a], \Phi \vdash B$ hat eine Herleitungshöhe von $m < k$. Nach Induktionshypothese (IH) gilt daher $A[a], \Phi \models B$. Zu zeigen: $\exists x A[x], \Phi \models B$. Sei $\mathfrak{I}$ eine beliebige Interpretation mit $\mathfrak{I} \models \Phi$ und $\mathfrak{I} \models \exists x A[x]$; zu zeigen: $\mathfrak{I} \models B$. Da die freie Individuenvariable a nur in $A[a]$ vorkommt, gibt es also eine Interpretation $\mathfrak{I}'$, die mit $\mathfrak{I}$ bis auf die Interpretation von a übereinstimmt (das ist eine Anwendung des Koinzidenzlemmas), sodass $\mathfrak{I}' \models A[a]$ und $\mathfrak{I}' \models \Phi$, also $\mathfrak{I}' \models B$, damit gilt auch $\mathfrak{I} \models B$.

Der Beweis verläuft für alle anderen Schlussregeln analog. Es wird jeweils gezeigt, dass sich die semantische Gültigkeit von den Prämissen auf die Konklusion überträgt. Nach dem Prinzip der starken Induktion ist der Satz damit bewiesen.

5.2.2 Zweiter Beweisansatz: Endlichkeit von Beweisen

Ein alternativer und sehr eleganter Weg, den Korrektheitssatz zu beweisen, nutzt zwei grundlegende Eigenschaften formaler Systeme: die Endlichkeit von Beweisen und das Deduktionstheorem, das ist in unserem Fall der Konditionale Beweis (KB).

Sei A gemäß Definition 4.5 aus Γ in S herleitbar. Die Strategie besteht darin, eine solche Herleitung von A aus Annahmenmenge/Prämissenmenge Γ in die Herleitung einer einzigen, komplexen Implikationsformel ohne Annahmen umzuwandeln und dann zu zeigen, dass diese Formel logisch wahr ist. Geoffrey Hunter etwa macht das so [Hun73].

Theorem 17 (Korrektheit, Version 1). *Sei Γ eine Formelmenge und A eine Formel von $\mathcal{L}$. Wenn $\Gamma \vdash A$, dann gilt auch $\Gamma \models A$.*

Beweis:

Wir führen den Beweis durch eine Fallunterscheidung bezüglich der Prämissenmenge Γ.

Fall 1: Die Prämissenmenge Γ ist leer ($\Gamma = \varnothing$). Wir müssen zeigen: Wenn $\vdash A$, dann $\models A$. Dies beweist man durch Induktion über die Höhe der Herleitung (siehe erster Beweisansatz, beschränkt auf leere Annahmenmengen). Da alle Grundschlüsse und Schlussregeln wahrheitserhaltend sind, ist jedes Theorem eine logische Wahrheit.

Fall 2: Die Prämissenmenge Γ ist nicht leer ($\Gamma \neq \emptyset$). Hier argumentieren wir in drei Schritten.

Schritt 1: Reduktion auf eine endliche Prämissenmenge.

Da jede Herleitung endlich ist, gibt es eine endliche Teilmenge $\Delta \subseteq \Gamma$, sagen wir $\Delta = \{B_1, B_2, \dots, B_n\}$, sodass gilt:

$$\{B_1, B_2, \dots, B_n\} \vdash A$$

Schritt 2: Anwendung des Konditionalen Beweises.

Wir verschieben die Annahmen sukzessive in die Konklusion (Anwendung der Regel (KB)):

$$\begin{aligned} \{B_1, \dots, B_n\} \vdash A \quad &\Longrightarrow \quad \{B_1, \dots, B_{n-1}\} \vdash B_n \to A \\ &\;\;\vdots \\ &\Longrightarrow \quad \vdash B_1 \to (B_2 \to \cdots \to (B_n \to A) \dots) \end{aligned}$$

Nennen wir die resultierende Formel A'. Wir haben also hergeleitet: $\vdash A'$.

Schritt 3: Zurück zur Semantik.

Aus Fall 1 wissen wir, dass $\vdash A'$ impliziert, dass $\models A'$. Also ist A' unter jeder Interpretation wahr. Sei nun $\mathfrak{I}$ eine Interpretation mit $\mathfrak{I} \models \Gamma$. Dann gilt insbesondere $\mathfrak{I} \models \{B_1, \dots, B_n\}$. Da die verschachtelte Implikation A' in $\mathfrak{I}$ wahr ist und alle Formeln $B_1, \dots, B_n$ unter $\mathfrak{I}$ wahr sind, muss durch wiederholte Anwendung der semantischen Version von Schnitt auch das letzte Konsequens A wahr sein unter $\mathfrak{I}$. Daraus folgt $\Gamma \models A$.

Beide Fälle führen zur gewünschten Konklusion. Damit ist der Satz bewiesen. Dieser Beweisansatz beleuchtet die enge Beziehung zwischen der Endlichkeit von Beweisen, dem Konditionalen Beweis (Deduktionstheorem) und der Korrektheit.

5.2.3 Dritter Beweisansatz: Korrektheit, Version 2

Ein dritter, sehr direkter Weg, die Korrektheit zu beweisen, argumentiert über die zweite Version des Satzes. Statt der Herleitbarkeit steht hier die Widerspruchsfreiheit im Zentrum.

Theorem 18 (Korrektheit, Version 2). *Sei* Γ *eine Formelmenge von* $\mathcal{L}$*: Wenn eine Formelmenge* Γ *ein Modell hat, dann ist* Γ *widerspruchsfrei.*

$$\text{Mod}(\Gamma) \implies \text{Widf}(\Gamma)$$

Beweis:

Wir beweisen diesen Satz durch **Kontraposition** in der Metasprache:

$$\text{Widv}(\Gamma) \implies \neg\text{Mod}(\Gamma)$$

Das heißt: Wenn eine Formelmenge Γ widerspruchsvoll ist, dann ist es nicht der Fall, dass Γ ein Modell hat.

Die Argumentationskette ist kurz und prägnant:

1. Annahme: Nehmen wir an, die Formelmenge Γ ist widerspruchsvoll.

   $$\text{Widv}(\Gamma)$$

2. Syntaktische Folgerung: Per Definition der Widersprüchlichkeit bedeutet dies, es gibt also eine Formel C, sodass gilt: $\Gamma \vdash C$ und $\Gamma \vdash \neg C$. Daraus folgt (mittels Konjunktionseinführung (KON_r)):

   $$\Gamma \vdash C \wedge \neg C$$

3. Anwendung des (bereits bewiesenen) Korrektheitssatzes (Version 1):

   $$\text{Aus } \Gamma \vdash C \wedge \neg C \text{ folgt } \Gamma \models C \wedge \neg C$$

4. Damit ergibt sich: Jedes Modell von Γ ist auch ein Modell von $C \wedge \neg C$.
5. Daher: Da $C \wedge \neg C$ kein Modell hat, hat auch Γ kein Modell; wegen 4. und 5. und (MT) in der Metatheorie.

Wir haben gezeigt, dass aus der Annahme der Widersprüchlichkeit von Γ folgt, dass Γ kein Modell besitzt. Dies ist die Kontraposition unserer ursprünglichen Behauptung. Der Satz ist somit bewiesen.

Anmerkung zur Beweisstruktur: Man könnte einwenden, dass dieser Beweis die erste Version des Korrektheitssatzes voraussetzt und daher nicht vollständig unabhängig ist. Das ist korrekt. Der Wert dieses Beweises liegt darin, die enge Vebindung zwischen den beiden Formulierungen der Korrektheit zu demonstrieren. Er zeigt, wie nahtlos man von der syntaktischen Eigenschaft der Widerspruchsfreiheit zur semantischen Eigenschaft der (Nicht-)Existenz eines Modells wechseln kann, sobald die Brücke ($\Gamma \vdash A \implies \Gamma \models A$) einmal geschlagen ist.

5.3 Vollständigkeit – Ser (ohne Gleichheit)

Wir kommen nun zum zentralen Ergebnis dieses Kapitels: dem Vollständigkeitssatz. Wie bereits diskutiert, beweisen wir ihn in seiner zweiten, äquivalenten Formulierung.

Theorem 19 (Vollständigkeit, Version 2). *Sei* Γ *eine Formelmenge der Sprache* $\mathcal{L}$. *Wenn* Γ *widerspruchsfrei ist, dann hat* Γ *ein Modell.*

$$\mathsf{Widf}(\Gamma) \Longrightarrow \mathsf{Mod}(\Gamma)$$

Der Beweis dieses Satzes ist eine der schönsten Konstruktionen der modernen Logik, die auf Kurt Gödel zurückgeht (verfeinert von Leon Henkin und korrigiert von Gisbert Hasenjaeger). Die zentrale Idee ist, aus den rein syntaktischen Eigenschaften einer widerspruchsfreien Menge ein semantisches Objekt – ein Modell – direkt zu *konstruieren*.

Der hier eingeschlagene Weg des Beweises der Vollständigkeit ist vermutlich *der* Standardweg und wird darum in vielen Lehrbüchern vorgestellt. Alle hier verwendeten Methoden und Theoreme sind Standard und gehören zum Grundkanon des logischen Basiswissens, siehe etwa [EFT18] und [Sch21].

Um die Komplexität zu Beginn zu reduzieren, führen wir diesen Beweis zunächst für ein System Ser durch, das ohne die Gleichheit als ausgezeichnetes logisches Prädikat auskommt; d. h. weder in der Semantik noch in der Herleitungsordnung wird die Gleichheit speziell berücksichtigt. Die Behandlung der Gleichheit fügen wir später hinzu.

Die Beweisstrategie: Von der Syntax zur Semantik

Die Formulierung 'Wenn widerspruchsfrei, dann hat ein Modell' legt bereits die Route fest. Der Startpunkt ist eine beliebige widerspruchsfreie $\mathcal{L}$-Formelmenge Γ. Diese Menge ist jedoch in der Regel zu *löchrig*, um daraus direkt ein Modell zu bauen. Ihr fehlen entscheidende Informationen.

Die Lösung besteht darin, Γ zunächst zu einer **saturierten** Menge zu erweitern – eine solche muss zwei entscheidende Eigenschaften haben:

1. Sie muss **Henkin-vollständig** (oder *bezeugt*) sein, d. h., für jede existentiell quantifizierte Formel $\exists x A[x]$ in der Menge muss es auch einen Term (einen *Zeugen*) t geben, sodass die Formel $A[t]$ ebenfalls in der Menge ist.
2. Sie muss **maximal widerspruchsfrei** sein.

Eine Menge, die beide Eigenschaften erfüllt, nennen wir eine *saturierte Menge*.

Aus einer solchen saturierten Menge lässt sich dann ein Modell – das sogenannte **kanonische Modell** oder *Term-Modell* – konstruieren.

Der gesamte Vollständigkeitsbeweis zerfällt somit in zwei Hauptteile, die wir nacheinander beweisen werden:

Teil 1 (Henkins Theorem): Jede saturierte Formelmenge hat ein Modell.

Teil 2 (Lindenbaums Lemma): Jede widerspruchsfreie Formelmenge kann zu einer saturierten Menge erweitert werden.

Gelingt es uns, beide Teile zu beweisen, ist der Vollständigkeitssatz bewiesen. Denn dann können wir basierend auf einer widerspruchsfreien $\mathcal{L}$-Formelmenge Γ argumentieren: Wegen Teil 2 (Lindenbaums Lemma) existiert eine saturierte Erweiterung Γ^* von Γ, und nach Teil 1 (Henkins Theorem) hat Γ^* ein Modell. Da $\Gamma \subseteq \Gamma^*$, ist dieses Modell dann auch ein Modell für das ursprüngliche Γ.

Beginnen wir mit Teil 1: dem Beweis von Henkins Theorem.

5.3.1 Teil 1: Henkins Theorem

Es gibt wenigstens zwei Arten, maximal-widerspruchsfreie Formelmengen zu definieren. Wir begnügen uns hier mit der schlankeren Version und besprechen die stärkere später. Die schlankere Version firmiert auch unter dem Namen *negationsvollständig* oder *deduktiv vollständig*.

Definition 5.2: Maximal-widerspruchsfrei (herleitungsbasiert)

Eine Menge Φ von $\mathcal{L}$-Formeln ist maximal-widerspruchsfrei (MaxWidf(Φ)) :gdw. Widf(Φ) und für alle $\mathcal{L}$-Formeln A: $\Phi \vdash A$ oder $\Phi \vdash \neg A$.

Die folgende Definition von Instanzen bzw. Zeugen ist dadurch motiviert, dass wir ein Modell bauen wollen, welches ausschließlich auf syntaktische Ressourcen zurückgreift. Wenn man sich dann fragt, unter welchen Bedingungen eine Existenzformel wahr ist, ist die Definition sehr natürlich.

Definition 5.3: Henkin-vollständig

Eine Menge Φ von $\mathcal{L}$-Formeln ist Henkin-vollständig (bzw. enthält Instanzen bzw. Zeugen bzw. ist bezeugt) :gdw. für alle $\mathcal{L}$-Formeln der Form $\exists x A[x]$ gibt es eine freie Individuenvariable c, sodass gilt: $\Phi \vdash \neg\exists x A[x] \vee A[c]$ (oder inoffiziell: $\Phi \vdash \exists x A[x] \rightarrow A[c]$).

Wir haben festgestellt, dass wir für den Bau unseres kanonischen Modells eine saturierte Formelmenge benötigen. Diese nennen wir, einer gängigen Konvention folgend, eine *saturierte Menge*. Für unsere Zwecke definieren wir sie wie folgt:

Definition 5.4: Saturierte Menge

Eine Formelmenge Φ der Sprache $\mathcal{L}$ heißt saturiert :gdw. Φ ist (1) maximal-widerspruchsfrei und (2) Henkin-vollständig.

Saturierte Mengen haben bemerkenswerte Eigenschaften. Das folgende Lemma fasst die wichtigsten dieser Eigenschaften zusammen.

Lemma 7 (Saturierte Mengen).
Sei Φ eine saturierte $\mathcal{L}$-Formelmenge, dann:

1. $\Phi \vdash \neg A$ *gdw.* $\Phi \nvdash A$.
2. $\Phi \vdash A \vee B$ *gdw.* $\Phi \vdash A$ *oder* $\Phi \vdash B$.
3. $\Phi \vdash \exists x A[x]$ *gdw. es gibt eine freie Individuenvariable a, sodass gilt:* $\Phi \vdash A[a]$.

Beweis von 1:

1. Da Φ *maximal*-widerspruchsfrei ist, gilt: $\Phi \vdash A$ oder $\Phi \vdash \neg A$.
2. Da Φ maximal-*widerspruchsfrei* ist: Es ist nicht der Fall, dass beides gilt: $\Phi \vdash A$ und $\Phi \vdash \neg A$.

Beweis von 2:

1. $\Rightarrow$: Angenommen $\Phi \vdash A \vee B$, dann:
   a. Fall 1: $\Phi \vdash A$.
   b. Fall 2: $\Phi \nvdash A$, daher: $\Phi \vdash \neg A$.
   c. Daher: $\Phi \vdash B$ (Wir benutzen: $\frac{\Phi \vdash \neg A \quad \Phi \vdash A \vee B}{\Phi \vdash B}$)
2. $\Leftarrow$: Offensichtlich.

Beweis von 3:

1. $\Rightarrow$: $\Phi \vdash \exists x A[x]$
2. Da Φ Zeugen enthält, gibt es eine freie Individuenvariable a, sodass: $\Phi \vdash \neg\exists x A[x] \vee A[a]$.
3. Also: $\Phi \vdash A[a]$ (Wir verwenden: $\frac{\Phi \vdash A \quad \Phi \vdash \neg A \vee B}{\Phi \vdash B}$).
4. $\Leftarrow$: $\Phi \vdash A[a]$. (E)

Wir zeigen nun den **ersten Hauptsatz** des Vollständigkeitsbeweises: Jede saturierte Formelmenge hat ein Modell. Der Beweis besteht darin, aus der Syntax der saturierten Menge direkt ein Modell – das *kanonische Modell* – zu konstruieren und dann zu zeigen, dass dieses Modell genau die Formeln wahr macht, die aus der Menge herleitbar sind.

Definition 5.5: Das kanonische Modell, Term-Modell

Sei Φ eine saturierte $\mathcal{L}$-Formelmenge. Das **kanonische Modell** bzw. **Term-Modell** für Φ, bezeichnet als $\mathfrak{I}^\Phi = \langle D^\Phi, \varphi^\Phi \rangle$, ist wie folgt definiert:

Universum (Domain) D^Φ

Die Domain des Modells ist die Menge aller freien Individuenvariablen von Φ.

Interpretation von Termen φ^Φ

Die Interpretationsfunktion φ^Φ bildet jeden Term auf sich selbst ab:

$$\varphi^\Phi(a) = a \quad \text{für jeden Term } a\,.$$

Interpretation von Prädikaten φ^Φ

Für jedes n-stellige Prädikat P^n ist seine Extension die Menge aller n-Tupel von Termen $\langle a_1, \ldots, a_n \rangle$, für die gilt, dass die entsprechende atomare Formel aus Φ herleitbar ist:

$$\varphi^\Phi(P^n) := \{\langle a_1, \ldots, a_n \rangle \mid \Phi \vdash P^n(a_1, \ldots, a_n)\}$$

Mithilfe dieser Definition können wir Henkins Theorem formulieren und beweisen.

Theorem 20 (Henkins Theorem / Wahrheits-Lemma).
Sei Φ eine saturierte $\mathcal{L}$-Formelmenge und $\mathfrak{I}^\Phi$ ihr kanonisches Modell. Für jede Formel A der Sprache $\mathcal{L}$ gilt:

$$\mathfrak{I}^\Phi \models A \quad \textit{genau dann, wenn} \quad \Phi \vdash A\,.$$

Beweis:

Wir beweisen dies durch Induktion über den Aufbau der Formel A.

Induktionsanfang: A ist atomar, $A = P(a_1, \ldots, a_n)$.

$$\begin{aligned}
\mathfrak{I}^\Phi \models P(a_1, \ldots, a_n) \quad &\Leftrightarrow \quad \langle \varphi^\Phi(a_1), \ldots, \varphi^\Phi(a_n) \rangle \in \varphi^\Phi(P^n) && \text{(Semantische Def. von } \models) \\
&\Leftrightarrow \quad \langle a_1, \ldots, a_n \rangle \in \varphi^\Phi(P^n) && \text{(Def. von } \varphi^\Phi \text{ für Terme)} \\
&\Leftrightarrow \quad \Phi \vdash P(a_1, \ldots, a_n) && \text{(Def. von } \varphi^\Phi \text{ für Prädikate)}
\end{aligned}$$

Der Basisfall gilt also direkt per Definition unseres Modells.

Induktionsschritt:

Wir nehmen an, die Behauptung gilt für alle Formeln, die einfacher sind als A (IH), und zeigen sie für A.

Fall 1: *A* ist von der Form ¬*B*.

$$\begin{aligned} \mathfrak{I}^{\Phi} \models \neg B \quad &\Leftrightarrow \quad \mathfrak{I}^{\Phi} \not\models B && \text{(Semantische Def. von } \neg\text{)} \\ &\Leftrightarrow \quad \Phi \nvdash B && \text{(Anwendung der IH auf } B\text{)} \\ &\Leftrightarrow \quad \Phi \vdash \neg B && \text{(Lemma 7, Eigenschaft 1)} \end{aligned}$$

Fall 2: *A* ist von der Form *B* ∨ *C*.

$$\begin{aligned} \mathfrak{I}^{\Phi} \models B \vee C \quad &\Leftrightarrow \quad \mathfrak{I}^{\Phi} \models B \text{ oder } \mathfrak{I}^{\Phi} \models C && \text{(Semantische Def. von } \vee\text{)} \\ &\Leftrightarrow \quad \Phi \vdash B \text{ oder } \Phi \vdash C && \text{(Anwendung der IH auf } B, C\text{)} \\ &\Leftrightarrow \quad \Phi \vdash B \vee C && \text{(Lemma 7, Eigenschaft 2)} \end{aligned}$$

Fall 3: *A* ist von der Form ∃*xB*[*x*].

$\Rightarrow$: Angenommen $\mathfrak{I}^{\Phi} \models \exists x B[x]$. Nach der semantischen Definition von $\exists$ bedeutet dies, es gibt ein Element in D^{Φ}, nennen wir es a, sodass gilt: $\mathfrak{I}^{\Phi} \models B[a]$.

Die Formel $B[a]$ ist einfacher als $\exists x B[x]$, also können wir die Induktionshypothese (IH) auf sie anwenden. Aus $\mathfrak{I}^{\Phi} \models B[a]$ folgt somit:

$$\Phi \vdash B[a]$$

Aus dieser Herleitbarkeit folgt nun mit der Grundschlussweise der Existenziellen Generalisierung (E), dass auch gilt:

$$\Phi \vdash \exists x B[x]$$

$\Leftarrow$: Angenommen $\Phi \vdash \exists x B[x]$. Hier verwenden wir die entscheidende Eigenschaft unserer saturierten Menge Φ. Nach Lemma 7, Eigenschaft 4 (welche auf der Henkin-Vollständigkeit von Φ beruht), wissen wir:

Es gibt eine freie Individuenvariable a, sodass $\Phi \vdash B[a]$.

Wir wenden nun die Induktionshypothese (IH) auf die einfachere Formel $B[a]$ an. Aus $\Phi \vdash B[a]$ folgt:

$$\mathfrak{I}^{\Phi} \models B[a]$$

Dies ist aber genau die Wahrheitsbedingung dafür, dass eine Existenzformel wahr ist – also gilt:

$$\mathfrak{I}^{\Phi} \models \exists x B[x]$$

Alle Fälle sind damit gezeigt.

5.3.2 Teil 2: Lindenbaums Lemma

Nachdem wir in Teil 1 (Henkins Lemma) gezeigt haben, dass jede saturierte Formelmenge ein Modell besitzt, müssen wir nun den zweiten, entscheidenden Schritt des Vollständigkeitsbeweises vollziehen: Wir müssen zeigen, dass solche **saturierten Mengen überhaupt existieren**. Genauer gesagt, müssen wir beweisen, dass jede beliebige widerspruchsfreie Menge zu einer saturierten Menge erweitert werden kann.

Lemma 8 (Existenz saturierter Mengen / Lindenbaum-Henkin).
Sei Γ eine widerspruchsfreie Menge von $\mathcal{L}$-Formeln. Dann gibt es eine saturierte Menge Δ in einer erweiterten Sprache $\mathcal{L}_{\mathcal{H}}$, sodass $\Gamma \subseteq \Delta$.

Der Beweis ist eine schrittweise Konstruktion. Die zentrale Herausforderung besteht darin, unsere ursprüngliche Menge Γ mit unendlich vielen Formeln anzureichern – um sie bezeugt und maximal zu machen –, ohne dabei ihre Widerspruchsfreiheit zu verlieren.

Schritt 1: Die Sprache mit Zeugen anreichern (Henkinisierung)

Das erste Problem ist, dass unsere Sprache $\mathcal{L}$ möglicherweise nicht genügend Namen (Konstanten) hat, um für jede existenzielle Formel einen *Zeugen* bereitzustellen.

- Wir erweitern die Sprache $\mathcal{L}$ zu einer neuen Sprache $\mathcal{L}_{\mathcal{H}}$, indem wir eine abzählbar unendliche Menge von neuen, frischen Individuenvariablen $\{c_0, c_1, c_2, \ldots\}$, den sogenannten *Henkin-Konstanten*, hinzufügen.
- Sei $E_0, E_1, E_2, \ldots$ eine Aufzählung aller Formeln der Form $\exists x B[x]$; das klappt wegen der Aufzählbarkeit der Sprache, siehe Abschnitt 2.3.
- Für jede Formel in dieser Liste, die von der Form $\exists x B[x]$ ist, wählen wir eine eindeutige Henkin-Konstante c_B, die weder in $\exists x B[x]$ noch in früheren Henkin-Axiomen vorkommt. Das zugehörige *Henkin-Axiom h* für diese Formel ist:

  $$\neg\exists x B[x] \vee B[c_B] \quad \text{(oder äquivalent: } \exists x B[x] \to B[c_B])$$

- Sei $\mathcal{H}$ die (abzählbar unendliche) Menge all dieser Henkin-Axiome für die Sprache $\mathcal{L}_{\mathcal{H}}$.

Schritt 2: Die Konsistenz der Henkin-Erweiterung

Wir müssen sicherstellen, dass das Hinzufügen all dieser Zeugen-Axiome nicht plötzlich einen Widerspruch erzeugt.

Lemma 9 (Konsistenzerhaltung).
Wenn die $\mathcal{L}$-Formelmenge Γ widerspruchsfrei ist, dann ist auch die Menge $\Gamma \cup \mathcal{H}$ in der erweiterten Sprache $\mathcal{L}_{\mathcal{H}}$ widerspruchsfrei.

Beweis:

Der Beweis wird mittels Induktion über die Folge der Konstruktionen der Henkin-Menge geführt. Dabei ist es – gemäß der **Induktionbasis** – so, dass die Ausgangsmenge $\Gamma = \Gamma_0$ widerspruchsfrei ist. Die **Induktionshypothese** besagt: Γ_n **ist widerspruchsfrei.** Jetzt aber nehmen wir an, dass der **Induktionsschritt** Γ_{n+1} widerspruchsvoll sei, und führen das auf einen Widerspruch zurück. Dabei ist Γ_{n+1} nichts anderes als $\Gamma_n \cup \{h_n\}$, wobei h_n ein Henkin-Axiom mit einer frischen Henkin-Konstante ist. Daraus leiten wir einen Widerspruch in der Metatheorie ab. Der **Clou** des Beweises liegt in der Zurückführung des angenommenen Widerspruchs auf Γ_n selbst – das widerspricht aber der Induktionshypothese, die eben besagt, dass Γ_n widerspruchsfrei ist. Damit der Beweis überhaupt *funktioniert*, ist die *Frische* der Henkin-Konstante c unumgänglich!

Der folgende explizite, syntaktische Beweis zeigt dies. Hier sei h_n die Formel $\neg\exists x B[x] \vee B[c_B]$.

1. $\mathsf{Widv}(\Gamma_{n+1})$ (Induktionshypothese)
2. $\mathsf{Widv}(\Gamma_{n+1})$, wobei $\Gamma_{n+1} = \Gamma_n \cup \{h_n\}$ (wegen 1., Konstruktion)
3. Da $\mathsf{Widv}(\Gamma_{n+1})$ gilt: Jede Formel C ist aus Γ_{n+1} herleitbar, C sei eine Formel ohne freie Individuenvariablen, ein Satz.
4. Es gibt also endlich viele Formeln $A_1, \ldots, A_n$ aus Γ_{n+1}, sodass: $A_1, \ldots, A_n, h_n \vdash C$.
5. Es gilt: $A_1, \ldots, A_n, \neg\exists x B[x] \vdash \neg\exists x B[x]$ ((TS), (MON))
6. Daher: $A_1, \ldots, A_n, \neg\exists x B[x] \vdash \neg\exists x B[x] \vee B[c_B]$ (5., Se)
7. $A_1, \ldots, A_n, \neg\exists x B[x], \neg\exists x B[x] \vee B[c_B] \vdash C$ (4., (MON))
8. $A_1, \ldots, A_n, \neg\exists x B[x] \vdash C$ (6., 7., (Schnitt))
9. Es gilt: $A_1, \ldots, A_n, B[c_B] \vdash B[c_B]$ ((TS), (MON))
10. Daher: $A_1, \ldots, A_n, B[c_B] \vdash \neg\exists x B[x] \vee B[c_B]$ (9., Se)
11. $A_1, \ldots, A_n, \neg\exists x B[x] \vee B[c_B] \vdash C$ (Das ist 4.)
12. $A_1, \ldots, A_n, B[c_B] \vdash C$ (10., 11., (Schnitt))
13. $A_1, \ldots, A_n, \exists x B[x] \vdash C$ (12., EE, **VB erfüllt!**)
14. $A_1, \ldots, A_n \vdash C$ (8., 13., (FU))
15. $A_1, \ldots, A_n$ sind aber in Γ_n. Damit gilt:
16. $\mathsf{Widv}(\Gamma_n)$! Das ist ein Widerspruch zur Induktionshypothese, dass $\mathsf{Widf}(\Gamma_n)$, also gilt:
17. $\mathsf{Widf}(\Gamma_{n+1})$.

Die Annahme, dass $\Gamma_n \cup \{h_n\}$ widerspruchsvoll ist, führt zum Ergebnis, dass auch Γ_n widerspruchsvoll ist. Also haben wir einen Widerspruch in der Metatheorie erzeugt, daher erschließen wir mittels Indirektem Beweis in der Metatheorie, dass Γ_{n+1} widerspruchsfrei ist. Die Widerspruchsfreiheitserhaltung ist also bewiesen. Nochmals: Der Clou des Beweises liegt in der Zurückführung des angenommenen Widerspruchs auf Γ_n selbst, was durch die *Frische* der Henkin-Konstante c ermöglicht wird (Schritt 13).

Schritt 3: Die schrittweise Lindenbaum-Konstruktion

Wir sind nun so weit, um die saturierte Menge Δ zu konstruieren.

1. Wir beginnen mit der Menge $\Delta_0 = \Gamma \cup \mathcal{H}$. Nach dem vorigen Lemma wissen wir, dass Δ_0 widerspruchsfrei ist.
2. Wir gehen nun unsere Aufzählung aller $\mathcal{L}_{\mathcal{H}}$-Formeln $(A_0, A_1, A_2, \dots)$ schrittweise durch und definieren eine unendliche Folge von Mengen:

$$\Delta_{n+1} = \begin{cases} \Delta_n \cup \{A_n\} & \text{falls } \Delta_n \cup \{A_n\} \text{ widerspruchsfrei ist}, \\ \Delta_n & \text{sonst}. \end{cases}$$

3. Schließlich definieren wir den Abschluss dieses Prozesses und definieren die saturierte Menge Δ als die Vereinigung all dieser Konstruktionsstufen:

$$\Delta = \bigcup_{i=0}^{\infty} \Delta_i$$

Schritt 4: Nachweis, dass Δ saturiert ist

Wir müssen nun zeigen, dass Δ die drei gewünschten Eigenschaften hat.

1. Δ ist widerspruchsfrei.

Dies folgt aus der syntaktischen Kompaktheit, Lemma 5. Wäre Δ widerspruchsvoll, müsste eine endliche Teilmenge davon widerspruchsvoll sein. Jede endliche Teilmenge ist aber bereits in einer Stufe Δ_k enthalten. Da jede Stufe Δ_k widerspruchsfrei konstruiert wurde, kann Δ nicht widerspruchsvoll sein.

2. Δ ist maximal widerspruchsfrei.

Wir zeigen: Für jede Formel A gilt $\Delta \vdash A$ oder $\Delta \vdash \neg A$.

1. Sei A eine beliebige Formel. Wir führen eine Fallunterscheidung in der Metasprache durch.
2. *Fall 1:* $\Delta \vdash \neg A$.
   In diesem Fall ist die Bedingung erfüllt.
3. *Fall 2:* $\Delta \nvdash \neg A$.
   Wir zeigen, dass dann $\Delta \vdash A$ gelten muss.
   a. Aus $\Delta \nvdash \neg A$ folgt mit Lemma 6, dass die Menge $\Delta \cup \{A\}$ widerspruchsfrei ist.
   b. Die Formel A hat einen Index in unserer Aufzählung, sei es n, also $A = A_n$.
   c. Aus Widf($\Delta \cup \{A_n\}$) und der Tatsache, dass $\Delta_n \cup \{A_n\}$ eine Teilmenge davon ist, folgt, dass auch Widf($\Delta_n \cup \{A_n\}$) gelten muss.
   d. Gemäß unserer Konstruktion bedeutet Widf($\Delta_n \cup \{A_n\}$), dass der erste Fall eingetreten ist: $\Delta_{n+1} = \Delta_n \cup \{A_n\}$.

e. Somit ist $A_n \in \Delta_{n+1}$, und da $\Delta_{n+1} \subseteq \Delta$, ist auch $A_n \in \Delta$.

f. Aus $A_n \in \Delta$ folgt trivialerweise $\Delta \vdash A_n$, also $\Delta \vdash A$.

In beiden Fällen ist die Bedingung erfüllt.

3. Δ ist Henkin-vollständig.

Dies ist durch unsere Konstruktion garantiert. Jedes Henkin-Axiom aus der Menge $\mathcal{H}$ wurde bereits in Δ_0 hinzugefügt. Da $\Delta_0 \subseteq \Delta$, ist jedes Henkin-Axiom in Δ enthalten und somit trivialerweise aus Δ herleitbar.

Wir haben erfolgreich gezeigt, dass zu jeder widerspruchsfreien Menge Γ eine saturierte Erweiterung Δ existiert. Damit ist der zweite und letzte Teil des Vollständigkeitsbeweises abgeschlossen.

5.3.3 Anmerkungen zur Existenz von saturierten Mengen

Der Schritt, unsere saturierte Menge

$$\Delta = \bigcup_{i=0}^{\infty} \Delta_i$$

als die unendliche Vereinigung aller Konstruktionsstufen zu definieren, ist konzeptionell von sehr großer Bedeutung und verdient eine detaillierte Betrachtung.

1. Eine Liste mit unendlichen Anforderungen

Unsere Liste von Formeln $A_0, A_1, A_2, \ldots$ ist abzählbar unendlich. Während Δ_n in Bezug auf diese anfänglichen Formeln maximal und zeugenhaltig ist, bleibt sie *ignorant* gegenüber allen nachfolgenden Formeln $A_{n+1}, A_{n+2}, \ldots$. Eine einzelne endliche Stufe kann die Aufgabe, jede Formel der unendlichen Sprache zu behandeln, niemals erfüllen.

Die unendliche Vereinigung Δ ist die einzige Menge, die diesen gesamten, unendlichen Prozess abschließt und zusammenfasst. Sie ist die Menge, die letztlich für jede Formel in unserer Aufzählung eine *Entscheidung* (d. h. Aufnahme oder Nichtaufnahme) getroffen hat, was sie zum Abschluss der endlichen Schritte der unendlichen Anforderungen macht.

2. Abschluss unendlich vieler Wahlen

In der Konstruktion der maximal-widerspruchsfreien Menge Δ wird Schritt für Schritt vorgegangen und dabei für jede Formel in der Aufzählung der Formeln eine **Wahl** getroffen, ob A_n zur Menge hinzugefügt wird oder nicht, basierend auf Widerspruchsfreiheitserhaltung.

Die gesamte Konstruktion basiert in unserem Rahmen auf einer abzählbaren Menge (von Formeln); deshalb wird hier streng genommen nur das abgeschwächte Axiom der Abzählbaren Auswahl (AC_ω) oder nur das Vereinigungsaxiom benötigt. Die Anwendung des mächtigeren Prinzips, nämlich des Zornschen Lemmas, welches mit dem vollständigen Auswahlaxiom äquivalent ist, wird hingegen im abstrakten Lindenbaum-Lemma (ohne die explizite Aufzählung) herangezogen.

Das Auswahlaxiom ist nicht konstruktiv und das Axiom der Abzählbaren Auswahl (AC_ω) ebenfalls nicht. Das Zornsche Lemma ist äquivalent mit dem Auswahlaxiom; mehr zum Thema Auswahlaxiom und dessen äquivalente Formulierungen findet sich etwa in *The Axiom of Choice* von Thomas J. Jech [Jec08].

3. Die Rolle der syntaktischen Kompaktheit

Eine berechtigte Sorge bei der Bildung einer unendlichen Vereinigung aus widerspruchsfreien Mengen ist, dass daraus unerwartet ein Widerspruch entstehen könnte. Hier bietet das Lemma der syntaktischen Kompaktheit (Lemma 5) die entscheidende Garantie. Es besagt, dass ein Widerspruch in Δ bereits in einer endlichen Teilmenge von Δ auftreten müsste. Da unsere Konstruktion jedoch sicherstellt, dass jede endliche Stufe Δ_n widerspruchsfrei ist, kann auch die unendliche Vereinigung Δ keinen Widerspruch enthalten.

5.4 Vollständigkeit von Se (mit Gleichheit)

Wir kommen nun zum letzten Schritt: der Erweiterung unseres Vollständigkeitsbeweises auf das System Se, das die Gleichheit als logisches Prädikat enthält. Die bisherige Strategie muss an einer entscheidenden Stelle modifiziert werden.

Das Problem mit dem bisherigen kanonischen Modell

Erinnern wir uns an das kanonische Modell: Die Domain bestand aus den Termen selbst. Das führt zu einem Problem mit der Gleichheit. Sei Φ eine saturierte Menge, in der $\Phi \vdash a = b$ gilt. Dies erzeugt das angesprochene Problem zwischen einer Herleitung und einem Modell – und zwar:

- Herleitung: Die Menge Φ *zwingt* uns durch ihre Theoreme, a und b als gleich zu betrachten.
- Altes Term-Modell: Die Objekte, die a und b interpretieren, sind die Symbole ‘a’ und ‘b’ selbst. Da ‘a’ und ‘b’ unterschiedliche Symbole sind, sind sie unterschiedliche Objekte im Universum. Unser Modell würde also $\neg(a = b)$ wahr machen, allerdings gibt es eine Herleitung von $a = b$ aus Φ.

Das einfache Term-Modell ist nicht in der Lage, die syntaktische Gleichheit korrekt als Identität abzubilden. Das ist ein Problem! Beheben wir es!

Die Lösung: Partitionierung in Äquivalenzklassen

Die Lösung besteht darin, alle Terme, die laut Φ gleich sein sollen, zu einem einzigen semantischen Objekt *zusammenzuschmelzen*. Dies erreichen wir durch die Konstruktion von Äquivalenzklassen. Bevor wir dies formal definieren, lassen Sie uns die zugrunde liegende Idee anhand einer alltäglichen Analogie verstehen. Betrachten wir die Relation '... ist gleich alt wie ...'. Klarerweise gilt für alle $d \in D$ (beliebige Domain): dGd, etwa ist Diego gleich alt wie Diego. Auch gilt für all $d, d' \in D$: Wenn dGd', dann auch $d'Gd$. Etwa gilt: Wenn Diego gleich alt wie Ferdinand ist, dann ist Ferdinand gleich alt wie Diego. Außerdem gilt für alle $d, d', d'' \in D$: Wenn dGd' und $d'Gd''$, dann gilt: dGd''. Um im Beispiel zu bleiben: Wenn Diego gleich alt wie Ferdinand ist, und Ferdinand gleich alt wie Schmugl ist, dann ist Diego gleich alt wie Schmugl.

Das heißt aber hinsichtlich der Relation 'gleich-alt-sein-wie' sind Objekte der Domain, falls diese denn in dieser Relation stehen, *ununterscheidbar*. Diese Objekte formen dann hinsichtlich der Relation 'gleich-alt-sein-wie' eine eigene Klasse in der Domain. Warum? Diese sind ja hinsichtlich der Relation 'gleich-alt-sein-wie' von anderen Objekten in der Domain verschieden, aber hinsichtlich dieser Relation von Objekten, die diese Eigenschaft haben, gleich.

Etwa sind alle Hunde, die 2017 zur Welt kamen, gleich alt. Alle Hunde, die 2018 zur Welt kamen, sind gleich alt... Vereinfachend? Ja! Das macht jetzt nichts. Wissenschaft abstrahiert. Dabei werden manche Eigenschaften zurückgelassen, dafür aber die Eigenschaften, die von besonderem Interesse sind, eben besonders betrachtet.

Innerhalb der Domain der Hunde etwa, zerlegt die Relation 'gleich-alt-sein-wie' dieser Domain in **Äquivalenzklassen** hinsichtlich eben dieser Relation. Eine alternative Ausdrucksweise ist: Die Domain wir durch eine Äquivalenzrelation partitioniert; bzw. auch: die Relation G induziert auf D eine Äquivalenzrelation.

Das heißt, jeder Hund ist in einer dieser Äquivalenzklassen zu finden und kein Hund ist in mehr als einer. Technischer ausgedrückt, ist die Zerlegung/**Partition** der Domain in Äquivalenzklassen **exhaustiv** (jeder Hund gehört zu einer Klasse) und die Klassen sind paarweise **disjunkt** (kein Hund gehört zu mehr als einer Klasse). Im Beispiel: Jeder Hund gehört in eine Äquivalenzklasse (hinsichtlich der Relation 'gleich-alt-sein-wie'), das ist: exhaustiv; und kein Hund gehört in mehr als eine, das ist: disjunkt. Dabei wird (selbstverständlich) die ganze Domain in eben solche Äquivalenzklassen dieser Äquivalenzrelation zerlegt.

Was hat das nun mit unserer Gleichheit zu tun?

1. Definition der Äquivalenzrelation:

Wir definieren eine Relation $\sim$ auf der Menge aller Terme der saturierten $\mathcal{L}$-Formelmenge Φ wie folgt:

$$a \sim_{\Phi} b \quad \text{genau dann, wenn} \quad \Phi \vdash a = b$$

Da unser System Seg die Thesen für die Gleichheit (Reflexivität, Symmetrie, Transitivität) enthält, ist die Relation $\sim$ eine **Äquivalenzrelation**.

2. Das neue Universum:

Das Universum unseres neuen kanonischen Modells besteht nicht mehr aus den Termen selbst, sondern aus den von $\sim$ induzierten Äquivalenzklassen. Die Äquivalenzklasse von a ist $[a]_{\sim_\Phi} := \{b \mid b \sim_\Phi a\}$.

$$D^\Phi := \{[a]_{\sim_\Phi} \mid a \text{ ist ein Term der Sprache } \mathcal{L}_\Phi\}$$

Das neue kanonische Modell

Sei Φ eine saturierte Menge. Das kanonische Modell $\mathfrak{I}^\Phi = \langle D^\Phi, \varphi^\Phi\rangle$ ist nun wie folgt definiert:

- Domain D^Φ: Die Menge der $\sim$-Äquivalenzklassen von Termen.
- Interpretation von Termen φ^Φ: Die Interpretation eines Terms a ist seine eigene Äquivalenzklasse.

  $$\varphi^\Phi(a) := [a]_{\sim_\Phi}$$

- Interpretation von Prädikaten φ^Φ:

  $$\varphi^\Phi(P^n) := \{\langle [a_1]_{\sim_\Phi}, \ldots, [a_n]_{\sim_\Phi}\rangle \mid \Phi \vdash P^n(a_1, \ldots, a_n)\}$$

Ist diese Definition wohl-definiert?

Die Definition der Prädikateninterpretation ist nur dann gültig, wenn sie unabhängig von der Wahl der Repräsentanten ist. Das heißt, wenn $[a_1]_{\sim_\Phi} = [b_1]_{\sim_\Phi}$, muss gelten: $\Phi \vdash P(\ldots, a_1, \ldots)$ gdw. $\Phi \vdash P(\ldots, b_1, \ldots)$. Ja, das ist sie! Genau hier spielen die Grundschlussweisen der Gleichheit ihre entscheidende Rolle. Wenn $[a_1]_{\sim_\Phi} = [b_1]_{\sim_\Phi}$, dann gilt per Definition $a_1 \sim b_1$ und somit $\Phi \vdash a_1 = b_1$. Aufgrund des Substitutionsaxioms der Gleichheit (d.i. (G2), eine Instanz ist etwa: $a = b, P(a) \vdash P(b)$) können wir aus $\Phi \vdash P(\ldots, a_1, \ldots)$ und $\Phi \vdash a_1 = b_1$ auch $\Phi \vdash P(\ldots, b_1, \ldots)$ herleiten.

Das Wahrheits-Lemma für die Gleichheit

Wir können nun zeigen, dass unser neues Modell die Gleichheit korrekt behandelt.

$$\mathfrak{I}^\Phi \models a = b \quad \text{genau dann, wenn} \quad \Phi \vdash a = b$$

Beweis:

$$\begin{aligned}
\mathfrak{I}^\Phi \models a = b \quad &\Leftrightarrow \quad \varphi^\Phi(a) = \varphi^\Phi(b) && \text{(Semantische Def. von =)}\\
&\Leftrightarrow \quad [a]_{\sim_\Phi} = [b]_{\sim_\Phi} && \text{(Def. von } \varphi^\Phi \text{ für Terme)}\\
&\Leftrightarrow \quad a \sim_\Phi b && \text{(Standardeigenschaft von Äquivalenzklassen)}\\
&\Leftrightarrow \quad \Phi \vdash a = b && \text{(Def. von } \sim\text{)}
\end{aligned}$$

Das Wahrheits-Lemma gilt also auch für die Gleichheit.

Der Rest des Vollständigkeitsbeweises (die Induktionsschritte für die anderen Junktoren und Quantoren im Wahrheits-Lemma) verläuft nun analog zum Beweis für das System Ser, wobei man stets im Hinterkopf behalten muss, dass die Objekte des Modells nun Äquivalenzklassen sind.

Damit ist der Vollständigkeitssatz für die Prädikatenlogik erster Stufe mit Gleichheit bewiesen.

Ein wirklich tolles Resultat!

5.5 Ein Caveat

In der Metalogik ist der Begriff der maximal widerspruchsfreien Menge von zentraler Bedeutung für den Vollständigkeitsbeweis. Es gibt jedoch verschiedene, nicht äquivalente Möglichkeiten, diesen Begriff zu definieren. Wir zeigen hier, dass die folgende, auf Herleitbarkeit basierende Definition schwächer ist als die mengentheoretische Standarddefinition.

Definition 5.6: Herleitbarkeitsbasierte Definition

Eine Menge Φ der Sprache $\mathcal{L}$ ist maximal widerspruchsfrei (kurz MaxWidf_1), wenn gilt:

1. Φ ist widerspruchsfrei ($\text{Widf}(\Phi)$).
2. Für jede Formel A der Sprache $\mathcal{L}$ gilt: $\Phi \vdash A$ oder $\Phi \vdash \neg A$.

Diese Definition beschreibt eine Menge, die *negationsvollständig* beziehungsweise diese Definition beschreibt eine Menge, die *deduktiv vollständig* ist.

Definition 5.7: Standarddefinition, mengenbasiert

Eine Menge Φ der Sprache $\mathcal{L}$ ist maximal widerspruchsfrei (kurz MaxWidf_2), wenn gilt:

1. Φ ist widerspruchsfrei ($\text{Widf}(\Phi)$).
2. Für jede Formel A, die nicht in Φ ist ($A \notin \Phi$), gilt, dass die Menge $\Phi \cup \{A\}$ widerspruchsvoll ist ($\text{Widv}(\Phi \cup \{A\})$).

Diese Definition beschreibt eine Menge, die so *voll* mit Formeln ist, dass keine weitere, unabhängige Formel hinzugefügt werden kann, ohne einen Widerspruch zu erzeugen.

Ein Gegenbeispiel zur Äquivalenz

Wir werden nun zeigen, dass die beiden Definitionen nicht äquivalent sind, indem wir eine Menge Φ konstruieren, die MaxWidf_1, aber **nicht** MaxWidf_2 ist.

Die Konstruktion:

Unsere Symbolmenge $\mathcal{S}$ benötigt das Gleichheitsprädikat sowie die freien Individuenvariablen a, b, c. Wir betrachten die folgende Formelmenge Φ:

$$\Phi = \{\exists x \exists y(\neg(x = y) \wedge \forall z(z = x \vee z = y)), \quad \neg(a = b), \quad c = a\}$$

Die erste Formel postuliert, dass es genau zwei verschiedene Individuen im Universum gibt. Die anderen beiden Formeln legen die Identitätsbeziehungen zwischen a, b und c fest.

Analyse von Φ:

1. Widerspruchsfreiheit von Φ: Die Menge Φ ist widerspruchsfrei. Wir können leicht ein Modell dafür angeben: Sei die Domain $D = \{d_1, d_2\}$. Sei die Interpretation $\varphi(a) = d_1$, $\varphi(b) = d_2$ und $\varphi(c) = d_1$. Dieses Modell erfüllt alle drei Formeln in Φ. Da Φ ein Modell hat, ist sie (gemäß Korrektheitssatz) widerspruchsfrei.
2. Erfüllt Φ die Bedingung von $\mathsf{MaxWidf}_1$? Die Bedingung lautet: Für jede Formel A muss $\Phi \vdash A$ oder $\Phi \vdash \neg A$ gelten. Betrachten wir z. B. A sei $\neg(c = b)$:
   a. Aus $c = a$ und $\neg(a = b)$ folgt mittels der Substitutionsregeln für die Gleichheit direkt $\neg(c = b)$.
   b. Also gilt $\Phi \vdash \neg(c = b)$. Die Bedingung ist für diese Formel A erfüllt.

   Die Theorie der *genau zwei Objekte* ist ein bekanntes Beispiel für eine vollständige Theorie. Eine Theorie T wird *vollständig* genannt, wenn für jeden Satz A ihrer Sprache gilt: $\mathsf{T} \vdash A$ oder $\mathsf{T} \vdash \neg A$ – wie oben bereits gesagt. Unsere Menge Φ ist eine Axiomatisierung dieser Theorie und erfüllt somit die Bedingung von $\mathsf{MaxWidf}_1$.
3. Erfüllt Φ die Bedingung von $\mathsf{MaxWidf}_2$? Die Bedingung lautet: Für jede Formel $A \notin \Phi$ muss $\Phi \cup \{A\}$ widerspruchsvoll sein. Wir werden zeigen, dass dies *nicht* der Fall ist.

   Wählen wir als Test-Formel A die Formel $\neg(c = b)$.
   a. $\neg(c = b)$ ist nicht in unserer Menge Φ: $\neg(c = b) \notin \Phi$.
   b. Betrachten wir nun die erweiterte Menge $\Phi' = \Phi \cup \{\neg(c = b)\}$.
   c. Ist Φ' widerspruchsvoll? Nein. Wir nehmen die Interpretation von oben. Das ist eine Interpretation, die $\{\neg(c = b)\}$ und Φ erfüllt.
4. Da die Menge $\Phi' = \Phi \cup \{\neg(c = b)\}$ ein Modell hat, ist sie (gemäß Korrektheitssatz) widerspruchsfrei.

Fazit:

Wir haben eine Formel A, nämlich $\neg(c = b)$, gefunden, die nicht in Φ ist, aber die Hinzunahme von A zu Φ führt *nicht* zu einem Widerspruch. Daher erfüllt die Menge Φ die Bedingung (2) der Standarddefinition $\mathsf{MaxWidf}_2$ nicht. Die Menge Φ ist ein Beispiel für eine Menge, die $\mathsf{MaxWidf}_1$ (deduktiv vollständig) ist, aber nicht $\mathsf{MaxWidf}_2$ (maximal gefüllt). Die beiden Definitionen sind somit nicht äquivalent. $\mathsf{MaxWidf}_2$ ist eine strikt stärkere Eigenschaft.

5.6 Ausblick auf die Entscheidbarkeit

Nachdem wir die Sätze zur Korrektheit und Vollständigkeit bewiesen haben, besitzen wir ein tiefes Verständnis der Beziehung zwischen syntaktischer Herleitbarkeit und semantischer Folge. Wir haben gezeigt, dass diese beiden Welten für die Logik erster Stufe perfekt zusammenspielen.

Zum Abschluss dieses Kapitels wollen wir nun eine der wichtigsten und praktischsten Fragen stellen, die man an ein logisches System richten kann: Können wir für eine beliebige Formel mechanisch entscheiden, ob sie logisch wahr ist oder nicht? Diese Frage nach der *Entscheidbarkeit* führt uns an die Grenzen dessen, was formale Methoden leisten können, und zeigt auf beeindruckende Weise die Konsequenzen der von uns bewiesenen Sätze.

Was bedeutet Entscheidbarkeit?

Der Begriff 'entscheidbar' kann sich entweder auf ein ganzes formales System oder auf eine einzelne Formel innerhalb eines Systems beziehen. Beginnen wir mit dem System als Ganzem.

Definition 5.8: Entscheidbarkeit eines formalen Systems

Ein formales System Y ist entscheidbar :gdw. es eine *effektive Methode* gibt, die für jede beliebige Formel seiner Sprache in endlicher Zeit angibt, ob diese Formel ein Theorem des Systems ist oder nicht.

Was genau ist eine 'effektive Methode'? Dieser intuitive Begriff beschreibt ein Verfahren, das ein Problem mechanisch, ohne Kreativität, in einer endlichen Anzahl von Schritten löst – einen Algorithmus. Lange Zeit war dies jedoch nur eine informelle Vorstellung. Die berühmte **Church-Turing-These** hat diesen Begriff im 20. Jahrhundert präzisiert, indem sie ihn an die formale Mathematik anband. Die These besagt, dass alles, was wir intuitiv als **effektiv berechenbar** ansehen, auch mit präzisen mathematischen Methoden, hier: einer Turingmaschine, berechnet werden kann. Die Church-Turing-These definiert nicht den Algorithmus, sondern charakterisiert die Klasse aller algorithmisch lösbaren Probleme. Für unsere Zwecke ist die Wahrheitstafelmethode ein perfektes Beispiel für eine solche effektive Methode, und aufgrund der Church-Turing-These sind wir zuversichtlich, dass sie auch von einer Turingmaschine implementiert werden kann.

Die Entscheidbarkeit der Aussagenlogik (S_a)

Für den aussagenlogischen Teil unseres Systems, den wir S_a nennen, können wir ein sehr positives Ergebnis verkünden:

Satz 3. *Das formale System der Aussagenlogik, S_a, ist entscheidbar.*

Beweis:

Der Beweis stützt sich direkt auf die Ergebnisse der vorherigen Abschnitte:

1. Korrektheit und Vollständigkeit: Wir wissen, dass eine Formel A genau dann ein Theorem von S_a ist, wenn sie eine Tautologie ist ($\vdash_{S_a} A$ gdw. $\models A$).
2. Entscheidbarkeit von Tautologien: Die Wahrheitstafelmethode ist ein Algorithmus, der für jede aussagenlogische Formel in endlicher Zeit mechanisch prüfen kann, ob sie eine Tautologie ist.

Zusammengenommen bedeutet dies: Um zu entscheiden, ob eine Formel A ein Theorem von S_a ist, wenden wir einfach die Wahrheitstafelmethode auf sie an. Das Verfahren liefert garantiert nach endlich vielen Schritten die Antwort *Ja* (wenn A eine Tautologie ist) oder *Nein* (wenn nicht). Somit gibt es eine effektive Methode, und S_a ist entscheidbar.

Die Unentscheidbarkeit der Prädikatenlogik (S)

Die Situation in der Prädikatenlogik erster Stufe (S oder Se) ist eine gänzlich andere und eine tiefes Ergebnis der modernen Logik. Alonzo Church und Alan Turing bewiesen in den 1930er-Jahren, dass die Prädikatenlogik *unentscheidbar* ist.

Satz 4 (Church-Turing). *Das formale System der Prädikatenlogik erster Stufe ist unentscheidbar.*

Das bedeutet: Es *kann keinen* Algorithmus geben, der für eine beliebige prädikatenlogische Formel in endlicher Zeit entscheidet, ob sie logisch wahr ist oder nicht. Die Wahrheitstafelmethode versagt hier, da Interpretationen unendliche Universen/Domains haben können, was eine vollständige Überprüfung aller Fälle unmöglich macht.

Die Prädikatenlogik ist jedoch *semi-entscheidbar*. Das heißt, es gibt ein Verfahren (wie zum Beispiel das systematische Suchen nach einer Herleitung in S), das eine Formel als gültig erkennt, *wenn* sie gültig ist. Der Prozess wird dann anhalten und einen Beweis liefern. Wenn die Formel aber *nicht* gültig ist, läuft das Verfahren möglicherweise unendlich lange, ohne eine definitive Antwort zu geben. Genau aus diesem Grund sind unsere syntaktischen Beweissysteme für die Prädikatenlogik so wichtig: Sie sind das beste Werkzeug, das wir haben, um Gültigkeit positiv nachzuweisen.

Entscheidbarkeit von Formeln innerhalb eines Systems

Es ist wichtig, die *Entscheidbarkeit eines Systems* von der *Entscheidbarkeit einer Formel innerhalb eines Systems* zu unterscheiden.

Definition 5.9: Entscheidbarkeit einer Formel

Eine Formel A ist in einem formalen System Y entscheidbar genau dann, wenn das System entweder A oder $\neg A$ als Theorem beweisen kann (d. h. $\vdash_Y A$ oder $\vdash_Y \neg A$).

Obwohl das System S_a als Ganzes entscheidbar ist, enthält es unendlich viele Formeln, die *innerhalb des Systems unentscheidbar* sind. Jede kontingente Formel – wie eine einfache Aussagenvariable p – ist ein solches Beispiel. Weder P noch $\neg P$ sind Theoreme der Aussagenlogik, da P in manchen Interpretationen wahr und in anderen falsch sein kann. Unser entscheidbares System S_a wird uns (korrekterweise) für die Eingabe P die Antwort: nein, kein Theorem; und für die Eingabe $\neg P$ ebenfalls: nein, kein Theorem – geben.

5.7 Widerspruchsfreiheit & Modell: Übungen

1. Formulieren Sie sowohl den Korrektheitssatz als auch den Vollständigkeitssatz (in beiden Versionen) in den kontrapositiven Formen.
2. Lemma 4 besagt: Sei Γ eine Formelmenge und B eine Formel von $\mathcal{L}$: Widf(Γ) gdw. es gibt eine Formel B, sodass gilt: $\Gamma \nvdash B$.

   Das haben wir in dieser Form bewiesen: Wir zeigen: Es ist nicht der Fall, dass Widf(Γ) gdw. für alle B: $\Gamma \vdash B$.

   Zeigen Sie die Äquivalenz beider Formulierungen.
3. Übrigens als Korollar zu Lemma 4 gilt:

   Korollar 3. *Sei Γ eine Formelmenge von $\mathcal{L}$:* Widv(Γ) *gdw. für alle Formeln B (von $\mathcal{L}$) gilt: $\Gamma \vdash B$.*
4. Lemma 5, das ist:

   Sei Γ eine Formelmenge der Sprache $\mathcal{L}$:

   Widf(Γ) gdw. für alle endlichen Teilmengen Δ von Γ gilt: Widf(Δ).

   - Beweisen Sie es!
   - Dieses Lemma sagt uns etwas nicht Triviales über die Endlichkeitsbedingung von Herleitungen in formalen Systemen (in unserem Sinn).
5. Beweisen Sie den folgenden Zusammenhang:

$$\frac{(\text{Mod}(\Gamma) \implies \text{Widf}(\Gamma))}{(\Gamma \vdash A \implies \Gamma \models A)}$$

6. Fügen Sie in den Beweisen von Satz 2 die Begründungen an.
7. Beweisen Sie die restlichen Fälle von Lemma 7.
8. Beweisen Sie Lemma 6!
9. Wo nehmen wir die *frischen* Henkin-Konstanten $\{c_0, c_1, c_2, \dots\}$ her?
10. Beweisen Sie, dass in S gilt (Repräsentantenunabhängigkeit):

$$a_1 = b_1, \dots, a_n = b_n, A[a_1, \dots, a_n] \vdash A[b_1, \dots, b_n]$$

11. **Kniffelig:** Am Ende von Unterabschnitt 5.3.2 steht: „Der Rest des Vollständigkeitsbeweises (die Induktionsschritte für die anderen Junktoren und Quantoren im Wahrheits-Lemma) verläuft nun analog zum Beweis für das System Ser [...].“ – Das ist eine starke Behauptung! Können Sie das detaillierter argumentieren?
12. In Abschnitt 5.5 wurde eine Formelmenge angegeben, die die Nicht-Äquivalenz der beiden Definitionen von maximaler Widerspruchsfreiheit zeigt. Finden Sie ebenfalls eine solche Menge!
13. **Kniffelig:** Sei A eine $\mathcal{L}$-Formel und sei $\mathfrak{I}$ eine Interpretation. Wir definieren eine spezielle $\mathcal{L}$-Formelmenge Ξ, wie folgt: $\Xi := \{A \mid \mathfrak{I} \models A\}$. Zeigen Sie, dass diese Menge saturiert ist.
14. **Kniffelig:** Führen Sie den Beweis des Vollständigkeitssatzes für Ser auf der Basis von $\mathsf{MaxWidf}_2$ durch.

6 Konsequenzen & Anwendungen

Die eben bewiesenen Sätze haben anspruchsvolle und technische interessante Beweise. Dieses Kapitel ist nun eine kleine Hinführung zur **Modelltheorie**. Die beiden eben bewiesenen Sätze sind sehr bedeutsam, und sie haben wichtige Konsequenzen. Einige dieser Konsequenzen sind auf den ersten Blick (und vielleicht sogar auf den zweiten Blick) seltsam und wurden sogar als *paradox* bezeichnet. Der zentrale Satz in diesem Kapitel ist der **Kompaktheitssatz**. Er ist ein sehr wichtiger und ein sehr starker Satz der Modelltheorie. Seine Stärke bedingt auch diese erstaunlichen Konsequenzen. Der Beweis des Kompaktheitssatzes dagegen ist eine direkte Konsequenz von Vollständigkeit und Korrektheit. Wir benutzen ihn als Werkzeug, um ein paar weitere wichtige Sätze kurz anzuschneiden. Praktisch alle Lehrbücher der Metatheorie diskutieren und bzw. oder beweisen die folgenden metatheoretischen Sätze; sie gehören zum metalogischen Kanon.

Doch das Kapitel beginnt mit einfacheren Üblerlegungen – hier ist ein Überblick!

Lernziele

- Die Erweiterung unserer formalen Sprache um (Individuen-)Konstanten und Funktionszeichen und die Konsequenzen für das formale System.
- Die Bedeutung der Korrektheit für den Nachweis der Nicht-Beweisbarkeit von Formeln durch die Methode der Gegenmodelle.
- Das Konzept einer konservativen Erweiterung und den Beweis, dass das Hinzufügen der Gleichheit zu unserer Logik eine solche ist.
- Die Axiome der Peano-Arithmetik (PA) als Beispiel einer formalen Theorie.
- Die Anwendung des Kompaktheitssatzes, um die Existenz von Nicht-Standardmodellen der Arithmetik zu beweisen.
- Den Satz von Löwenheim-Skolem und seine paradoxen Konsequenzen für die axiomatische Mengenlehre (ZFC), bekannt als Skolems Paradoxon.

- Wir definieren elementare Äquivalenz und Isomorphie.
- Abschließend werfen wir einen kurzen Blick auf den Interpolationssatz von Craig und auf relative Interpretierbarkeit und relative Widerspruchsfreiheit.

Überprüfen Sie Ihr Verständnis durch das Lösen der Übungen am Ende des Kapitels. Sie werden die vorgestellten Konzepte aktiv anwenden und vertiefen.

Los geht's!

6.1 Erweiterung der Sprache & der Semantik

Um die Konsequenzen unserer metalogischen Sätze zu untersuchen, ist es nützlich, unsere bisher sehr einfache formale Sprache $\mathcal{L}$ um (Individuen-)Konstanten und Funktionszeichen zu erweitern. Dies erlaubt eine natürlichere Formulierung von formalen Theorien wie der Arithmetik.

Ein erweitertes Alphabet

Wir erweitern den deskriptiven Zeichenvorrat unserer Sprache $\mathcal{L}$ um:

- Eine Menge von Individuenkonstanten: $c_0, c_1, c_2, \ldots$
- Für jedes $n \geq 1$, eine Menge von n-stelligen Funktionszeichen: $f_0^n, f_1^n, f_2^n, \ldots$

Ein erweiterter Begriff des (singulären) Terms

Die Menge der Terme ist induktiv wie folgt definiert:

Definition 6.1: Terme

1. Jede freie Individuenvariable ist ein Term.
2. Jede Individuenkonstante ist ein Term.
3. Wenn f^n ein n-stelliges Funktionszeichen ist und $t_1, \ldots, t_n$ Terme sind, dann ist auch $f^n(t_1, \ldots, t_n)$ ein Term.

Um weiterhin die Aufzählbarkeit von $\mathcal{L}$ zu gewährleisten ergänzen wir:

f (Funktionszeichen)	91111111
c (Konstante)	911111111

Die Codierung, siehe Abschnitt 2.3, der neuen Symbole folgt dem etablierten Muster. Eine offizielle Konstante c_i (mit i Hochkommata) wird als 911111111 gefolgt von i Einsen codiert. Ein offizielles Funktionszeichen f_i^n wird als 91111111 gefolgt von einem Trenn-Nuller, dem Code des Index i, einem weiteren Trenn-Nuller und dem Code der Stelligkeit n codiert.

Anpassung der Semantik

Wir passen die Definition einer Interpretation $\mathfrak{I} = \langle D, \varphi \rangle$ an, um diese neuen Symbole zu deuten.

Definition 6.2: Erweiterte prädikatenlogische Interpretation

1. Der Individuenbereich (oder die Domain) D ist eine nicht-leere Menge ($D \neq \emptyset$).
2. Die Interpretationsfunktion φ bildet die deskriptiven Symbole von $\mathcal{L}$ wie folgt ab:
   a. Für jedes n-stellige Prädikat P von $\mathcal{L}$ gilt: $\varphi(P) \subseteq D^n$.
   b. Für jedes n-stellige Funktionszeichen f von $\mathcal{L}$ ist $\varphi(f)$ eine totale Funktion von D^n nach D (d. h. $\varphi(f)\colon D^n \mapsto D$).
   c. Speziell für das logische Gleichheitsprädikat gilt: $\varphi(=) = \{\langle d, d \rangle \mid d \in D\}$.

   Der **semantische Wert eines Terms** wird rekursiv bestimmt:

   d. Für jede freie Variable a von $\mathcal{L}$ gilt: $\varphi(a) \in D$.
   e. Für jede Individuenkonstante c von $\mathcal{L}$ gilt: $\varphi(c) \in D$.
   f. Für jeden komplexen Term $f(t_1, \ldots, t_n)$ gilt:

   $$\varphi(f(t_1, \ldots, t_n)) = \varphi(f)(\varphi(t_1), \ldots, \varphi(t_n))$$

Beispiel: Eine nicht-mathematische Interpretation

Sei die Domain D die Menge aller Menschen.

- Sei m ein einstelliges Funktionszeichen und $\varphi(m)$ die Funktion, die jedem Menschen seine Mutter zuordnet.
- Sei v ein einstelliges Funktionszeichen und $\varphi(v)$ die Funktion, die jedem Menschen seinen Vater zuordnet.
- Sei c eine Konstante mit $\varphi(c)$ = Ludwig van Beethoven.

Der semantische Wert des Terms $m(v(c))$ ist das Objekt, das wir wie folgt finden:

$$\begin{aligned}\varphi(m(v(c))) = \varphi(m)(\varphi(v(c))) = \varphi(m)(\varphi(v)(\varphi(c))) = \\ = \varphi(m)(\text{Johann van Beethoven}) = \text{Maria Josepha Poll}\end{aligned}$$

Das Ergebnis ist ein Element des Universums D. Oder etwas weniger sachlich: die Großmutter Ludwig van Beethovens väterlicherseits.

Beispiel: Eine arithmetische Interpretation

Sei $\mathfrak{I}$ eine Interpretation mit dem Universum $\mathbb{N}_0 = \{0, 1, 2, \ldots\}$.

- Sei g ein zweistelliges Funktionszeichen und seine Interpretation $\varphi(g)$ die Multiplikationsfunktion ($\times$).
- Sei f ein einstelliges Funktionszeichen und seine Interpretation $\varphi(f)$ die Nachfolgerfunktion ($+1$).
- Sei c eine Konstante mit $\varphi(c) = 0$.

Der semantische Wert des Terms $g(f(f(c)), f(c))$ wird wie folgt berechnet:

$$\begin{aligned}\varphi(g(f(f(c)), f(c))) &= \varphi(g)(\varphi(f(f(c))), \varphi(f(c)))\\ &= \varphi(f(f(c))) \times \varphi(f(c))\\ &= \varphi(f)(\varphi(f(c))) \times \varphi(f)(\varphi(c))\\ &= (\varphi(f(c)) + 1) \times (\varphi(c) + 1)\\ &= ((0 + 1) + 1) \times (0 + 1)\\ &= 2 \times 1 = 2\end{aligned}$$

Das Ergebnis ist die natürliche Zahl 2, ein Objekt im Universum $\mathbb{N}_0$.

Die Einführung von Konstanten und Funktionszeichen bereichert unsere Sprache ungemein, sie erfordert aber auch eine Anpassung unseres formalen Systems, insbesondere der Regeln für die Gleichheit. Während unsere bisherigen Grundschlussweisen/ Axiome die Reflexivität, Symmetrie und Transitivität der Gleichheit sowie die Substituierbarkeit in atomaren Formeln sicherstellen, fehlt noch ein entscheidendes Prinzip: die Verträglichkeit der Gleichheit mit Funktionen.

Um sicherzustellen, dass unsere formalen Systeme S und Se auch mit der erweiterten Sprache korrekt und vollständig bleiben, müssen wir es um eine weitere Grundschlussweise ergänzen.

Die funktionale Substitutionsregel (Kongruenzaxiom)

Für jedes n-stellige Funktionszeichen f in unserer Sprache muss die folgende Grundschlussweise zu unserem System hinzugefügt werden – **(Kong)**:

$$s_1 = t_1, \ldots, s_n = t_n \vdash f(s_1, \ldots, s_n) = f(t_1, \ldots, t_n)$$

Dieser weitere Grundschluss besagt intuitiv: Wenn die Argumente einer Funktion paarweise gleich sind, dann sind auch die Ergebnisse der Funktion gleich.

Wohl-definiert

Wenn ein Vollständigkeitsbeweis für Systeme mit Gleichheit geführt wird, konstruieren wir ein kanonisches Modell, deren Domain aus Äquivalenzklassen von Termen besteht. Damit dieses Modell *wohl-definiert* ist, muss die Interpretation von Funktionen und Prädikaten unabhängig von der Wahl der Repräsentanten aus diesen Klassen sein. Das Substitutionsaxiom für Prädikate (G-Basis) sichert dies für atomare Formeln, und die eben eingeführte funktionale Substitutionsregel (Kong) sichert dies für Funktionsausdrücke.

Mit diesem Zusatz ist unsere Sprache und unser formales System nun komplett ausgestattet, um Konsequenzen der metalogischen Sätze zu untersuchen, die wir in den folgenden Abschnitten betrachten werden.

6.2 Korrektheit & Beweisbarkeit

Warum ist der Korrektheitssatz nicht nur eine technische Formalität, sondern ein tiefgreifendes und nützliches Ergebnis? Einer der wichtigsten Gründe liegt in seiner kontrapositiven Form.

Sei Γ eine Formelmenge und A eine Formel der Sprache $\mathcal{L}$, der Satz lautet:

$$\text{Wenn } \Gamma \vdash A\,,\ \text{dann } \Gamma \models A\,.$$

Die Kontraposition davon ist:

$$\text{Wenn } \Gamma \not\models A\,,\ \text{dann } \Gamma \nvdash A\,.$$

In Worten: Wenn eine Folgerung semantisch ungültig ist, dann ist sie auch syntaktisch nicht herleitbar.

Dies gibt uns eine mächtige, kreative Methode an die Hand, um die Grenzen unseres formalen Systems auszuloten. Während das Scheitern, einen Beweis zu finden, uns nie sicher sein lässt, ob es nicht doch einen gibt, den wir nur noch nicht gefunden haben, liefert uns die Semantik in Kombination mit dem Korrektheitssatz ein probates Werkzeug.

Die Methode der Gegenmodelle

Um zu zeigen, dass eine Formel A *nicht* aus einer Menge Γ herleitbar ist ($\Gamma \nvdash A$), genügt es, ein einziges Gegenmodell zu konstruieren. Ein Gegenmodell ist eine Interpretation, in der alle Annahmen in Γ wahr sind, die Konklusion A aber falsch ist. Wenn eine solche Interpretation existiert, haben wir gezeigt, dass $\Gamma \not\models A$ gilt, und dank des Korrektheitssatzes folgt daraus zwingend $\Gamma \nvdash A$.

Ein konkretes Beispiel

Betrachten wir die Behauptung, man könne aus den Prämissen '$\neg P(a)$' und 'Wenn $P(a)$, dann existiert ein Q' darauf schließen, dass 'kein Q existiert'.

- Die Prämissenmenge Γ sei $\{\neg P(a), P(a) \rightarrow \exists x Q(x)\}$.
- Die Konklusion A sei $\neg\exists x Q(x)$.

Der Schluss $\{\neg P(a), P(a) \rightarrow \exists x Q(x)\} \vdash \neg\exists x Q(x)$ ist offenbar nicht korrekt. Dennoch prüfen wir dies, indem wir ein Gegenmodell $\mathfrak{I} = \langle D, \varphi \rangle$ angeben und zwar so, dass Folgendes gilt:

1. $\mathfrak{I} \models \neg P(a)$ (Die Extension von a ist nicht in der Extension von P.)
2. $\mathfrak{I} \models P(a) \rightarrow \exists x Q(x)$ (Die Implikation ist wahr.)
3. $\mathfrak{I} \not\models \neg\exists x Q(x)$ (D. h. $\mathfrak{I} \models \exists x Q(x)$ gilt.)

Konstruieren wir eine solche Interpretation:

- Sei die Domain $D = \{d_1, d_2\}$.
- Sei die Interpretation der freien Individuenvariable a: $\varphi(a) = d_1$.
- Extension von P: $\varphi(P) = \emptyset$. (Damit ist Bedingung 1 erfüllt, da $\varphi(a) = d_1 \notin \emptyset$.)
- Extension von Q: $\varphi(Q) = \{d_2\}$. (Damit ist Bedingung 3 erfüllt, denn es gibt ein Objekt in D, nämlich d_2, das die Eigenschaft Q hat.)

Prüfen wir nun noch Bedingung 2: $\mathfrak{I} \models P(a) \rightarrow \exists x Q(x)$. Da in unserer Interpretation $P(a)$ falsch ist, ist die Implikation gemäß der klassischen Semantik automatisch wahr.

Wir haben also erfolgreich eine Interpretation gefunden, unter der alle Prämissen wahr sind, aber die Konklusion falsch ist. Es gilt also:

$$\neg P(a), P(a) \rightarrow \exists x Q(x) \not\models \neg \exists x Q(x)$$

Dank des Korrektheitssatzes dürfen wir nun mit Sicherheit schließen:

$$\neg P(a), P(a) \rightarrow \exists x Q(x) \nvdash \neg \exists x Q(x)$$

Keine noch so lange und komplizierte Herleitung in unserem formalen System S wird jemals zu diesem Ergebnis führen. Dies zeigt, wie uns semantische Überlegungen definitive Antworten über die Grenzen syntaktischer Transformationen geben können.

Das ist ein Beispiel für den **Fehlschluss der Verneinung des Antezedens** (Denying the Antecedent). Ein weiterer bekannter Fehlschluss ist **Bejahung des Konsequens** (Affirming the Consequent) – Beispiel:

$$\exists x Q(x), P(a) \rightarrow \exists x Q(x) \not\models P(a)$$

Damit klarerweise auch:

$$\exists x Q(x), P(a) \rightarrow \exists x Q(x) \nvdash P(a)$$

6.3 Konservative Erweiterungen

Bisher haben wir formale Systeme (etwa S, Se, ...) betrachtet. Diese geben uns einen allgemeinen Herleitbarkeitsbegriff ($\vdash$) für eine gegebene Sprache. Eine *Theorie* hingegen ist spezifischer. Sie besteht aus einer Menge von nicht-logischen Axiomen, die einen bestimmten mathematischen oder empirischen Gegenstandsbereich beschreiben (sollen).

Definition 6.3: Theorie

Eine Theorie T in einer Sprache $\mathcal{L}$ ist der deduktive Abschluss einer festgelegten Menge von $\mathcal{L}$-Formeln, die wir die Axiome/Grundschlussweisen von T nennen. Eine Formel A ist ein Theorem von T (geschrieben T $\vdash A$), wenn sie aus der Menge der Axiome von T herleitbar ist.

Beispiele sind die Peano-Arithmetik, Abschnitt 6.4 (mit Axiomen für die natürlichen Zahlen), oder die Zermelo-Fraenkel-Mengenlehre, Absatz 6.5. Eine besondere Theorie ist die *leere* Theorie, die keine Axiome hat – im Sinne von keine Axiome, die über die Axiome der Logik hinausgehen. Ihre Theoreme sind genau die logisch wahren Formeln. Oft möchte man eine bestehende Theorie T um neue Axiome oder neue Symbole erweitern, um mehr ausdrücken zu können. Dabei stellt sich eine entscheidende Frage: Verändert die Erweiterung unsere alte Theorie, indem sie neue Sätze in der alten Sprache beweisbar macht, die vorher nicht beweisbar waren? Das Konzept der konservativen Erweiterung gibt darauf eine Antwort.

Definition 6.4: Konservative Erweiterung

Eine Theorie T′ (in einer Sprache $\mathcal{L}'$) ist eine konservative Erweiterung einer Theorie T (in einer Sprache $\mathcal{L}$, wobei $\mathcal{L} \subseteq \mathcal{L}'$), wenn gilt: Für jede Formel A, die nur Symbole der ursprünglichen Sprache $\mathcal{L}$ verwendet (d. h., A ist eine $\mathcal{L}$-Formel), folgt aus der Beweisbarkeit von A in T′ (T′ $\vdash A$) bereits die Beweisbarkeit von A in T (T $\vdash A$).

$$\text{Für alle } \mathcal{L}\text{-Formeln } A: \quad (\mathrm{T}' \vdash A \implies \mathrm{T} \vdash A)$$

Eine konservative Erweiterung fügt also keine neuen Theoreme in der alten Sprache hinzu. Sei das formale System Sr wie S definiert, aber die Identität wird nicht als logisches Prädikat betrachtet, d. h. Sr kommt ohne die Grundschlussweisen der Gleichheit aus, dann gilt:

Theorem 21 (Konservative Erweiterung). S *ist eine konservative Erweiterung von* Sr.

Beweisstrategie:

Wir verwenden den Vollständigkeits- und Korrektheitssatz für beide Systeme. Nach der Definition von konservativer Erweiterung müssen wir zeigen: Wenn eine Formel A von $\mathcal{L}_r$ in S beweisbar ist, dann ist sie auch in Sr beweisbar. Der Beweis erfolgt *per Kontraposition* in der Metasprache: Wir zeigen, dass wenn eine $\mathcal{L}_r$-Formel A in Sr *nicht* herleitbar ist, dann ist A auch in S *nicht* herleitbar.

Beweis:

Sei A eine beliebige Formel in der Sprache $\mathcal{L}_r$.

1. Wir nehmen an, A ist in Sr *nicht* herleitbar:

   $$\nvdash_{\mathrm{Sr}} A$$

2. Vollständigkeitssatz für Sr: Nach dem Vollständigkeitssatz für Sr bedeutet dies, dass es eine Sr-Interpretation $\mathfrak{I} = \langle D, \varphi \rangle$ gibt, unter der A falsch ist:

   $$\mathfrak{I} \nvDash A$$

   Die Interpretationsfunktion φ ist hier nur für die Symbole in $\mathcal{L}_r$ definiert.

3. Konstruktion einer S-Interpretation: Wir konstruieren aus $\mathfrak{I}$ eine Interpretation $\mathfrak{I}' = \langle D, \varphi' \rangle$ für die erweiterte Sprache $\mathcal{L}$:
   - Wir verwenden dieselbe Domain D.
   - Wir übernehmen die Interpretation für alle Symbole aus $\mathcal{L}_r$: $\varphi'(S) = \varphi(S)$ für alle $S \in \mathcal{L}_r$.
   - Wir definieren die Interpretation des Gleichheitssymbols = als die *Identität* auf der Domain D:

   $$\varphi'(=) = \{\langle d, d \rangle \mid d \in D\}$$

4. Überprüfung der Gültigkeit von $\mathfrak{I}'$ für S: Wir müssen zeigen, dass $\mathfrak{I}'$ eine S-Interpretation ist. Da es bereits eine Sr-Interpretation ist, genügt es zu zeigen, dass die neuen Grundschlussweisen für die Gleichheit in $\mathfrak{I}'$ gültig sind.
   - Grundschlussweise (G1): $\vdash a = a$
     (G1) ist also in $\mathfrak{I}'$ gültig – wie wir wissen.
   - Grundschlussweise (G2): $a = b, A[a] \vdash A[b]$
     Wir müssen zeigen: Wenn $\mathfrak{I}' \models a = b$ und $\mathfrak{I}' \models A[a]$, dann gilt auch $\mathfrak{I}' \models A[b]$. Auch das wissen wir bzw. können wir schon.

   Da $\mathfrak{I}'$ alle Regeln von S gültig macht, ist es ein *bona fide* S-Modell.
5. Wahrheitswert von A unter $\mathfrak{I}'$: Da die Formel A kein Gleichheitssymbol enthält und die Interpretation φ' für alle in A vorkommenden Symbole mit φ übereinstimmt, muss der Wahrheitswert von A in $\mathfrak{I}'$ derselbe sein wie in $\mathfrak{I}$. Aus $\mathfrak{I} \not\models A$ folgt also:

   $$\mathfrak{I}' \not\models A$$

6. Korrektheitssatz für S: Wir haben eine S-Interpretation $\mathfrak{I}'$ gefunden, unter der A falsch ist. Nach dem Korrektheitssatz für S kann A daher in S *nicht* herleitbar sein:

   $$\nvdash_S A$$

7. Daher: Wenn eine $\mathcal{L}_r$-Formel A in Sr nicht herleitbar ist, dann ist sie auch in S nicht herleitbar. Durch Kontraposition folgt: Wenn eine $\mathcal{L}_r$-Formel A in S herleitbar ist, dann ist sie auch in Sr herleitbar.

Dies beweist, dass S eine konservative Erweiterung von Sr ist.

Ein Beispiel für Konservativität in der Philosophie: Hartry Field hat in seinem Buch *Science without Numbers* [Fie08] eine Position des **mathematischen Fiktionalismus** entwickelt. Dabei werden mathematische Objekte wie etwa Zahlen und Mengen als *nützliche Fiktionen* betrachtet. Seine Position ist dabei eine Art mathematischer Nominalismus. Wir erwähnen das in diesem Kontext, da für Fields Untersuchungen konservative Erweiterungen von Theorien wesentlich sind – und zwar funktioniert das im Kern so:

1. Die nominalistische Theorie (die nur physikalische Objekte als Objekt zulässt, keine Zahlen) kann als Basis betrachtet werden.
2. Wird diese Theorie einer mathematischen Theorie hinzugefügt, resultiert das klarerweise in einer erweiterten Theorie.
3. Diese erweiterte Theorie ist nun aber konservativ und zwar in diesem Sinne: Jede physikalische Konsequenz (die formulierbar in der Sprache der nominalistischen Theorie ist), die man mithilfe der Mathematik herleitet (und damit auch in der Sprache der erweiterten Theorie), kann auch schon ohne den mathematischen Teil in der rein nominalistischen Theorie (und damit in der Sprache der nominalistischen Theorie) hergeleitet werden.

6.4 Die Existenz von Nicht-Standardmodellen

Bevor wir uns jetzt der Peano-Arithmetik zuwenden, formulieren wir (zwei Versionen) des Kompaktheitssatzes:

Theorem 22 (Kompaktheit).
Sei Φ eine Formelmenge und sei A eine Formel der formalen Sprache $\mathcal{L}$:

1. *$\Phi \models A$ gdw. es gibt eine endliche Teilmenge Δ von Φ, sodass gilt: $\Delta \models A$.*
2. *Mod(Φ) gdw. für alle endlichen Teilmengen Δ von Φ gilt: Mod(Δ).*

Beweisskizze:

Der Beweis ergibt sich direkt aus den (beiden Versionen) des Korrektheits- und Vollständigkeitssatzes.

Wir setzen fort und definieren eine **Sprache der Arithmetik**, $\mathcal{L}_{PA}$, dazu benötigen wir:

- Eine Konstante: $\overline{0}$ (für die Null).
- Ein einstelliges Funktionszeichen: $\overline{S}$ (für die Nachfolgerfunktion).
- Zwei zweistellige Funktionszeichen: $\overline{+}$ (Addition) und $\overline{\times}$ (Multiplikation).

Wir definieren den Term $\overline{1}$ als Abkürzung für $\overline{S}(\overline{0})$, $\overline{2}$ als $\overline{S}(\overline{S}(\overline{0}))$ und so weiter. Diese Terme nennen wir *Numerale* oder *Ziffern*.

Nun definieren wir induktiv Terme der Sprache $\mathcal{L}_{PA}$:

Definition 6.5: Induktive Definition der Terme von $\mathcal{L}_{PA}$

1. $\overline{0}$ ist ein Term von $\mathcal{L}_{PA}$.
2. Sind s und t Terme von $\mathcal{L}_{PA}$, dann sind auch $\overline{S}(s)$, $s\overline{+}t$ und $s\overline{\times}t$ Terme von $\mathcal{L}_{PA}$.

Die Definition von wohlgeformten Formeln von $\mathcal{L}_{PA}$ können Sie schon selbst erbingen!

Die Axiome/Grundschlussweisen von PA

Die Theorie der Peano-Arithmetik besteht aus den folgenden Axiomen (bzw. Axiomenschemata):

(PA1) $\forall x(x \overline{+} \overline{0} = x)$

(PA2) $\forall x \forall y(x \overline{+} \overline{S}(y) = \overline{S}(x \overline{+} y))$

(PA3) $\forall x(x \overline{\times} \overline{0} = \overline{0})$

(PA4) $\forall x \forall y(x \overline{\times} \overline{S}(y) = (x \overline{\times} y) \overline{+} x)$

(PA5) $\forall x(\overline{S}(x) \neq \overline{0})$

(PA6) $\forall x \forall y(\overline{S}(x) = \overline{S}(y) \rightarrow x = y)$

(PA7) **Induktionsschema:** Für jede Formel A der Sprache $\mathcal{L}_{\mathsf{PA}}$ ist das folgende ein Axiomschema:

$$(A[\overline{0}] \wedge \forall x(A[x] \rightarrow A[\overline{S}(x)])) \rightarrow \forall x A[x]$$

Die Existenz von Nicht-Standardmodellen

Zunächst geben wir das sogenannte Standardmodell an.

Das Standardmodell $\mathcal{N}$

Es gibt eine intendierte Interpretation für diese Theorie: das Standardmodell der Arithmetik, $\mathcal{N} = \langle \mathbb{N}_0, \varphi \rangle$.

- Das Universum ist die Menge der natürlichen Zahlen $\mathbb{N}_0 = \{0, 1, 2, \ldots\}$.
- Die Interpretation φ bildet die Symbole erwartungsgemäß ab: $\varphi(\overline{0}) = 0$, $\varphi(\overline{S})$ ist die Nachfolgerfunktion, $\varphi(\overline{+})$ die Addition etc.

Alle Axiome von PA sind in diesem Modell wahr.

Die Konstruktion

Wir konstruieren nun eine neue Theorie, um die Grenzen von PA aufzuzeigen.

1. Sei $Th(\mathcal{N})$ die Menge aller Sätze der Sprache $\mathcal{L}_{\mathsf{PA}}$, die im Standardmodell $\mathcal{N}$ wahr sind. Dies ist die vollständige Theorie der wahren Arithmetik. Da $\mathcal{N}$ ein Modell von PA ist, gilt PA $\subseteq Th(\mathcal{N})$.
2. Wir erweitern unsere Sprache um eine neue, frische Konstante c.
3. Wir definieren eine neue, unendliche Menge von Axiomen Ψ, die besagt, dass c verschieden von jeder natürlichen Zahl ist:

$$\Psi := \{c \neq \overline{0}, \quad c \neq \overline{1}, \quad c \neq \overline{2}, \quad \ldots\}$$

4. Wir betrachten nun die unendliche Theorie $\mathsf{T} = Th(\mathcal{N}) \cup \Psi$.

Anwendung des Kompaktheitssatzes

Hat die Theorie T ein Modell? Nach dem Kompaktheitssatz müssen wir nur prüfen, ob *jede endliche Teilmenge* von T ein Modell hat.

Sei Δ eine beliebige endliche Teilmenge von T.

- Δ enthält eine (endliche) Menge von Sätzen aus $Th(\mathcal{N})$ und eine endliche Menge von Axiomen aus Ψ.
- Die endliche Menge von Axiomen aus Ψ wird von der Form $\{c \neq \overline{0}, \ldots, c \neq \overline{k}\}$ sein, für eine bestimmte größte natürliche Zahl k.
- *Hat Δ ein Modell?* Ja! Wir können das Standardmodell $\mathcal{N}$ nehmen und die Interpretation für die neue Konstante c geschickt wählen. Wir interpretieren c einfach als eine natürliche Zahl, die größer ist als k. Sei zum Beispiel $\varphi(c) = k + 1$.
- In diesem Modell sind alle Sätze aus $Th(\mathcal{N})$ wahr (da wir ja im Standardmodell sind) und alle Ungleichungen in Δ (wie $c \neq \overline{k}$) sind ebenfalls wahr, da $k + 1 \neq k$.
- Also hat jede endliche Teilmenge von T ein Modell.

Nach dem Kompaktheitssatz muss dann auch die gesamte unendliche Theorie T ein Modell haben. Nennen wir es $\mathcal{N}^*$.

Die Konsequenz: Das Nicht-Standardmodell

Was sind die Eigenschaften dieses Modells $\mathcal{N}^*$?

- Da $\mathcal{N}^*$ ein Modell von $Th(\mathcal{N})$ ist, erfüllt es exakt dieselben Formeln wie das Standardmodell. Aus der Sicht der Logik erster Stufe ist es vom Standardmodell ununterscheidbar. Wir können das auch so formulieren: $\mathcal{N}^*$ und $\mathcal{N}$ elementar äquivalent, denn sie erfüllen dieselbe Theorie $Th(\mathcal{N})$ der ersten Stufe.
- Aber $\mathcal{N}^*$ ist auch ein Modell für Ψ. Das bedeutet, das Objekt, das die Konstante c interpretiert, nennen wir es c^*, ist von der Interpretation aller Numerale verschieden: $c^* \neq 0, c^* \neq 1, c^* \neq 2, \ldots$.
- Die Domain von $\mathcal{N}^*$ enthält also nicht nur Standardzahlen, sondern zusätzlich mindestens ein *Nicht-Standard*element c^*, das verschieden ist von jeder natürlichen Zahl.

Dies zeigt, dass keine Theorie der ersten Stufe, nicht einmal die vollständige Menge aller wahren arithmetischen Sätze, die natürlichen Zahlen eindeutig (bis auf Isomorphie) beschreiben kann. Jede solche Theorie lässt zwangsläufig auch die Existenz von Modellen mit noch größerer Domain zu.

6.5 Die Größe von Modellen

Wir wenden uns nun einer Konsequenz des Vollständigkeitssatzes zu, die zu einer philosophischen Debatte geführt hat: dem (Downward-)Satz von Löwenheim-Skolem. Er macht eine verblüffende Aussage über die *Größe* von Modellen und führt, wenn man ihn auf die Mengenlehre anwendet, zu einem berühmten scheinbaren Widerspruch, bekannt als *Skolems Paradoxon.*

Das Gegenstück ist das *Upward-Löwenheim-Skolem-Theorem,* welches besagt, dass Theorien nicht nur kleine, sondern auch beliebig große Modelle haben, sofern sie überhaupt ein unendliches Modell besitzen.

Der Satz von Löwenheim-Skolem (downward)

Um das Problem zu verstehen, betrachten wir die Standardtheorie der Mengen, die Zermelo-Fraenkel-Mengenlehre mit Auswahlaxiom (ZFC).

Sprache und Axiome

Die Sprache von ZFC ist erstaunlich einfach. Sie besteht nur aus dem logischen Gleichheitsprädikat '=' und einem einzigen zweistelligen nicht-logischen Prädikat: '∈' (Element-Sein). Alle anderen mengentheoretischen Begriffe werden daraus definiert.

Die Theorie ZFC selbst besteht aus einer Reihe von Axiomen, welche die grundlegenden Eigenschaften von Mengen postulieren. Wir geben hier die intuitive Bedeutung der wichtigsten Axiome an und zeigen exemplarisch, wie diese in der formalen Sprache aussehen.

- **Extensionalitätsaxiom:** Zwei Mengen sind gleich, wenn sie dieselben Elemente haben.

  $\forall x \forall y (\forall z (z \in x \leftrightarrow z \in y) \rightarrow x = y)$

- **Paarmengenaxiom:** Zu je zwei Mengen gibt es eine Menge, die genau diese beiden enthält.

  $\forall x \forall y \exists z \forall w (w \in z \leftrightarrow w = x \vee w = y)$

- **Aussonderungsschema:** Zu jeder Menge x und jeder Eigenschaft P (die durch eine Formel A der Sprache ausdrückbar ist) gibt es eine Teilmenge von x, die genau die Elemente enthält, die P erfüllen.

  $\forall x \exists y \forall z (z \in y \leftrightarrow z \in x \wedge A[z])$ – wobei y nicht in A vorkommt.

- **Potenzmengenaxiom:** Zu jeder Menge gibt es die Menge all ihrer Teilmengen. $\forall x \exists y \forall z (z \in y \leftrightarrow z \subseteq x)$ – wobei $z \subseteq x$ wie folgt definiert ist: $\forall w (w \in z \rightarrow w \in x)$.

- **Unendlichkeitsaxiom:** Es existiert mindestens eine unendliche Menge. (Denken Sie an die Menge der natürlichen Zahlen, $\mathbb{N}$.)

  $\varnothing$ ist als die Menge ohne Elemente, die leere Menge, definiert.

$\exists x\,(\varnothing \in x \wedge \forall y(y \in x \to y \cup \{y\} \in x))$ – wobei die Vereinigung von x und y, $x \cup y$, definiert ist als die Menge aller z, für die gilt: $z \in x \vee z \in y$; $\{y\}$ ist die Menge, die nur y enthält: $\forall w(w \in \{y\} \leftrightarrow w = y)$.

- **Fundierungsaxiom:** Jede nicht-leere Menge x hat ein $\in$-minimales Element (d. h. ein Element $y \in x$, das keine gemeinsamen Elemente mit x hat). Dies schließt z. B. $z \in z$ aus.

  $\forall x(x \neq \varnothing \to \exists y(y \in x \wedge y \cap x = \varnothing))$ – wobei der Durchschnitt von x und y, $x \cap y$, definiert ist als die Menge aller z, für die gilt: $z \in x \wedge z \in y$.
- **Vereinigungsaxiom:** Für jede Menge x existiert die Vereinigung ihrer Elemente.

  $\forall x \exists y \forall z(z \in y \leftrightarrow \exists w(z \in w \wedge w \in x))$

  Die folgenden Axiome sind zwar von zentraler Wichtigkeit in der Mengenlehre, aber bedeutend komplexer, und werden deswegen hier nur angeführt.
- **Ersetzungsschema:** Das Bild einer Menge unter einer funktionalen Relation ist wieder eine Menge.
- **Auswahlaxiom:** Zu jeder Familie von nicht-leeren, paarweise disjunkten Mengen gibt es eine *Auswahlmenge*, die aus jeder dieser Mengen genau ein Element enthält. Im Englischen wird das *Axiom of Choice* genannt, das C in ZFC.

Beispiel 6.1: Leere Menge, Cantors Diagonalisierung

Wir besprechen sehr weit entfernte Mengen: die leere Menge und eine überabzählbare Menge.

Leere Menge – eine kleine Beobachtung: Nach dem Unendlichkeitsaxiom gibt es eine Menge. Nach dem Aussonderungsaxiom gibt es dann eine Teilmenge mit dem sie definierenden Prädikat $v \neq v$. Diese Menge ist die leere Menge, da kein Element verschieden von sich selbst ist. Wir bezeichnen sie mit $\varnothing$. Wie viele leere Mengen gibt es? Mindestens eine, das haben wir uns gerade überlegt. Durch Extensionalitätsaxiom ergibt sich, dass es höchstens eine leere Menge gibt, **also gibt es genau eine leere Menge**. Die leere Menge wird durch $\varnothing$ dargestellt. Wir haben damit gezeigt, dass es *die* leere Menge gibt.

Die Menge der natürlichen Zahlen wird in der Mengenlehre üblicherweise nach von Neumann interpretiert: $0 := \varnothing, 1 := \{0\} = \{\varnothing\}, 2 := \{0, 1\} = \{\varnothing, \{\varnothing\}\}, n{+}1 := n \cup \{n\}$. Ohne das Unendlichkeitsaxiom gäbe es zwar jede einzelne dieser Zahlen als Menge, aber es gäbe keine Menge, die alle diese Zahlen gleichzeitig enthält. Die Menge $\mathbb{N}$ (oft als ω bezeichnet) ist definiert als die kleinste induktive Menge, deren Existenz durch dieses Axiom garantiert wird. Dabei wird *induktiver Menge*, **Ind** so definiert: $\emptyset \in \mathbf{Ind} \wedge \forall x(x \in \mathbf{Ind} \to x \cup \{x\} \in \mathbf{Ind}))$. Eine Instanz des Unendlichkeitsaxioms sagt nun: Es gibt eine Menge Ind, die die leere Menge enthält, und für jedes Element x, das in Ind liegt, ist auch dessen *Nachfolger* $(x + 1)$ in Ind.

Cantors Diagonalisierung: Das Unendlichkeitsaxiom behauptet, dass es eine unendliche Menge gibt, nämlich $\mathbb{N}$. Nach dem Potenzmengenaxiom gibt es auch die Potenzmenge von $\mathbb{N}$, geschrieben: $\wp(\mathbb{N})$. Ist $\wp(\mathbb{N})$ abzählbar unendlich? Nein. Diese Menge ist mächtiger, nämlich überabzählbar. Georg Cantor (der Begründer der Mengentheorie) hat mit einem Diagonalisierungsargument gezeigt, dass $\wp(\mathbb{N})$ überabzählbar unendlich ist. Geoffrey Hunter hat in seinem Buch [Hun73] eine besonders anschauliche Diagonalisierung vorgestellt; diese zeigen wir hier.

Offensichtlich ist die Menge aller Teilmengen der natürlichen Zahlen nicht endlich. Denn jeder natürlichen Zahl entspricht die Menge, die diese natürliche Zahl als einziges Element enthält; es gibt abzählbar unendlich viele solcher Mengen, und jede ist eine Teilmenge der natürlichen Zahlen.

Wir konstruieren eine Menge **Diag**, die eine Teilmenge der natürlichen Zahlen ist. Durch ihre Konstruktion unterscheidet sich **Diag** jedoch von jeder Menge M_n in der ursprünglichen Liste an der Position n. Insbesondere gilt für jedes n, dass $n \in$ **Diag** genau dann, wenn $n \notin M_n$. Dies bedeutet, dass **Diag** nicht identisch mit irgendeiner M_n in der angenommenen 1-1-Korrespondenz sein kann, was einen Widerspruch zu der Annahme darstellt, dass eine solche Korrespondenz existiert. Daher ist die Menge aller Teilmengen der natürlichen Zahlen überabzählbar. Erinnern Sie sich noch an Beispiel 3.1?

Angenommen, die behauptete 1-1-Korrespondenz zwischen den natürlichen Zahlen und der Menge all ihrer Teilmengen beginnt wie folgt:

0	$\leftrightarrow$	die Menge aller natürlichen Zahlen, $\mathbb{N}$
1	$\leftrightarrow$	die leere Menge, $\varnothing$
2	$\leftrightarrow$	die Menge aller geraden Zahlen, $2\mathbb{Z}$
3	$\leftrightarrow$	die Menge aller ungeraden Zahlen, $2\mathbb{Z} - 1$
4	$\leftrightarrow$	die Menge aller Primzahlen, $\mathbb{P}$
5	$\leftrightarrow$	die Menge aller Quadratzahlen, $\{n^2 \mid n \in \mathbb{N}\}$
6	$\leftrightarrow$	die Menge aller Kubikzahlen, $\{n^3 \mid n \in \mathbb{N}\}$
$\vdots$		$\vdots$

Wir stellen dies in einer Tabelle dar, wobei für jede natürliche Zahl n in der ersten Spalte angezeigt wird, ob sie ein Element der ihr zugeordneten Menge ist. 'Ja' bedeutet, die Zahl ist Element der Menge; 'Nein' bedeutet, sie ist es nicht.

Zahl	0	1	2	3	4	5	6	7	8	...	Menge
0	Ja	Ja	Ja	Ja	Ja	Ja	Ja	Ja	Ja	...	$\mathbb{N}$
1	Nein	Nein	Nein	Nein	Nein	Nein	Nein	Nein	Nein	...	$\varnothing$
2	Ja	Nein	Ja	Nein	Ja	Nein	Ja	Nein	Ja	...	$2\mathbb{Z}$
3	Nein	Ja	Nein	Ja	Nein	Ja	Nein	Ja	Nein	...	$2\mathbb{Z} - 1$
4	Nein	Nein	Ja	Ja	Nein	Ja	Nein	Ja	Nein	...	$\mathbb{P}$
5	Ja	Ja	Nein	Nein	Ja	Nein	Nein	Nein	Nein	...	$\{n^2 \mid n \in \mathbb{N}\}$
6	Ja	Nein	Nein	Nein	Nein	Nein	Ja	Nein	Nein	...	$\{n^3 \mid n \in \mathbb{N}\}$
$\vdots$	$\vdots$	$\vdots$	$\vdots$	$\vdots$	$\vdots$	$\vdots$	$\vdots$	$\vdots$	$\vdots$	$\ddots$	$\vdots$

Jetzt geht's weiter!

Ein Paradoxon?

Eine problematische Behauptung von ZFC: Innerhalb des Systems ZFC kann man die Existenz von verschieden großen unendlichen Mengen beweisen. Insbesondere beweist ZFC einen Satz (ein Theorem von Cantor), der besagt: Es existiert eine überabzählbare Menge (z. B. die Potenzmenge der natürlichen Zahlen). Benennen wir diesen Satz mit: A_{ue}.

$$\text{ZFC} \vdash A_{ue}$$

Der Vollständigkeitssatz hat jedoch eine direkte und eine (auf den ersten und vermutlich auch zweiten Blick) merkwürdige Konsequenz, bekannt als der (Downward) Satz von Löwenheim-Skolem.

Downward-Löwenheim-Skolem:

Satz 5 (Downward-Löwenheim-Skolem). *Sei* T *eine widerspruchsfreie Theorie in einer abzählbaren Sprache* $\mathcal{L}$. *Sei* Γ *die Menge aller Formeln der Theorie* T, *die in ihr herleitbar sind; man sagt auch:* Γ *ist der logische Abschluss von* T. *Dann hat* Γ *ein Modell, dessen Domain höchstens abzählbar unendlich ist.*

Beweis des Satzes:

Der Beweis ist eine direkte Konsequenz der Methode, die wir im Vollständigkeitsbeweis verwendet haben.

1. Wir starten mit der widerspruchsfreien Menge Γ von Formeln der Sprache $\mathcal{L}$.
2. Nach der Lindenbaum-Henkin-Methode können wir Γ zu einer saturierten Menge Γ^* in einer erweiterten Sprache $\mathcal{L}_{\mathcal{H}}$ erweitern. Diese neue Sprache ist immer noch abzählbar.
3. Nach Henkins Lemma hat diese saturierte Menge Γ^* ein kanonisches Modell $\mathfrak{I}$.
4. Das Universum dieses Modells, D, bestand aus den (Äquivalenzklassen der) Termen der Sprache $\mathcal{L}_{\mathcal{H}}$. Da die Sprache $\mathcal{L}_{\mathcal{H}}$ abzählbar viele Symbole hat, kann man daraus auch nur abzählbar viele Terme bilden. Das Universum D ist also abzählbar.
5. Da dieses Modell $\mathfrak{I}$ ein Modell für Γ^* ist und $\Gamma \subseteq \Gamma^*$, ist es auch ein Modell für die ursprüngliche Menge Γ.

Wir haben also gezeigt: Wenn eine Theorie überhaupt ein (beliebig großes) Modell hat, dann hat sie auch ein abzählbares Modell.

Das Paradoxon und seine Auflösung?

Damit gibt es nun ein Problem, denn:

1. ZFC ist (vermutlich) widerspruchsfrei, damit hat ZFC (betrachtet als eine Menge von Formeln) ein Modell – wegen Vollständigkeit. Also hat ZFC nach Löwenheim-Skolem ein *abzählbares Modell* $\mathfrak{I}_{abz}$.
2. In diesem Modell muss der Satz A_{ue} ('Es gibt eine überabzählbare Menge') wahr sein, da er ja aus den Axiomen folgt.

Aber wie kann das sein? Jetzt beweist ZFC doch, dass es überabzählbare Mengen gibt? Wie kann es also sein, dass in diesem Modell dessen Universum abzählbar groß ist, so ein Satz 'Es gibt eine überabzählbare Menge' wahr ist?

Irgendetwas hat sich verändert.

Die Lösung, die Thoralf Skolem [Sko22] vorgeschlagen hat, basiert auf einer subtilen Unterscheidung von der **Innenperspektive** des Modells und der **Außenperspektive** auf das Modell. Eine wesentliche Beobachtung, die Skolem durch die zwei Perspektiven machen kann, ist, dass 'Abzählbarkeit' und 'Überabzählbarkeit' keine *absoluten* Begriffe sind. Dieses Paradoxon hat jedenfalls eine große Debatte ausgelöst. Lesen Sie selbst weiter, etwa in dem bereits zitierten Buch [BW18] oder [Bay25].

Der Satz von Löwenheim-Skolem (Upward)

Der (Downward-)Satz von Löwenheim-Skolem hat uns gezeigt, wenn eine Theorie ein Modell hat, dann hat sie auch ein abzählbar unendliches Modell. Dass das Modell immer noch abzählbar unendlich ist, liegt daran, dass es genauso viele freie Individuenvariablen wie natürliche Zahlen gibt. Dies ist eine Seite der Medaille. Die andere ist die: Wenn eine Theorie ein kleines (aber unendliches) Modell hat, dann kann man das auch zu einem beliebig großen Modell erweitern. Das besagt das *Upward-Löwenheim-Skolem-Theorem*. Die Logik der ersten Stufe ist damit nicht besonders gut geeignet, die Größe von Modellen festzulegen. Für den Beweis des Theorems benötigen wir den Kompaktheitssatz – vermutlich haben Sie sich das schon gedacht! Einmal noch: Eine Menge von Formeln Γ hat genau dann ein Modell, wenn jede endliche Teilmenge von Γ ein Modell hat.

Wir verstehen unter einer Theorie wiederum den logischen Abschluss einer Formelmenge. Das Theorem besagt Folgendes:

Satz 6 (Upward-Löwenheim-Skolem). *Sei* T *eine Theorie in einer abzählbaren Sprache, die ein unendliches Modell hat. Dann hat* T *für jede unendliche Kardinalzahl* κ *auch ein Modell der Mächtigkeit* κ.

Der Beweis des Upward-Theorems kann wiederum mit dem Kompaktheitssatz geführt werden.

6.6 Elementare Äquivalenz & Isomorphie

Weil es doch zur Größe von Modellen passt und die beiden modelltheoretischen Begriffe von Relevanz sind, definieren wir die Begriffe der *elementaren Äquivalenz* und der *Isomorphie* wie folgt:

Definition 6.6: Elementare Äquivalenz

Es seien zwei Interpretationen $\mathfrak{I}_1$, and $\mathfrak{I}_2$ der Sprache $\mathcal{L}$ gegeben. $\mathfrak{I}_1$ ist elementar äquivalent mit $\mathfrak{I}_2$ (notiert als: $\mathfrak{I}_1 \equiv \mathfrak{I}_2$) :gdw. für jede Formel A von $\mathcal{L}$: gilt $\mathfrak{I}_1 \models A$ gdw. if $\mathfrak{I}_2 \models A$.

Machen wir doch ein paar Beispiele!

Beispiel 6.2 Wir betrachten zwei bekannte Beispiele aus der Mathematik.

Beispiel 1: Die Symbolmenge $\mathcal{S}$ sei $\{=\}$. Uns interessieren diese Formeln:

- $\exists x(x = x)$ (Es gibt mindestens ein Objekt.)
- $\exists x \exists y \neg(x = y)$ (Es gibt mindestens zwei Objekte.)
- $\exists x \exists y \exists z(\neg(x = y) \wedge \neg(y = z) \wedge \neg(y = z))$ (Es gibt mindestens drei Objekte.)
- $\vdots$

Dann bilden wir zwei Interpretationen $\mathfrak{I}_1 = \langle \mathbb{N}, \varphi \rangle$ und $\mathfrak{I}_2 = \langle \mathbb{R}, \varphi \rangle$.

Es gilt, dann $\mathfrak{I}_1 \models \exists x \exists y \neg(x = y)$ gdw. $\mathfrak{I}_2 \models \exists x \exists y \neg(x = y)$ usw.

Nun ist es so, dass $\mathbb{N}$ abzählbar unendlich und $\mathbb{R}$ überabzählbar unendlich ist. Unterschiede, die in dieser Sprache/Symbolmenge nicht ausdrückbar sind.

Beispiel 2: Dazu starten wir mit der Symbolmenge $\mathcal{S}$ sei $\{<\}$. Zwei Eigenaxiome:

- $\forall x \exists y(y > x)$ (Es gibt kein größtes Element.)
- $\forall x \forall y(x < y \rightarrow \exists z(x < z \wedge z < y))$ (Die Ordnung ist dicht.)

Dann lässt sich zeigen, dass $\mathfrak{I}_1 = \langle \mathbb{Q}, \varphi \rangle$ und $\mathfrak{I}_2 = \langle \mathbb{R}, \varphi \rangle$ elementar äquivalent im Sinne der Definition sind. Elementare Äquivalenz ist oft sprachabhängig, d. h., in einer ausdrucksärmeren Sprache können zwei Interpretationen elementar äquivalent sein, aber in einer ausdruckstärkeren nicht mehr.

Jetzt definieren wir noch, was es heißt, dass zwei Interpretationen isomorph sind. Isomorphe Interpretationen haben die Eigenschaft, dass sie logisch betrachet *ununterscheidbar* sind. Es kann sein, dass die eine Interpretation über Äpfel und Birnen spricht, die andere über Buchstaben und Ziffern. Eine Isomorphie abstrahiert von den Gegenständen und fokussiert auf die Beziehungen/Relationen.

Definition 6.7: Isomorph

Es seien zwei Interpretationen $\mathfrak{I}_1 = \langle D_1, \varphi_1 \rangle$ und $\mathfrak{I}_2 = \langle D_2, \varphi_2 \rangle$ der Sprache $\mathcal{L}$ gegeben. $\mathfrak{I}_1$ ist isomorph mit $\mathfrak{I}_2$ (notiert als: $\mathfrak{I}_1 \simeq \mathfrak{I}_2$) :gdw. es gibt eine bijektive Funktion $\pi\colon D_1 \mapsto D_2$, sodass gilt:

1. Für jede freie Individuenvariable a von $\mathcal{L}$: $\pi(\varphi_1(a)) = \varphi_2(a)$.
2. Für jede Individuenkonstante c von $\mathcal{L}$: $\pi(\varphi_1(c)) = \varphi_2(c)$.
3. Für jedes n-stellige f Funktionszeichen von $\mathcal{L}$, für alle $d_1,, \ldots, d_n \in D_1$:

   $\pi(\varphi_1(f)(d_1, \ldots, d_n)) = \varphi_2(f)(\pi(d_1), \ldots, \pi(d_n))$.
4. Für jedes n-stelliges Prädikat P von $\mathcal{L}$, für alle $d_1, \ldots, d_n \in D_1$:

   $\langle d_1, \ldots, d_n \rangle \in \varphi_1(P)$ gdw. $\langle \pi(d_1), \ldots, \pi(d_n) \rangle \in \varphi_2(P)$.

Betrachten wir ein Beispiel, das Diego schätzen könnte!

Beispiel 6.3: Zwei Hundeknochen

Die Symbolmenge bestehe nur aus dem zweistelligen Prädikat R und sechs Individuenkonstanten $c_1, c_2, c_3, c_4, c_5.c_6$. Dann geben wir zwei Interpretationen an:

$\mathfrak{I}_1 = \langle D_1, \varphi_1 \rangle$

- Sei $D_1 = \{1, 2, 3, 4, 5, 6\}$
- $\varphi_1(c_1) = 1, \ldots, \varphi_1(c_6) = 6$.
- $\varphi_1(R) = \{\langle 1,1\rangle, \langle 2,2\rangle, \langle 1,2\rangle, \langle 1,3\rangle, \langle 2,3\rangle, \langle 3,4\rangle, \langle 4,5\rangle, \langle 4,6\rangle, \langle 5,5\rangle, \langle 6,6\rangle, \langle 5,6\rangle\}$,

$\mathfrak{I}_2 = \langle D_2, \varphi_2 \rangle$

- Sei $D_2 = \{A, B, C, D, E, F\}$
- $\varphi_2(c_1) = A, \ldots, \varphi_2(c_6) = F$.
- $\varphi_2(R) = \{\langle A,A\rangle, \langle B,B\rangle, \langle A,B\rangle, \langle A,C\rangle, \langle B,C\rangle, \langle C,D\rangle, \langle D,E\rangle, \langle D,F\rangle, \langle E,E\rangle, \langle F,F\rangle, \langle E,F\rangle\}$

Jetzt definieren wir eine Funktion π so:

- $\pi(1) = A$
- $\vdots$
- $\pi(6) = F$

Damit ergibt sich für alle Individuenkonstanten c der Symbolmenge: $\pi(\varphi_1(c)) = \varphi_2(c)$, etwa: $\varphi_1(c_1) = 1$, $\pi(1) = A$ und $\varphi_2(c_2) = A$. Die Bedingung für R ist auch erfüllt, denn es gilt etwa für $1, 3 \in D_1$: $\langle 1,3\rangle \in \varphi_1(R)$ gdw. $\langle \pi(1), \pi(3)\rangle \in \varphi_2(R)$. Das müssten wir jetzt für alle restlichen Paare auch machen. Sie wissen, wie das funktioniert! Wenn Sie sich fragen, warum nennt sich dieses Beispiel 'Zwei Hundeknochen'? Dann zeichnen Sie eine Relation nach den Angaben auf.

Isomorphe Interpretationen stimmen in den Wahrheitswerten aller Formeln der Sprache $\mathcal{L}$ überein – das besagt das folgende Theorem:

Theorem 23. *Seien zwei Interpretationen $\Im_1 = \langle D_1, \varphi_1 \rangle$, und $\Im_2 = \langle D_2, \varphi_2 \rangle$ gegeben und es gilt: Wenn $\Im_1 \simeq \Im_2$, dann auch $\Im_1 \models A$ gdw. $\Im_2 \models A$ für alle Formeln A von $\mathcal{L}$.*

In der Logik der ersten Stufe wird nur die Struktur von Interpretationen erfasst, nicht die spezifische Natur (was immer das sein mag) ihrer Elemente in der Domain. Ob die Domain aus Zahlen, Menschen, Atomen oder abstrakten Objekten besteht, spielt keine Rolle. Solange die Beziehungen (Funktionen und Relationen) in gleicher Weise abgebildet werden können, also eine bijektive Funktion zwischen den Interpretationen besteht, sind solche isomorph.

Abschließend stellen wir fest: Wenn zwei Interpretationen isomorph sind, dann sind sie auch elementar äquivalent – oder kurz:

Theorem 24. *Wenn $\Im_1 \simeq \Im_2$, dann $\Im_1 \equiv \Im_2$.*

Die **Beweise** sind ebenfalls Übungsaufgaben. Die umgekehrte Richtung des letzten Theorems gilt wegen des (Downard-) Löwenheim-Skolem-Theorems nicht. Überlegen Sie sich doch, warum das so ist!

6.7 Der Interpolationssatz von Craig

Zum Abschluss unserer Untersuchung der Konsequenzen des Vollständigkeitssatzes werfen wir einen kurzen Blick auf zwei Resultate, die eng miteinander verbunden sind: den Interpolationssatz von William Craig [Cra57] und das Definierbarkeitstheorem von Evert Willem Beth [Bet53].

Craigs Interpolationstheorem

Craigs Satz beantwortet eine interessante Frage: Wenn eine Formel A eine Formel B logisch impliziert, was genau ist die **Verbindung** zwischen den beiden?

Satz 7 (Craigs Interpolationstheorem, 1957). *Sei $A \rightarrow B$ eine logisch wahre Formel der Sprache der Prädikatenlogik erster Stufe. Dann existiert eine Formel C, genannt Interpolant, mit den folgenden drei Eigenschaften:*

1. $\models A \rightarrow C$ *(A impliziert den Interpolanten.)*
2. $\models C \rightarrow B$ *(Der Interpolant impliziert B.)*
3. *C ist in der gemeinsamen Sprache von A und B.*

Die **dritte Bedingung ist wichtig**, denn sie bedeutet, dass jedes nicht-logische Symbol in C sowohl in A als auch in B vorkommt. Der Interpolant C ist eine Art *logischer Vermittler*, der nur in der gemeinsamen Sprache von Antezedens und Konsequens spricht, falls so eine gemeinsame Sprache besteht; andernfalls ist C aus logischen Konstanten $\bot$ und $\top$ aufgebaut. Dieser Vermittler formuliert genau den Teil des Inhalts von A, der für die logische Wahrheit von B relevant ist.

Der Interpolationssatz hat weitreichende Konsequenzen in der Informatik (z. B. Modellprüfung) und der Wissenschaftstheorie. Er garantiert, dass man für eine logische Folgerung nur Konzepte benötigt, die sozusagen *innerhalb* liegen. Der ursprüngliche Beweis von Craig ist syntaktischer Natur und konstruiert den Interpolanten aus einer Herleitung von $A \rightarrow B$ und in der gemeinsamen Sprache von A und B. Ein modelltheoretischer Beweis, der auf Abraham Robinson [Rob56] zurückgeht, passt besser in den Rahmen unserer Überlegungen. Der modelltheoretische Zugang liefert allerdings kein Verfahren zur Herstellung eines Interpolanten – im Gegensatz zu syntaktischen Methoden. Eine konkrete Ausführung des Beweises ist in jedem Fall nicht trivial.

Der Interpolationssatz hat weiterhin metatheoretisch interessante Konsequenzen, etwa den Definierbarkeitssatz von Beth:

Sind zwei Modelle einer Theorie gegeben, die in der Interpretation aller Symbole außer P übereinstimmen, und daraus folgt bereits, dass sie auch in der Interpretation von P übereinstimmen, dann nennt man P implizit definierbar. So etwas wird **implizite Definierbarkeit** genannt. Gibt es in der Sprache der Theorie eine Formel $D[v_1, \ldots, v_n]$, die die Äquivalenz von $\forall x_1 \ldots \forall x_n(P(x_1, \ldots, x_n) \leftrightarrow D[x_1, \ldots, x_n])$ in dieser Theorie beweist, dann nennt sich das **explizit definierbar**. Der **Definierbarkeitssatz von Beth** besagt nun: Ein Prädikat ist implizit definierbar in einer Theorie genau dann, wenn es auch explizit definierbar ist. Der Satz von Beth ist ein wichtiger metatheoretischer Satz, der die enge Beziehung zwischen semantischen (modelltheoretischen) und syntaktischen (beweistheoretischen) Eigenschaften von Theorien herstellt.

Eine Darstellung des Interpolationssatzes von Craig und verwandten Resultaten – etwa dem Definierbarkeitssatz von Beth und Robinson Joint Consistency Theorem – findet sich im modernen Klassiker zur Modelltheorie von Chang und Keislers Monographie *Model Theory* [CK90]; wie der Name des Buches nahelegt, werden die Beweise der Sätze modelltheoretisch geführt. Wer sich für eine Diskussion zwischen verschiedenen Zusammenhängen von Philosophie und Modelltheorie interessiert, sei hier auf das Buch von Tim Button und Sean Walsh [BW18] verwiesen; so werden die philosophisch wichtigen modelltheoretischen Überlegungen von Hilary Putnam und Paul Benacerraf in diesem Buch ausführlich besprochen. Beweise des Interpolationstheorems von Craig mittels beweistheoretischen Methoden finden sich etwa in Anne Troelstra und Helmut Schwichtenbergs *Basic Proof Theory* [TS00].

6.8 Relative Interpretierbarkeit & relative Widerspruchsfreiheit

Was versteht man unter einer *relativen Interpretation*? Gegeben seien zwei formale Theorien T_1 und T_2, dann verstehen wir unter einer relativen Interpretation einer Theorie T_1 in einer Theorie T_2 eine Methode, mit der gezeigt wird, dass Thesen und Beweise von T_1 in T_2 nachgebildet werden können. Dabei wird im Wesentlichen eine Übersetzung zur Verfügung gestellt, sodass Folgendes gezeigt werden kann:

1. Jede Formel von T_1 ist in eine entsprechende Formel von T_2 übersetzbar.
2. Die Thesen von T_1 bleiben in den übersetzten Formeln als Thesen von T_2 beweisbar.

Wir geben eine recht einfache Definition von relativer Interpretierbarkeit an. Eine sehr detaillierte Darstellung findet sich in [BW18], der locus classicus ist [TMR68] und die Forschung zu diesem Thema hat Julia Robinson [Rob49] begonnen.

Definition 6.8: Relative Interpretation

Eine *relative Interpretation* der Sprache $\mathcal{L}_1$ einer Theorie T_1 in der Sprache $\mathcal{L}_2$ einer Theorie T_2 ist eine effektive Übersetzungsvorschrift $(\cdot)^*$, die:

1. jeder Formel A von $\mathcal{L}_1$ eine Formel A^* von $\mathcal{L}_2$ zuordnet;
2. die logische Struktur erhält: $(A \longrightarrow B)^*$ ist $(A^* \longrightarrow B^*)$, $(\neg A)^*$ ist $\neg(A^*)$ etc.;
3. das Universum von $\mathcal{L}_1$ durch eine Domainformel $P[x]$ in $\mathcal{L}_2$ einschränkt. Die Quantoren werden wie folgt relativiert:

$$(\forall x A[x])^* \text{ wird zu } \forall x(P[x] \longrightarrow A^*[x])$$
$$(\exists x A[x])^* \text{ wird zu } \exists x(P[x] \wedge A^*[x])$$

Eine solche Interpretation ist eine *relative Interpretation von* T_1 *in* T_2, wenn für jedes Axiom A von T_1 seine Übersetzung A^* ein Theorem von T_2 ist.

Für alle Axiome $A \in T_1$ gilt: $T_2 \vdash A^*$

Ein Beispiel: Die Interpretation von PA in ZFC

Die Peano-Arithmetik lässt sich vollständig in der Zermelo-Fraenkel-Mengenlehre interpretieren. Die Übersetzung funktioniert (stark vereinfacht) wie folgt:

- Domainformel $P[v]$: Die Eigenschaft, eine *natürliche Zahl* zu sein, wird durch die $\mathcal{L}_{ZFC}$-Formel ‘v ist Element dieser Menge’ definiert.

- Übersetzung der Symbole:
  - Das Symbol $\overline{0}$ wird als die leere Menge $\varnothing$ interpretiert.
  - Die Nachfolgerfunktion $\overline{S}(v)$ wird als die Mengenoperation $v \cup \{v\}$ interpretiert.
  - Addition und Multiplikation werden durch komplexe, aber definierbare Operationen auf diesen Mengen interpretiert.
- Interpretation der Axiome: Man kann dann für jedes der sieben Axiome von PA zeigen, dass seine Übersetzung in die Sprache der Mengenlehre eine beweisbare Formel (eine These) von ZFC ist. Zum Beispiel wird das PA-Axiom $\forall x(\overline{S}(x) \neq \overline{0})$ zum ZFC-Theorem $\forall x(P[x] \rightarrow (x \cup \{x\} \neq \varnothing))$, was in ZFC beweisbar ist.

Anwendung: Relative Widerspruchsfreiheitsbeweise

Die Existenz einer solchen syntaktischen Interpretation hat eine wichtige Konsequenz.

Satz 8 (Relativer Widerspruchsfreiheitsbeweis).
Wenn eine Theorie T_1 *in einer Theorie* T_2 *interpretierbar ist, dann folgt aus der Widerspruchsfreiheit von* T_2 *die Widerspruchsfreiheit von* T_1.

$$\mathsf{Widf}(\mathsf{T}_2) \implies \mathsf{Widf}(\mathsf{T}_1)$$

Beweisskizze:

Der Beweis wird mittels Kontraposition und *reductio ad absurdum* geführt: Wenn T_1 nicht widerspruchsfrei ist, dann ist T_2 auch nicht widerspruchsfrei. Wir nehmen an, dass T_1 nicht widerspruchsfrei ist, dann:

1. Wenn T_1 nicht widerspruchsfrei ist, dann gibt es eine Herleitung eines Widerspruchs in T_1, das ist: $\mathsf{T}_1 \vdash C \wedge \neg C$.
2. Unsere Übersetzungsfunktion $(\cdot)^*$ ist ein Algorithmus; das heißt, er ergibt in endlich vielen Schritten rein mechanisch eine Formel in der Zielsprache. Damit schaffen wir es, die gesamte Herleitung von $C \wedge \neg C$ in T_1 Schritt für Schritt in eine Herleitung in T_2 zu übersetzen. Jeder Schritt in einer T_1-Herleitung (der entweder eine Grundschlussweise/logisches Axiom, ein T_1-Axiom oder eine Regelanwendung ist) wird zu einem korrekten Schritt in T_2.
3. Das Ergebnis ist eine Herleitung in T_2 für die Übersetzung des Widerspruchs: $\mathsf{T}_2 \vdash (C \wedge \neg C)^*$.
4. Nun ist die Übersetzung so beschaffen, dass sie einen Widerspruch auf einen Widerspruch abbildet (formal: $(C \wedge \neg C)^*$ ist $C^* \wedge \neg C^*$). Somit bedeutet dies, dass T_2 widerspruchsvoll ist.
5. Dies widerspricht unserer Annahme, dass T_2 widerspruchsfrei ist.

Daher muss auch T_1 widerspruchsfrei gewesen sein. Mit dieser Methode konnte gezeigt werden, dass die Widerspruchsfreiheit der Arithmetik aus der Widerspruchsfreiheit der Mengenlehre folgt.

Dies scheint zunächst jedoch epistemisch von relativ begrenztem Wert zu sein, da das grundlagentheoretische Ziel umgekehrt darin bestand, die als komplexer geltende Mengenlehre auf die als sicherer empfundene Arithmetik zurückzuführen – eine Richtung, die, wie sich später herausstellte, nicht beweisbar ist. Was allerdings schon interessant ist, ist die Tatsache, dass die Mengentheorie dazu in der Lage ist, die Peano-Arithmetik zu *simulieren*. Da sie also grundlegende/elementare arithmetische Operationen ausdrücken kann, ist die Mengentheorie (wie bekannt) genauso von den Gödelschen Unvollständigkeitssätzen betroffen; wir kommen darauf (wenn auch nur kurz) in Kapitel 8 zurück.

Ein weiteres klassisches Beispiel ist der Beweis der relativen Widerspruchsfreiheit einer nicht-euklidischen Geometrie relativ zur euklidischen Geometrie – mit dem Resultat: Wenn diese euklidische Geometrie widerspruchsfrei ist, dann ist es auch diese nicht-euklidische.

6.9 Konsequenzen & Anwendungen: Übungen

1. Bestimmen Sie den Code von c_7 und $f_3^2(a_2, c_5)$.
2. **Kniffelig:** Passen Sie den von uns geführten Vollständigkeitsbeweis an diese reichere Sprache an. Sie müssen nicht den gesamten Beweis neu schreiben. Konzentrieren Sie sich auf die folgenden zwei zentralen Punkte und formulieren Sie die nötigen Änderungen:
   a. **Henkins Lemma (das kanonische Modell):** Wie muss die Definition des kanonischen Modells $\mathfrak{I}^\Phi = \langle D^\Phi, \varphi^\Phi \rangle$ angepasst werden? Geben Sie die exakten Definitionen für die Interpretation von Konstanten ($\varphi(c)$) und komplexen Termen ($\varphi(f(t_1, \ldots, t_n))$) an. Zeigen Sie, dass der Induktionsanfang des Wahrheits-Lemmas auch für atomare Formeln mit diesen neuen Termen gilt.
   b. **Vollständigkeit von** Se **(das Modell mit Äquivalenzklassen):** Welche zusätzliche Grundschlussweise benötigt das formale System Se, um mit Funktionszeichen umgehen zu können? Erklären Sie, warum diese Regel notwendig ist, um die *Wohl-Definiertheit* der Interpretation von Funktionszeichen im Modell der Äquivalenzklassen zu garantieren.
3. Beweisen Sie Theorem 22 (Kompaktheit).
4. Beweisen Sie die Theoreme 23 und 24. Warum gilt die umgekehrte Richtung von Theorem 24 nicht?

5. Beweisen Sie: Alle Axiome von PA sind im Standardmodell $\mathcal{N}$ wahr.
6. Können Sie eine Beweisskizze von Satz 6 angeben?
7. Unter einer **Pränexen Normalform** verstehen wir:

Definition 6.9: Pränexe Normalform (PNF)

Eine Formel der Prädikatenlogik befindet sich in **Pränexer Normalform**, wenn sie eine Struktur der folgenden Form hat:

$$Q_1x_1\ Q_2x_2\ \ldots\ Q_nx_n\ M$$

Dabei müssen zwei Bedingungen erfüllt sein:

a. **Quantoren-Präfix:** Die Folge $Q_1x_1\ \ldots\ Q_nx_n$ (wobei jedes Q_i entweder $\forall$ oder $\exists$ ist) enthält *alle* Quantoren der Formel.

b. **Quantorenfreie Matrix:** Der nachfolgende Teil M, die sogenannte **Matrix**, ist eine vollständig *quantorenfreie* Formel.

Kurz gesagt: Alle Quantoren stehen am Anfang.

Beispiel:

Formeln in PNF:

- $\forall x \exists y(\neg P(x) \vee Q(y))$
  (Präfix: $\forall x \exists y$, Matrix: $(P(x) \rightarrow Q(y)))$
- $\exists z(P(z) \wedge Q(z))$
  (Präfix: $\exists z$, Matrix: $(P(z) \wedge Q(z))$)
- $R(a, b)$
  (Eine quantorenfreie Formel ist trivialerweise in PNF; das Präfix ist leer.)

Formeln, die nicht in PNF sind:

- $\forall x P(x) \vee \exists y Q(y)$
  (Der Junktor $\vee$ steht zwischen den Quantoren. Korrekt ist: $\forall x \exists y(P(x) \vee Q(y))$.)
- $\forall x(P(x) \rightarrow \exists y R(y, x))$
  (Der Quantor $\exists y$ steht *im Inneren* der Formel, nicht im Präfix. Korrekt ist: $\forall x \exists y(P(x) \rightarrow R(y, x))$ oder $\forall x \exists y(\neg P(x) \vee R(y, x))$.)

Theorem 25 (Existenz der PNF). *Zu jeder Formel A der Sprache $\mathcal{L}$ gibt es eine (logisch äquivalente) Formel A' der Sprache $\mathcal{L}$, die in Pränexer Normalform ist.*

Beweisen Sie das Theorem.

7 Platons Bart: Kleine Einführung in die Freie Logik

Lernziele

- Eine alternative Familie von Logiken kennenlernen: die sogenannten *Freien Logiken.*
- Die Motivation für diese Logiken anhand des philosophischen Rätsels von *Platons Bart* verstehen.
- Eine Semantik und ein formales System für eine Negative Freie Logik entwickeln.
- Die vorgestellten Konzepte anhand zahlreicher Beispiele nachvollziehen.
- Sie wissen, was bestimmte Kennzeichnungen (definite descriptions) sind und kennen einen formalen Zugang dazu.
- Wie üblich am Ende des Kapitels Ihr Wissen mit Übungen festigen.

Los geht's!

Bisher haben wir in all unseren Überlegungen eine grundlegende, aber oft unausgesprochene Annahme gemacht: *Jeder singuläre Term (jede Konstante, jede freie Individuenvariable) in unserer Sprache muss auf ein (existierendes) Objekt in der Domain unserer Interpretation verweisen.* Um den Satz 'Pegasus hat Flügel' als '$F(a)$' formalisieren zu können, müssten wir in unserer klassischen Interpretation ein Objekt für die freie Variable 'a' im Universum D bereitstellen.

Das bedeutet, unsere Interpretation wäre ontologisch dazu gezwungen, die Existenz von Pegasus zu postulieren, nur damit wir einen sinnvollen, wahrheitsfähigen Satz über ihn formulieren können. Die Klassische Logik kennt keine *leeren Namen.* Dies führt zu einem ontologischen Overkill: Um über Fiktion, Mythologie oder fehlerhafte wissenschaftliche Theorien (wie 'Phlogiston ist eine Substanz') sprechen zu können, müssten wir unser Universum mit einer beträchtlichen Anzahl von nicht-existenten Objekten bevölkern. Das widerspricht unserer Intuition, dass Sätze über Pegasus eben Sätze über ein *nicht-existierendes* Wesen sind.

Hier setzt die *Freie Logik* an, eine Familie von Logiken, die genau diesen ontologischen Zwang aufhebt. Insbesondere die Negative Freie Logik bietet eine einfache und elegante Auflösung für ein philosophisches Problem, das als *Platons Bart* oder das *Paradox des Nicht-Seins* bekannt ist. Der Terminus 'Platons Bart' stammt von Quine [Qui48]; der Ausdruck 'Wüste', der bald Verwendung findet, ist eine Anspielung auf Quines ontologische Position.

7.1 Wie spricht man über Nicht-Existierendes?

Das Problem ist scheinbar einfach, hat aber Philosophen seit der Antike beschäftigt:

> Wie können wir etwas Wahres über Nicht-Existierendes sagen?

Parmenides etwa argumentierte, dass man nur über das Seiende sprechen kann. Nicht-Seiendes ist undenkbar und unsagbar. Jegliche Aussage über Nicht-Seiendes sei daher sogar logisch unmöglich oder unsinnig.

Im Speziellen stellen wir die Frage: Kann der Satz 'Pegasus existiert nicht' wahr sein?

- Wenn der Satz 'Pegasus existiert nicht' wahr ist, scheint er sich auf etwas zu beziehen – nämlich auf Pegasus.
- Wenn sich der Satz aber auf Pegasus bezieht, dann hat Pegasus doch in irgendeiner Weise *sein* oder Pegasus *subsistiert*, damit wir über ihn sprechen können.
- Wenn Pegasus aber in irgendeiner Weise *ist*, dann ist es nicht wahr, dass er *nicht existiert*.

Dieses Paradox zwingt uns, unsere Ontologie und/oder einige stillschweigenden Existenzannahmen unserer Sprache zu überdenken. Setzen wir uns doch mit zwei sehr unterschiedlichen Lösungsansätzen auseinander!

7.1.1 Zugang 1 – Eine opulente Ontologie

Der Philosoph Alexius Meinong schlug vor, verschiedene Seinsweisen voneinander zu unterscheiden – kurz: Es gibt verschiedene Arten von Sein.

Existenz Die konkrete Art des Seins, die wir, Tische und Stühle, Planeten etc. haben.

Subsistenz (Bestand) Eine Art *Schatten-Sein* für Objekte, die widerspruchsfrei gedacht werden können, aber nicht existieren. Pegasus oder der goldene Berg *subsistieren*.

Eine Lösung angelehnt an Meinong: Der Satz 'Pegasus existiert nicht' ist wahr, da dieser Satz über ein nicht-existierendes und eben bloß subsistierendes Ding, nämlich Pegasus, sagt: Es ist nicht der Fall, dass Pegasus existiert – kurz: Pegasus existiert nicht.

Der Name ‘Pegasus’ hat also eine Referenz, nur eben keine im Bereich der konkreten Existenz. Der philosophische Preis dieses Ansatzes ist eine *aufgeblähte* Ontologie, ein *Dschungel* voller Objekte, was viele Philosophen als verschwenderisch empfanden; oder aber als sehr faszinierend betrachteten. Meinongs Ontologie ist auch viel komplexer, als dieser äußerst kurze Einblick gewähren kann; als Einstieg in dieses vielschichtige Thema kann [Mar24] dienen oder ein sehr üppiges bzw. opulentes Buch ist [Syl80] – der Titel dieses Buches ist auch ausschlaggebend für die Wahl des Wortes *Dschungel*.

7.1.2 Zugang 2 – Eine minimalistische Ontologie

Die Negative Freie Logik bietet einen ontologisch minimalistischen Ausweg, der aber auch singuläre Terme wie ‘Pegasus’ (in der natürlichen Interpretation) zulässt. Ihre Mottos, ganz im Sinne von Philosophen wie W.V. Quine, lauten: *Keine Entität ohne Identität* und *Sein heißt, der Wert einer gebundenen Variable zu sein.*

Der Lösungsansatz der Negativen Freien Logik

1. Der Name ‘Pegasus’ ist ein sprachliches Etikett. In der Negativen Freien Logik ist ‘Pegasus’ ein **leerer** bzw. **nicht-bezeichnender Term**.
2. Wir erweitern die Sprache $\mathcal{L}$ zu $\mathcal{L}_\mathrm{f}$, indem wir ein einstelliges (logisches) **Existenzprädikat** $E!$ hinzufügen. ‘$E!t$’ besagt: ‘t existiert’ oder ‘t bezeichnet’.
3. Treibende Idee der Negativen Freien Logik: **Alle elementaren Sätze, in denen ein leerer singulärer Term vorkommt, sind falsch.** Elementare Sätze sind Sätze folgender Bauart: Diego ist identisch mit Diego, Diego ist ein Hund, Diego existiert.
4. Der Satz ‘Pegasus existiert nicht’ wird übersetzt in $\neg E!a$ (oder, wie wir sehen werden, logisch äquivalent dazu sind sowohl $\neg(a = a)$ als auch $\neg\exists x(x = a)$ in der Negativen Freien Logik).
5. ‘Pegasus existiert nicht’ ist wahr, denn: ‘Pegasus’ ist ein leerer singulärer Term. Ergo ist der Satz ‘Pegasus existiert’ falsch. Wir halten am **Prinzip der Bivalenz** fest, deswegen gilt: ‘Pegasus existiert nicht’ ist wahr. Schauen wir uns doch noch die Formulierung mit dem Existenzquantor an! In der Freien Logik beziehen sich die Quantoren ($\exists x, \forall x$) **ausschließlich auf den Bereich der existierenden Dinge**. Die Interpretation der Formel $\exists x(x = a)$ ist dann: Es gibt unter den *existierenden* Dingen eines, das mit dem Pegasus identisch ist. Sei nun $d^\bullet$ ein Name für so ein existierendes Ding, dann ist aber die Formel ‘$d^\bullet = a$’ *falsch*, da ‘Pegasus’ ein leerer singulärer Term ist. Die Negation, $\neg\exists x(x = a)$, ist folglich *wahr*.

   Um es ganz klar zu machen: Formeln der Form $\exists x(x = a)$ sind keine logische Wahrheit in (Negativer) Freier Logik, somit ist auch $\neg\exists x(x = a)$ keine logische Falschheit.

Philosophisch betrachtet

Die Negative Freie Logik erlaubt es uns, den Satz 'Pegasus existiert nicht' als wahr zu akzeptieren, ohne uns jemals ontologisch auf die Existenz oder auch nur Subsistenz von Pegasus festzulegen. Alle elementaren Sätze (Prädikationen und Identitätssätze) mit leeren singulären Termen sind in der Negativen Freien Logik falsch. Der Negationssatz 'Pegasus existiert nicht' ist damit wahr. Dabei wollen wir unter 'Subsistenz' eine Art von Existenz ohne Sein verstehen; solche Objekte *bestehen*, aber sie *existieren* nicht. Sie merken, dass es hier sehr schnell philosophisch wird.

Fazit: Die Negative Freie Logik löst ein klassisches metaphysisches Rätsel mit minimalen ontologischen Verpflichtungen (ein weiteres Thema von Quine). Sie bietet eine formal präzise Möglichkeit, eine ontologisch *saubere* und sparsame Weltanschauung zu vertreten, die der wissenschaftlichen und empirischen Haltung vieler moderner Wissenschaftler (und somit auch Philosophen) entspricht. Gleichsam haben wir damit Platons Bart eine aristotelische Rasur verpasst – bei Aristoteles findet sich folgendes Zitat:

> [...] wenn Sokrates existiert, wird der eine Satz [Sokrates ist gesund] wahr und der andere [Sokrates ist krank] falsch sein; wenn er aber nicht existiert, sind beide falsch. Denn weder wird 'Sokrates ist krank' noch 'Sokrates ist gesund' wahr sein, wenn Sokrates selbst überhaupt nicht existiert.

(Aristoteles, *Kategorien* 13b 13-25, [Ari06])

Eine Intuition, die man haben kann, ist: Aber der Satz 'Pegasus ist ein geflügeltes Pferd' ist wahr. Eine Freie Logik, die dieser Position Rechnung trägt, ist eine **Positive Freie Logik**. Als eine semantische Motivation dafür diente die eingangs ganz kurz angedeutete Ontologie (die Gegenstandstheorie) von Alexius Meinong, die als Vorbild zu einer sogenannten **Inner-Outer-Domain-Semantik** für Positive Freie Logik geführt hat. Dazu gibt es eine Übungsaufgabe. Es gäbe noch viel zu sagen, etwa über logische Grundlagen rationaler Diskurse – das ist nicht der Ort dafür. Eine weitere Familie in den Freien Logiken sind **Neutrale Freie Logiken**. In einer solchen wird das Bivalenzprinzip für Sätze der Art 'Pegasus ist ein gefügeltes Pferd' aufgegeben. Eine Darstellung solcher Logiken ist interessant und technisch anspruchsvoller als die hier skizzierten Zugänge. Einen Überblick über moderne Entwicklungen und Resultate (auch über Neutrale Freie Logiken) innerhalb der Freien Logiken bietet etwa [GPN25].

Wir setzen mit der formalen Präsentation einer Negativen Freien Logik fort. Zugrunde liegt eine formale Sprache $\mathcal{L}_f$; wie für die klassische Logik, mit freien und gebundenen Variablen, n-stelligen Prädikaten, Gleichheit und zusätzlich einem Existenzprädikat, $E!$, Code: 9111111111. Eine genaue Definition von $\mathcal{L}_f$ ist eine Übungsaufgabe.

7.2 Negative Freie Logik: Semantische Methoden

Wir entwickeln eine *negative Interpretation* in Analogie zu einer Interpretation einer prädikatenlogischen Sprache (Definition 3.1), gefolgt von einer rekursiven Definition von *eine Formel A ist wahr unter einer negativen Interpretation* in Analogie zu Definition 3.2.

Definition 7.1: Negative Interpretation

Eine negative Interpretation $\mathfrak{I}^-$ der freien Sprache $\mathcal{L}_f$ ist ein Paar $\langle D^-, \varphi^- \rangle$, sodass gilt:

1. D^- ist eine beliebige Menge; diese kann auch leer sein.
2. φ^- ist eine partielle Interpretationsfunktion, sodass gilt:
   a. $\varphi^-(P) \subseteq (D^-)^n$.
   b. $\varphi^-(=) = \{\langle d, d \rangle \mid d \in D^-\}$.
   c. $\varphi^-(E!) = D^-$.
   d. Für jede freie Individuenvariable a von $\mathcal{L}_f$ gilt: Falls a im Definitionsbereich von φ^- liegt, dann $\varphi^-(a) = d \in D^-$; andernfalls ist φ^- für a nicht definiert.

Für alle Interpretationen $\mathfrak{I}^-$ gilt: Zu jedem $d \in D^-$ gibt es ein $d^\bullet \in \mathcal{L}_f$, sodass gilt: $\varphi^-(d^\bullet) = d$. Das ist das *Diagramm* von D^- in $\mathcal{L}_f(D^-)$ und wir bezeichnen es als $\mathcal{L}_f(\mathfrak{I}^-)$.

Wir haben eben von *partiellen Funktionen* gesprochen. Die Kontrastklasse dazu sind *totale Funktionen.* Ob partielle oder totale Funktionen grundlegend sind, ist größtenteils Geschmacksache. Das φ in $\langle D, \varphi \rangle$ in der Definition 3.2 einer prädikatenlogischen Interpretation ist eine (totale) Funktion. Das heißt, etwa φ ordnet *jeder* freien Individuenvariable von $\mathcal{L}$ ein Objekt im Universum zu. Technischer gesprochen: Der Definitionsbereich der Funktion φ wird vollständig ausgeschöpft, und jedem Objekt im Definitionsbereich wird *genau ein* Objekt im Wertebereich der Funktion zugeordnet.

Das folgende Diagramm veranschaulicht die Situation in der Semantik der Negativen Freien Logik – sei V eine Menge der freien Individuenvariablen und U die Domain.

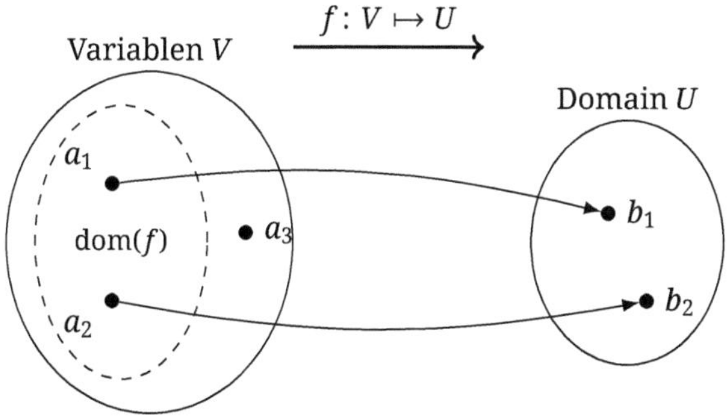

Bild 7.1 Darstellung einer partiellen Funktion f, bei der der Definitionsbereich dom(f) eine echte Teilmenge von V ist.

In der negativen Interpretation $\langle D^-, \varphi^- \rangle$ ist φ^- dahingehend partiell, dass einer Teilmenge der freien Individuenvariablen von $\mathcal{L}_f$ ein Objekt in D^- zugeordnet wird; auf der Menge der Prädikate ist φ^- total.

Die philosophische Zielsetzung einer negativen Semantik ist, dass jede Formel von $\mathcal{L}_f$ wahr oder falsch ist unter einer negativen Interpretation (das **Bilvalenzprinzip** bleibt aufrecht), und das obwohl die Interpretationsfunktion φ^- auf der Menge der freien Individuenvariablen partiell ist. Dies wird nun in der folgenden Definition bewerkstelligt:

Definition 7.2: Wahrheit unter einer negativen Interpretation

Gegeben sei eine negative Interpretation $\mathfrak{I}^- = \langle D^-, \varphi^- \rangle$. Wir definieren die Wahrheitsbedingung 'eine Formel A ist wahr in $\mathfrak{I}^-$' (geschrieben $\mathfrak{I}^- \models A$) rekursiv über den Aufbau der Formel A:

1. **Atomare Prädikation:**
   $\mathfrak{I}^- \models P(t_1, \ldots, t_n)$:gdw. gilt:
   a. Jeder Term t_i (für $1 \leq i \leq n$) liegt im Definitionsbereich von φ^-, und
   b. $\langle \varphi^-(t_1), \ldots, \varphi^-(t_n) \rangle \in \varphi^-(P)$.
2. **Identität:**
   $\mathfrak{I}^- \models s = t$:gdw. gilt:
   a. Sowohl s als auch t liegen im Definitionsbereich von φ^-, und
   b. $\varphi^-(s) = \varphi^-(t)$.
3. **Existenzprädikat:**
   $\mathfrak{I}^- \models E!t$:gdw. der Term t im Definitionsbereich von φ^- liegt.
4. **Junktoren:**
   Die Wahrheitsbedingungen für $\neg A, (A \land B), (A \lor B), (A \rightarrow B), (A \leftrightarrow B)$ sind analog zu den klassischen Definitionen (siehe Definition 3.2).
5. **Allquantor:**
   $\mathfrak{I}^- \models \forall x A[x]$:gdw. für alle Terme $d^\bullet$ im Diagramm $\mathcal{L}_f(\mathfrak{I}^-)$ gilt: $\mathfrak{I}^- \models A[d^\bullet]$.
6. **Existenzquantor:**
   $\mathfrak{I}^- \models \exists x A[x]$:gdw. es mindestens einen Term $d^\bullet$ im Diagramm $\mathcal{L}_f(\mathfrak{I}^-)$ gibt, sodass gilt: $\mathfrak{I}^- \models A[d^\bullet]$.
7. Eine Formel A ist falsch in $\mathfrak{I}^-$, geschrieben $\mathfrak{I}^- \not\models A$:gdw. es nicht der Fall ist, dass $\mathfrak{I}^- \models A$.

Wir definieren in Analogie zur klassischen Prädikatenlogik zentrale semantische Begriffe der negativen freien Logik.

Definition 7.3: Weitere semantische Definitionen

Die semantischen Grundbegriffe sind analog zur klassischen Logik definiert, wobei die Quantifikation über alle klassischen Interpretationen durch die Quantifikation über alle negativen Interpretationen $\mathfrak{I}^-$ ersetzt wird. Sei Γ eine Formelmenge und A eine Formel von $\mathcal{L}_f$:

1. A ist *logisch wahr* ($\models^- A$) :gdw. für alle $\mathfrak{I}^-$ gilt: $\mathfrak{I}^- \models A$.
2. A ist *logisch falsch* :gdw. für alle $\mathfrak{I}^-$ gilt: $\mathfrak{I}^- \not\models A$.
3. A ist *kontingent* :gdw. A weder logisch wahr noch logisch falsch ist.
4. A *folgt logisch* aus Γ ($\Gamma \models^- A$) :gdw. für alle $\mathfrak{I}^-$ gilt: wenn $\mathfrak{I}^- \models \Gamma$, dann $\mathfrak{I}^- \models A$.

(Wobei $\mathfrak{I}^- \models \Gamma$ bedeutet, dass $\mathfrak{I}^- \models B$ für alle $B \in \Gamma$ gilt.)

Das folgende Theorem besagt, dass jede Formel wahr oder falsch ist unter einer negativen Interpretation. Etwas Analoges haben wir bereits für die klassische Logik gezeigt, nämlich Theorem 2.

Theorem 26 (Bivalenzprinzip).
Für alle negativen Interpretationen $\mathfrak{I}^- = \langle D^-, \varphi^- \rangle$ und alle Formeln A der Sprache $\mathcal{L}_f$ gilt: $\mathfrak{I}^- \models A$ oder $\mathfrak{I}^- \not\models A$.

Wie in der Klassischen Prädikatenlogik gilt auch eine Version des Koinzidenzlemmas. Dieses spielt hier ebenfalls eine zentrale Rolle in Beweisen von metalogischen Sätzen.

Lemma 10 (Koinzidenz). *Es seien zwei Symbolmengen $\mathcal{S}_1$ und $\mathcal{S}_2$ gegeben. Es sei $\mathfrak{I}_1^- = \langle D_1^-, \varphi_1^- \rangle$ eine Interpretation von $\mathcal{S}_1$ und es sei $\mathfrak{I}_2^- = \langle D_2^-, \varphi_2^- \rangle$ eine Interpretation von $\mathcal{S}_2$, es gelte auch, dass $D^- = D_1^- = D_2^-$, $\mathcal{S} = \mathcal{S}_1 \cap \mathcal{S}_2$, dann gilt für alle $\mathcal{S}$-Formeln:*

- *Wenn für alle freien Individuenvariablen von $\mathcal{S}$ gilt: $\varphi_1^-(a) = \varphi_2^-(a)$.*
- *Wenn für alle n-stelligen Prädikate P von $\mathcal{S}$ gilt, dass $\varphi_1^-(P) = \varphi_2^-(P)$, dann gilt:*
- *$\mathfrak{I}_1^- \models A$ gdw. $\mathfrak{I}_2^- \models A$.*

Die *Beweise* folgen dem – mittlerweile – üblichen Muster und sind deshalb Übungsaufgaben.

Beispiel 7.1: Semantische Beispiele

1. Die Formel $\exists x(x = a)$ ist *nicht logisch wahr*.

   Begründung: Sei $\mathfrak{I}^- = \langle D^-, \varphi^- \rangle$ eine negative Interpretation mit einer leeren Domain, also $D^- = \emptyset$. Nach Definition liegt in diesem Fall keine einzige freie Individuenvariable im Definitionsbereich von φ^-. Gemäß der Wahrheitsbedingung für die Identität (Def. 7.2, Punkt 2) ist die Formel $d^\bullet = a$ für jeden Term $d^\bullet$ aus dem (leeren) Diagramm falsch. Folglich ist nach der Wahrheitsbedingung für den Existenzquantor (Def. 7.2, Punkt 6) auch $\mathfrak{I}^- \models \exists x(x = a)$ falsch. Da es eine Interpretation gibt, in der die Formel falsch ist, ist sie nicht logisch wahr.

2. Die Folgerung $P(a) \models^- \exists x P(x)$ ist *korrekt*.

   Begründung: Angenommen, die Folgerung wäre nicht korrekt. Dann gäbe es eine negative Interpretation $\mathfrak{I}^- = \langle D^-, \varphi^- \rangle$, in der die Prämisse wahr und die Konklusion falsch wäre, also:

   (i) $\mathfrak{I}^- \models P(a)$

   (ii) $\mathfrak{I}^- \not\models \exists x P(x)$

   Aus (i) und der Wahrheitsbedingung für atomare Formeln (Def. 7.2, Punkt 1) folgt zwingend, dass der Term a im Definitionsbereich von φ^- liegen muss. Nach der Wahrheitsbedingung für den Existenzquantor (Def. 7.2, Punkt 6) bedeutet (ii) jedoch, dass es keinen Term $d^\bullet$ im Diagramm gibt, für den $\mathfrak{I}^- \models P(d^\bullet)$ gilt. Da aber a im Definitionsbereich liegt, ist a selbst ein solcher Term, und es gilt $\mathfrak{I}^- \models P(a)$. Dies ist ein Widerspruch. Die Annahme muss falsch sein.

3. Die Formel $P(a) \rightarrow \exists x P(x)$ ist *logisch wahr*.

   Begründung: Das Argument verläuft analog zu vorher. Um zu zeigen, dass die Formel logisch wahr ist, müssen wir zeigen, dass es keine Interpretation $\mathfrak{I}^- = \langle D^-, \varphi^- \rangle$ gibt, in der sie falsch ist. Eine Implikation ist nur dann falsch, wenn ihr Antezedens wahr und ihr Konsequens falsch sind. Wir müssten also eine Interpretation finden, in der $\mathfrak{I}^- \models P(a)$ und gleichzeitig $\mathfrak{I}^- \not\models \exists x P(x)$ gilt. Wie im vorherigen Beispiel gezeiget wurde, ist dies nicht möglich.

4. Die Formel $\forall x E!x$ ist *logisch wahr*.

   Begründung: Wir führen eine Fallunterscheidung über die Domain D^- einer beliebigen negativen Interpretation $\mathfrak{I}^- = \langle D^-, \varphi^- \rangle$ durch.

   - *Fall 1: D^- ist nicht-leer.* Nach der Wahrheitsbedingung für den Allquantor (Def. 7.2, Punkt 5) müssen wir zeigen, dass für jeden Term $d^\bullet$ aus dem Diagramm $\mathcal{L}_f(\mathfrak{I}^-)$ gilt: $\mathfrak{I}^- \models E!d^\bullet$. Per Definition des Diagramms liegt jeder dieser Terme $d^\bullet$ im Definitionsbereich von φ^-. Nach der Wahrheitsbedingung für das Existenzprädikat (Def. 7.2, Punkt 3) ist $\mathfrak{I}^- \models E!d^\bullet$ somit wahr.
   - *Fall 2: D^- ist leer.* In diesem Fall ist das Diagramm $\mathcal{L}_f(\mathfrak{I}^-)$ ebenfalls leer. Der Satz 'für alle $d^\bullet \in \mathcal{L}_f(\mathfrak{I}^-)$ gilt...' ist dann eine leere Wahrheit. Die Wahrheitsbedingung für den Allquantor ist also trivialerweise erfüllt.

   Da die Formel in jeder möglichen negativen Interpretation wahr ist, ist sie logisch wahr.

7.3 Negative Freie Logik: Syntaktische Methoden

Wir entwickeln ein Schlussweisenkalkül für die Negative Freie Logik, kurz SN. Das System SN teilt mit S die aussagenlogische Basis, d. h. alle Grundschlussweisen, die weder die Quantoren noch die Gleichheit speziell betreffen.

Grundschlussweisen der Negativen Freien Logik

(FA) $\forall x A[x], E!a \vdash A[a]$ (Freie Universelle Instanziierung)

(FE) $E!a, A[a] \vdash \exists x A[x]$ (Freie Existenzielle Spezifikation)

(G1⁻) $E!a \vdash a = a$ (Existenz-Identität)

(G2) $a = b, A[a] \vdash A[b]$ (Leibniz-Gesetz)

(Pr) $P(a_1, \ldots, a_n) \vdash E!a_1 \wedge \cdots \wedge E!a_n$ (Prädikation)

Schlussregeln

Einige Grundschlussregeln von S sind auch Grundschlussregeln von SN: (IB), (KB), (FU), (MON) und (Schnitt). Angepasst werden die Regeln für die Quantoren, wobei die Variablenbedingung (VB) wie zuvor zu verstehen ist:

(FAE*) Freie All-Einführung (mit Variablenbedingung):

$$\frac{E!a, \Phi \vdash A[a]}{\Phi \vdash \forall x A[x]}$$

(FEE*) Freie Existenz-Einführung (mit Variablenbedingung):

$$\frac{E!a, A[a], \Phi \vdash B}{\exists x A[x], \Phi \vdash B}$$

Die Definitionen für 'herleitbar in' etc. SN (Def. 4.4, 4.5, 4.6) gelten analog. Beweisen wir doch ein paar Theoreme von SN!

7.3.1 Ein paar Theoreme von SN

Die folgenden fünf Theoreme charakterisieren die Negative Freie Logik ziemlich gut.

NT1 $\vdash \forall x(x = x)$

Beweis:

a. $E!a \vdash a = a$ (G1⁻)

b. $\vdash \forall x(x = x)$ (aus 1. mit (FAE*), VB erfüllt)

NT2 $\vdash E!a \leftrightarrow a = a$

Beweis:

a. $E!a \vdash a = a$ (G1)

b. $\vdash E!a \rightarrow a = a$ (a., (KB))

c. $a = a \vdash E!a \wedge E!a$ (Pr)

d. $\vdash a = a \rightarrow E!a$ (c., (KB))

Zusammen: $\vdash E!a \leftrightarrow a = a$ (aus a., d. mit (Ä1))

Dieses Theorem drückt aus, dass in dieser Negativen Freien Logik das Existenzprädikat durch die Identität definierbar und somit theoretisch überflüssig ist.

NT3 $\vdash E!a \leftrightarrow \exists x(x = a)$

Beweis:

a. $E!a \vdash a = a$ (G1⁻)

b. $a = a, E!a \vdash \exists x(x = a)$ (FE)

c. $E!a \vdash \exists x(x = a)$ (aus a., b. mit (Schnitt))

d. $b = a, E!b \vdash E!a$ (G2, Leibniz-Gesetz)

e. $\exists x(x = a) \vdash E!a$ (aus d. mit (FEE*), VB erfüllt)

f. $\vdash E!a \leftrightarrow \exists x(x = a)$ (aus c., e. mit ($\leftrightarrow$-Einführung))

Zusammen mit NT2 folgt sofort $\vdash \exists x(x = a) \leftrightarrow a = a$.

NT4 $\vdash \forall x E!x$

Beweis:

a. $E!a \vdash E!a$ (TS)

b. $\vdash \forall x E!x$ (aus a. mit (FAE*), VB erfüllt)

In einer Freien Logik drückt NT4 aus, dass die Quantoren *existenzielles Gewicht* haben, das heißt, die Variablen laufen über Existierendes.

NT5 $\vdash \forall x(A[x] \rightarrow B[x]) \rightarrow (\forall x A[x] \rightarrow \forall x B[x])$

Beweis:

a. $\forall x(A[x] \rightarrow B[x]), E!a \vdash A[a] \rightarrow B[a]$ (FA)

b. $A[a] \rightarrow B[a], A[a] \vdash B[a]$ (MP)

c. $\forall x(A[x] \rightarrow B[x]), E!a, A[a] \vdash B[a]$ (aus a., b. mit (Schnitt))

d. $\forall x A[x], E!a \vdash A[a]$ (FA)

e. $\forall x A[x], \forall x(A[x] \rightarrow B[x]), E!a \vdash B[a]$ (aus c., d. mit (Schnitt))

f. $\forall x A[x], \forall x(A[x] \rightarrow B[x]) \vdash \forall x B[x]$ (aus e. mit (FAE*), VB erfüllt)

g. $\forall x(A[x] \rightarrow B[x]) \vdash \forall x A[x] \rightarrow \forall x B[x]$ (aus f. mit (KB))

h. $\vdash \forall x(A[x] \rightarrow B[x]) \rightarrow (\forall x A[x] \rightarrow \forall x B[x])$ (aus g. mit (KB))

7.3.2 Metatheoreme zur logischen Folgerung (syntaktisch)

Wie S ist auch SN dazu in der Lage, weitere Schlussregeln zu generieren. Hier sind einige Beispiele:

FAL Die Regel $\frac{A[a],\Gamma \vdash B}{\forall x A[x], E!a, \Gamma \vdash B}$ ist in SN zulässig.

Herleitung:

a. $\forall x A[x], E!a, \Gamma \vdash A[a]$ ((FA), (MON))

b. $A[a], \Gamma \vdash B$ (Prämisse der Regel)

c. $\forall x A[x], E!a, \Gamma \vdash B$ (aus a., b. mit (Schnitt))

FEL Die Regel $\frac{\Gamma \vdash A[a]}{E!a, \Gamma \vdash \exists x A[x]}$ ist in SN zulässig.

Herleitung:

a. $A[a], E!a, \Gamma \vdash \exists x A[x]$ ((FE), (MON))

b. $\Gamma \vdash A[a]$ (Prämisse der Regel)

c. $E!a, \Gamma \vdash \exists x A[x]$ (aus a., b. mit (Schnitt))

UNI Die Regel $\frac{\vdash A[a]}{\vdash \forall x A[x]}$ ist in SN zulässig.

Herleitung:

a. $\vdash A[a]$ (Prämisse der Regel)

b. $E!a \vdash A[a]$ (aus a. mit (MON))

c. $\vdash \forall x A[x]$ (aus b. mit (FAE*), VB erfüllt)

Damit lässt sich nun auch das folgende Theorem zur Eindeutigkeit der Identität, genannt (EIN), beweisen:

a. $c = a \land b = a \rightarrow c = b$ (Herleitbar aus den Grundschlussweisen der Gleichheit)

b. $\forall x \forall y (x = a \land y = a \rightarrow x = y)$ (Folgt aus 1. durch zwei Anwendungen von (UNI))

Ein Mal Philosophisches

Betrachten wir nochmals kurz: **Ich denke, daher bin ich.** Lassen wir wieder 'ich' als Eigennamen zu, dann ist es aber auch in der Negativen Freien Logik nicht gut bestellt für eine philosophische Analyse. Denn im Lichte der Grundschlussweisen (Pr) ist $D(i) \vdash E!i$ eine Instanz und auch im Lichte der Semantik gilt: $D(i) \models E!i$. Wenn man mit dieser (recht einfachen) Formalisierung einverstanden ist, dann ist die Situation in dieser Hinsicht nicht besser als in der Klassischen Logik.

7.3.3 Metalogische Überlegungen: Korrektheit & Vollständigkeit

Nachdem wir die Syntax (das System SN) und die Semantik (die negativen Interpretationen) der Negativen Freien Logik entwickelt haben, ist der entscheidende nächste

Schritt, die Brücke zwischen diesen beiden Welten zu schlagen. Wir formulieren nun die beiden zentralen Metatheoreme, die garantieren, dass unser syntaktischer Herleitbarkeitsbegriff ($\vdash_{SN}$) die semantische Folgerungsrelation ($\models^{-}$) exakt widerspiegelt.

Theorem 27 (Korrektheit & Vollständigkeit von SN).
Sei Γ eine Formelmenge und A eine Formel der Sprache $\mathcal{L}_f$. Es gelten die folgenden Äquivalenzen:

(Korrektheit) *Wenn $\Gamma \vdash_{SN} A$, dann $\Gamma \models^{-} A$.*
(Alles, was in unserem System herleitbar ist, ist auch logisch korrekt.)

(Vollständigkeit) *Wenn $\Gamma \models^{-} A$, dann $\Gamma \vdash_{SN} A$.*
*(Alles, was logisch korrekt ist, ist auch in unserem System herleitbar.) Zusammengenommen etablieren diese Sätze wiederum den **Adäquatheitssatz**:*

$$\Gamma \vdash_{SN} A \quad \textit{genau dann, wenn} \quad \Gamma \models^{-} A$$

Es sei noch angemerkt: Auch hier gibt es wieder zwei Versionen von Korrektheit und Vollständigkeit.

Beweis der Korrektheit (Skizze):

Der Beweis wird durch eine **starke Induktion über die Herleitungshöhe** k geführt. Wir zeigen, dass für jede Herleitung mit Höhe k gilt: Wenn $\Gamma \vdash_{SN} A$, dann $\Gamma \models^{-} A$.

Induktionsbasis ($k = 0$)

Eine Herleitung mit der Höhe 0 ist per Definition eine Grundschlussweise von SN. Wir müssen für jede einzelne Grundschlussweise (wie (FA), (FE), (Pr) etc.) zeigen, dass sie semantisch korrekt ist. Das heißt, wir müssen nachweisen, dass in jeder negativen Interpretation die Grundschlussweisen korrekt sind. Das ist Standard und das können Sie! Wie im Falle von S geht's weiter mit:

Induktionsschritt ($k > 0$)

Wir nehmen an, die Behauptung gilt für alle Herleitungen mit einer Höhe $m < k$. Sei nun $\Gamma \vdash_{SN} A$ eine Herleitung der Höhe k. Diese muss durch die Anwendung einer Schlussregel (wie (FEE*), (IB) etc.) auf Prämissen entstanden sein, deren eigene Herleitungen alle eine Höhe kleiner als k haben. Für jede Schlussregel kann nun gezeigt werden, dass sie die Korrektheit von den Prämissen (für die die Induktionshypothese gilt) auf die Konklusion überträgt.

Beweis der Vollständigkeit (Skizze):

Der Beweis folgt der **Henkin-Lindenbaum-Methode**, die wir bereits sehr gut kennengelernt haben. Die zentralen Schritte sind:

1. **Saturierte Menge:** Man zeigt, dass jede widerspruchsfreie Formelmenge Γ in SN zu einer *bezeugten* (Henkin-vollständigen) und *maximal widerspruchsfreien* (Lindenbaum) Menge Γ^* erweitert werden kann; dadurch erhalten wir eine saturierte Menge Γ^*.

2. **Konstruktion eines kanonischen Modells:** Aus dieser saturierten Menge Γ^* wird ein Modell $\mathfrak{I}^-_{\Gamma^*}$ konstruiert.
   - Das Universum D^- besteht aus den Termen (Äquivalenzklassen der Terme, $[t]_\sim$), für die in Γ^* ihre Existenz bewiesen ist ($\Gamma^* \vdash E!t$).
   - Die Interpretation von Prädikaten kann so definiert werden:

     $\varphi^-_{\Gamma^*}(P^n) := \{\langle [t_1]_\sim, \ldots, [t_n]_\sim \rangle \mid \Gamma^* \vdash P^n(t_1, \ldots, t_n) \land E!t_1 \land \cdots \land E!t_n\}$
3. **Wahrheits-Lemma/Henkins Theorem (frei):** Wir können durch Induktion über den Formelaufbau beweisen, dass für jede Formel A gilt: $\mathfrak{I}^-_{\Gamma^*} \models A$ gdw. $\Gamma^* \vdash A$.
4. **Ergo:** Da $\Gamma \subseteq \Gamma^*$ und $\mathfrak{I}^-_{\Gamma^*}$ ein Modell für Γ^* ist, ist es auch ein Modell für Γ. Damit ist gezeigt: Jede widerspruchsfreie Menge hat ein Modell (Vollständigkeit in Version 2), woraus die Version 1 folgt.

Das zeigt, dass unsere syntaktische Maschinerie SN die semantische Wahrheit der Negativen Freien Logik vollständig und korrekt einfängt.

Um Vollständigkeit und Korrektheit zu beweisen, könnten Sie auch versuchen, ein formales System zu finden, von dem bereits bekannt ist, dass es beide Eigenschaften hat. Dann müssten Sie noch die deduktive Äquivalenz von beiden Systemen beweisen.

7.4 Negative Freie Logik: Eine Kennzeichnungstheorie

Basierend auf unserer Negativen Freien Logik entwickeln wir eine Kennzeichnungstheorie, die von der Arbeit von Hilbert und Bernays in ihrem Buch *Grundlagen der Mathematik, Bd.I* [HB34] inspiriert ist, aber in der technischen Entwicklung abweicht.

7.4.1 Historischer Abriss

Zunächst: Was ist eine Kennzeichnung? Eine Kennzeichnung (oder eine *definite description*) ist ein sprachlicher Ausdruck der Form:

Dasjenige (eindeutige) Ding, das die Eigenschaft A hat.

Oder in natürlicher Sprache oft ausgedrückt als ‘der/die/das A’.

Berühmte Beispiele sind etwa: ‘der goldene Berg’, ‘der gegenwärtige König von Frankreich’, ‘die größte Primzahl’, ‘der kürzeste Fluss’ oder ‘der gegenwärtige Präsident der Vereinigten Staaten’.

Durch die logische Brille betrachtet, formt der Teil *‘dasjenige Ding’* den **Kennzeichnungsoperator** und der Teil *‘das die Eigenschaft A hat’* die **Basis** der Kennzeichnung.

Wird die Kennzeichnungsbasis von genau einem Objekt im Universum erfüllt, so sagt man, dass die Kennzeichnung *korrekt* sei. Wird die Basis hingegen von keinem oder mehr als einem Objekt erfüllt, so ist die Kennzeichnung *unkorrekt*.

Hilbert & Bernays entwickelten einen sehr drastischen Zugang: Eine bestimmte Kennzeichnung ist überhaupt erst dann in einer formalen Sprache syntaktisch konstruierbar, wenn die zugehörigen **Unitätsformeln** in einem formalen System bzw. in einer formalen Theorie beweisbar sind – zusammenfassend:

Die Hilbert-Bernays-Regeln für Kennzeichnungen (klassisch):

Eine Kennzeichnung ist syntaktisch nur dann zulässig, wenn die zugehörigen **Unitätsformeln** in einem formalen System der klassischen Logik, FS_K, beweisbar sind:

Existenzbedingung: $FS_K \vdash \exists x A[x]$

Eindeutigkeitsbedingung: $FS_K \vdash \forall x \forall y (A[x] \land A[y] \rightarrow x = y)$

Einführungsregel:
Sind beide Unitätsformeln für A beweisbar (d. h. $FS_K \vdash \exists! x A[x]$), dann sind die folgenden beiden Schritte zulässig:

1. Der **ι-Term** $\iota x A[x]$ wird zu einem wohlgeformten Term der Sprache.
2. Die Formel $A[\iota x A[x]]$ wird als **neue These** (Axiom) zum System FS_K hinzugefügt.

Die neue These besagt, dass das durch den Iota-Term bezeichnete Ding die von A ausgedrückte Eigenschaft hat.

Beispiel 7.2: Hilbert-Bernays in Klassischer Logik

Betrachten wir $\iota x(x = a) = a$. Wir können den Iota-Term $\iota x(x = a)$ nach Hilbert-Bernays bilden, da sowohl $\exists x(x = a)$ als auch $\forall x \forall y(x = a \land y = a \rightarrow x = y)$ Theoreme von S sind. Damit sind die Unitätsformeln bewiesen und die Sprache $\mathcal{L}$ kann um den Term $\iota x(x = a)$ erweitert werden. Als weitere Grundschlussweise/Axiom wird $\iota x(x = a) = a$ zu S hinzugefügt.

Dieser Zugang hat den Vorteil, dass alle konstruierbaren Iota-Terme korrekt sind, aber er hat auch gravierende Nachteile. Beispielsweise können keine Iota-Terme für Kennzeichnungen gebildet werden, deren Unitätsformeln nicht herleitbar sind. So hat der Ausdruck 'der gegenwärtige König von Frankreich' kein formales Gegenstück, da die Existenzbedingung nicht erfüllt ist. Salopp gesagt: Man kann darüber gar nicht reden, weil man den Term nicht bilden kann.

Damit verbunden ist das Problem, dass eine unschöne Abhängigkeit zwischen formaler Sprache und Beweisbarkeit entsteht: Die Wohlgeformtheit eines Terms in der formalen Sprache hängt davon ab, was im formalen System beweisbar ist; was zu Problemen der Entscheidbarkeit, ob etwas ein Term der Sprache ist oder nicht führt. Üblicherweise wird davon ausgegangen, dass formale Sprachen in dieser Hinsicht entscheidbar sind.

Berühmte Logiker wie Stephen Cole Kleene [Kle52] oder Kurt Schütte [Sch60] haben sich an dieser formalen Unsauberkeit nicht weiter thematisiert. Karel Lambert [Lam99] hat einen Schichtaufbau von formalen Sprachen und Systemen vorgeschlagen, um das Problem zu lösen.

Wir gehen dieses Problem im Rahmen einer Erweiterung der Negativen Freien Logik an.

7.4.2 Ein systematischer Ansatz

Unser Vorgehen besteht aus drei Schritten: Zuerst erweitern wir die Sprache, dann die Semantik und schließlich das formale System.

Schritt 1: Erweiterung der Sprache

Zunächst trennen wir die formale Sprache von der Beweisbarkeitsrelation. Wir erweitern unsere formale Sprache $\mathcal{L}_\text{f}$ zu $\mathcal{L}_\text{f}^\iota$, in der alle syntaktisch wohlgeformten Iota-Terme zulässig sind, unabhängig von ihrer Denotation.

Definition 7.4: Sprache $\mathcal{L}_\text{f}^\iota$

Die Sprache $\mathcal{L}_\text{f}^\iota$ entsteht aus $\mathcal{L}_\text{f}$ durch folgende Erweiterungen:

1. Das Alphabet der logischen Zeichen wird um den **Kennzeichnungsoperator** ι (Code: 91111111111) erweitert.
2. Die Definition der Terme wird um folgende Klausel erweitert: Wenn $A[a]$ eine Formel ist, in der die gebundene Variable x nicht vorkommt, dann ist $\iota x A[x]$ ein (singulärer) Term. Eine solche Definition ist eine *simultan rekursive* Definition, da sie Formeln und Term gemeinsam rekursiv aufbaut.

Eine genaue Definition der Terme und Formeln der neuen Sprache ist eine Übungsaufgabe. Eine gravierende Abweichung vom Hilbert-Bernays-Ansatz ist also, dass die Wohlgeformtheit eines Terms eine rein sprachliche Frage ist und nicht mehr von der Beweisbarkeit (in einem formalen System) abhängt. Die Grundschlussweisen von SN gelten jetzt für alle Terme; naturgemäß werden die Variablenbedingungen in den entsprechenden Schlussregeln aufrechterhalten.

Schritt 2: Erweiterung der Semantik

Um den *Geist* des Zugangs von Hilbert-Bernays einzufangen – dass nur korrekte Kennzeichnungen denotieren –, erweitern wir die Semantik.

Definition 7.5: Semantik für Kennzeichnungsterme

Die Wahrheitsbedingungen einer negativen Interpretation $\mathfrak{I}^-$ werden um folgende Klauseln für Terme der Form $\iota x A[x]$ erweitert:

1. **Bedingung für die Bezeichnung/Denotation eines ι-Terms:** Ein Kennzeichnungsterm $\iota x A[x]$ liegt genau dann im Definitionsbereich von φ^- (d. h. $\mathfrak{I}^- \models E!\iota x A[x]$), wenn die zugehörigen Unitätsformeln in der Interpretation $\mathfrak{I}^-$ wahr sind:

a. **Existenzbedingung:** $\mathfrak{I}^- \models \exists x A[x]$

b. **Eindeutigkeitsbedingung:** $\mathfrak{I}^- \models \forall x \forall y(A[x] \wedge A[y] \rightarrow x = y)$

2. **Zuweisung des Referenten:** Wenn die Bedingungen für die Denotation erfüllt sind, ist der semantische Wert des Terms dasjenige eindeutige Objekt $d \in D^-$, das die Eigenschaft A erfüllt:

$$\varphi^-(\iota x A[x]) = \text{das eindeutige } d \in D^-, \text{ für das gilt: } \mathfrak{I}^- \models A[d^\bullet]$$

Schritt 3: Erweiterung des formalen Systems zu SNι

Schließlich erweitern wir unseren Kalkül SN zu SNι.

Definition 7.6: Erweiterung von SNι

Wir fügen eine weitere Grundschlussweise (ι) und eine weitere Schlussweise ($!\iota$) zu SNι hinzu:

(ι) $E!\iota x A[x] \vdash A[\iota x A[x]]$

($!\iota$)

$$\frac{\Phi \vdash \exists x A[x] \quad \Gamma \vdash \forall y \forall z((A[y] \wedge A[z]) \rightarrow y = z)}{\Phi, \Gamma \vdash E!\iota x A[x]}$$

Die Grundschlussweise (ι) ist die *freie* Version des Hilbert-Bernays-Axioms. Sie besagt informell: *Wenn* ein Iota-Term denotiert/bezeichnet, *dann* kann man prädizieren, dass das von ihm bezeichnete Ding die entsprechende Eigenschaft hat. Die Schlussweise ($!\iota$) besagt informell: Wenn unter bestimmten Prämissen die Existenzbedingung und die Eindeutigkeitsbedingung von A herleitbar sind, dann gibt es genau ein Objekt, das A ist.

Bevor wir fortsetzen: $E!\iota x A[x] \models A[\iota x A[x]]$, denn: Wir betrachten eine beliebige negative Interprertation $\mathfrak{I}^-$ mit $\langle D^-, \varphi^- \rangle$:

Fall 1: $\mathfrak{I}^- \models E!\iota x A[x]$, somit sind die Bedingungen nach Definition 7.5 erfüllt; somit gibt es genau ein $d \in D$, sodass $\mathfrak{I}^- \models A[d^\bullet]$ und $\varphi^-(\iota x A[x]) = d$.

Fall 2: $\mathfrak{I}^- \not\models E!\iota x A[x]$ – damit sind wir schon fertig.

Mit diesem erweiterten System können nun Eigenschaften von Kennzeichnungen bewiesen werden, die Existenzvoraussetzungen der Negativen Freien Logik genauer beleuchten. Die folgenden Theoreme sind in SNι herleitbar:

Theorem 28.

1. $\vdash E!a \rightarrow \iota x(x = a) = a$
2. $\vdash E!a \rightarrow E!\iota x(x = a)$
3. $E!\iota x(x = a) \vdash \iota x(x = a) = a$
4. $\iota x(x = a) = a \vdash E!a \wedge E!\iota x(x = a)$

Beweis von 1.:

Wir beweisen $E!a \vdash \iota x(x = a) = a$.

1. $E!a \vdash E!\iota x(x = a)$ (wie eben)
2. $E!\iota x(x = a) \vdash (\iota x(x = a) = a)$ ((ι))
3. $E!a \vdash \iota x(x = a) = a$ (1., 2. (Schnitt))
4. $\vdash E!a \to \iota x(x = a) = a$ (3. (KB))

Beweis von 2.:

Wir müssen $E!a \vdash E!\iota x(x = a)$ zeigen, indem wir beweisen, dass aus $E!a$ die beiden Unitätsformeln für das Prädikat $A[v]$ instanziiert zu $(v = a)$ syntaktisch folgen:

1. $E!a \vdash \exists x(x = a)$ (siehe Herleitung von NT3)
2. $\forall x \forall y((x = a \wedge y = a) \to x = y)$ (siehe (UNI))
3. $E!a \vdash E!\iota x(x = a)$ (1., 2., ($!\iota$))
4. $\vdash E!a \to E!\iota x(x = a)$ (3., (KB))

Beweis von 3. & 4.:

Die Formel $E!\iota x(x = a) \vdash \iota x(x = a) = a$ ist eine Instanz von (ι), das ist 3.

Die Formeln $\iota x(x = a) = a \vdash E!a$ und $\iota x(x = a) = a \vdash E!\iota x(x = a)$ sind Instanzen von (Pr), wegen (KON_r) ist somit 4. beweisbar.

7.4.3 Abschluss & Ausblick

In diesem Kapitel haben wir eine Kennzeichnungstheorie für die Negative Freie Logik (in nuce) entwickelt, die sich an der historischen Arbeit von Hilbert und Bernays orientiert, aber entscheidende Modifikationen vornimmt. Indem wir die Syntax von der Beweisbarkeit trennen und stattdessen eine klare semantische Bedingung für die Denotation von Iota-Termen einführen, umgehen wir die metatheoretischen Unsauberkeiten des klassischen Ansatzes. Unser System SNι erlaubt es, über unkorrekte Kennzeichnungen wie ‘den gegenwärtigen König von Frankreich’ sinnvoll zu sprechen, ohne dabei die ontologische Sparsamkeit der Negativen Freien Logik aufzugeben.

Natürlich wirft dieser Ansatz weiterführende Themen auf, von denen zwei hier kurz erwähnt werden sollen:

Korrektheit und Vollständigkeit

Eine vollständige metalogische Untersuchung unseres Systems SNι müsste metalogische Beweise für dessen Korrektheit und Vollständigkeit in Bezug auf die von uns definierte Semantik führen. Solche Beweise würden den hier skizzierten Methoden für die Freie Logik ohne Kennzeichnungen folgen, sind aber technisch anspruchsvoll und würden den Rahmen dieser Einführung sprengen. Wir begnügen uns mit der Feststellung, dass solche Beweise für ähnliche Systeme in der Literatur existieren und somit die Robustheit unseres Ansatzes untermauern. Zum gegenwärtigen Zeitpunkt ist es offen, ob SNι vollständig oder unvollständig (im Sinne unserer Vollständigkeitssätze) ist.

Anwendung in formalen Theorien

Die volle Leistungsfähigkeit dieser Kennzeichnungstheorie zeigt sich erst in der Anwendung auf reichhaltigere formale Systeme, die über die reine Logik hinausgehen. Innerhalb einer formalen Theorie wie der Peano-Arithmetik (PA) könnten wir somit – nach dem Beweis der Unitätsbedingungen – Terme wie 'die kleinste Primzahl, die größer als 1000' einführen. Die hier entwickelte Theorie liefert das Fundament für solche Definitionen in spezifischen axiomatischen Systemen.

Weiterführende Literatur

Die logische Analyse von Kennzeichnungen hat eine lange und reiche Geschichte, die weit über den hier vorgestellten Ansatz hinausgeht. Für eine tiefere Auseinandersetzung mit dem Thema sind die folgenden Arbeiten interessant.

Die klassische und in der Sprachphilosophie bis heute viel diskutierte Theorie stammt von Bertrand Russell und findet sich in seinem berühmten Aufsatz *On Denoting* [Rus05]. Formal hat Russell seine Kennzeichnungstheorie in der Principia Mathematica *14 ausgearbeitet [WR10]. Die von Russell dort vertretene Position passt genau zu einer Negativen Freien Logik. Eine Existenzvoraussetzung der Klassischen Logik ist ja, dass immer mindestens ein Gegenstand in der Domain sein muss; Russell nennt das in [Rus19], S. 203, einen *defect in logical purity*.

Die Grundlagen des in diesem Kapitel diskutierten Hilbert-Bernays-Ansatzes sind in dem monumentalen Werk *Grundlagen der Mathematik* [HB34] dargelegt. Einen konzisen Überblick zu Kennzeichnungstheorien findet sich in einem Artikel von Nils Kürbis [Kür(iV)] und Texte zu Kennzeichnungstheorien sind im Buch von Gary Ostertag *Definite Descriptions A Reader* [Ost98] versammelt.

Für die spezifische Anwendung und Anpassung von Kennzeichnungstheorien im Rahmen der Freien Logik sind die Arbeiten von Karel Lambert, dem Begründer der Freien Logik, von Bedeutung. Im Buch von Karel Lambert und Edgar Morscher *Free Logics: Their Foundations, Character, and Some Applications Thereof* [LM17] wird ein guter Ein- und Überblick auf zugänglichem Niveau geboten. Eine sehr gute, kurze Hinführung zur Freien Logik bietet immer noch [MS01]. Freie Logiken werden in der Mathematik und Computerwissenschaft auch unter *E-Logic* diskutiert, siehe [TS00].

Bestimmte (und auch unbestimmte) Kennzeichnungen sind ein großes Thema nicht nur in der Logik, sondern auch in der Sprachphilosophie und in der Linguistik.

7.5 Platons Bart: Übungen

1. Definieren Sie die formale Sprache $\mathcal{L}_f$ genau. Erweitern Sie die Definition dieser Sprache um Funktionszeichen und Individuenkonstanten.
2. **Das Koinzidenzlemma (Beweis)**

   Beweisen Sie das Koinzidenzlemma (Lemma 10) durch Induktion über den Aufbau einer Formel A. Konzentrieren Sie sich auf die interessanten Fälle:

   a. Atomare Formeln (der Fall $P(t_1, \ldots, t_n)$).

   b. Der Existenzquantor (der Fall $\exists x A[x]$).
3. Beweisen Sie Theorem 26.
4. Zeigen Sie, dass $\forall x A[x] \rightarrow \exists x A[x]$ in der negativen Semantik nicht logisch wahr ist.
5. Zeigen Sie in SN: (FAL) $\vdash$ (FA), und (FEL) $\vdash$ (FE).
6. Wie könnte (in Analogie zu Se) eine Negative Freie Logik SNe) aussehen?
7. Beweisen Sie das folgende Metatheorem (die *Zulässigkeit der Substitution*) für das formale System SN: Wenn $\Gamma[a] \vdash A[a]$, dann $\Gamma[b] \vdash A[b]$. Dabei ist $\Gamma[a]$ analog zur Schreibweise $A[a]$ zu verstehen.
8. Beweisen Sie das folgende Metatheorem (die *Zulässigkeit der Substitution*) für das formale System SNι: Wenn $\Gamma[a] \vdash \Delta[a]$, dann $\Gamma[t] \vdash \Delta[t]$.
9. **Kniffelig:** In Unterabschnitt 7.3.3 haben wir angedeutet, wie Beweise von Korrektheit und Vollständigkeit *im Grunde* funktionieren. Führen Sie diese genauer aus!
10. Wir haben das Phaidon-Argument in $\mathcal{L}$ formalisiert und in S hergeleitet. Gelingt das auch in SN?
11. Beweisen Sie in SNι $\iota x A[x] = a \vdash E!\iota x A[x] \wedge E!a$
12. **Kniffelig: Schlussweisen der Kennzeichnungstheorie** SNι**?**

    a. $E!\iota x P(x), Q(\iota x P(x)) \vdash \exists! x P(x) \wedge \exists x(P(x) \wedge Q(x))$

    b. $Q(\iota x P(x)) \vdash \exists! x P(x) \wedge \exists x(P(x) \wedge Q(x))$

    c. $\exists! x P(x) \wedge \exists x(P(x) \wedge Q(x)) \vdash E!\iota x P(x) \wedge Q(\iota x P(x))$

    d. $\exists! x P(x) \wedge \exists x(P(x) \wedge Q(x)) \vdash Q(\iota x P(x))$

    e. $E!\iota x P(x), \neg Q(\iota x P(x)) \vdash \exists! x P(x) \wedge \exists x(P(x) \wedge \neg Q(x))$

    f. $E!\iota x P(x), \neg Q(\iota x P(x)) \vdash \exists! x P(x) \wedge \neg \exists x(P(x) \wedge Q(x))$

    g. $E!\iota x P(x) \vdash \iota x P(x) = \iota x P(x), \iota x P(x) = \iota x P(x) \vdash E!\iota x P(x)$

    Wenn Sie der Richtigkeit der jeweiligen Behauptung misstrauen, versuchen Sie mit semantischen Methoden einen Weg zu finden.

13. **Positive vs. Negative Freie Logik (Kniffelig und konzeptuell)**
In der Negativen Freien Logik ist eine atomare Formel mit einem nicht-bezeichnenden Term immer falsch (z. B. 'Pegasus ist ein Pferd'). In einer *Positiven Freien Logik* kann eine solche Aussage auch wahr sein.
    a. Wie müsste man die Wahrheitsbedingung für atomare Formeln (Punkt 1 in Definition 7.2) ändern, um eine Positive Freie Logik zu erhalten?
    Hinweis: Denken Sie an die opulente Ontologie Meinongs und überlegen Sie, dass die Domain in zwei disjunkte Menge zerfällt: die Menge der *existierenden* und die Menge (der bloss) *subsistierenden* Dinge.
    b. Welchen philosophischen Vorteil könnte eine solche Änderung haben, wenn man über fiktionale Charaktere spricht?
    Hinweis: Sie können anhand folgender Beispielsätze überlegen:
    - Pegasus ist ein geflügeltes Pferd.
    - Pegasus ist identisch mit Pegasus.
    - Wenn Pegasus ein geflügeltes Pferd ist, dann existiert Pegasus.
    - Quantrupinus ist ein Hund.
    - Alles existiert.
    c. Ein Mal Philosophisches: Diskutieren Sie im Rahmen der Positiven Freien Logik den Satz: Ich denke, daher bin ich.
14. **Anzahlquantoren bzw. numerische Quantoren (Kniffelig)**
Da es thematisch sehr schön zur Kennzeichnungstheorie passt. Der Quantor 'es gibt genau ein *A*' ist von zentraler Bedeutung in Kennzeichnungstheorien. Wir schließen den Übungsblock mit Anzahlquantoren ab. Während sich manche quantifizierende Ausdrücke wie 'es gibt unendlich viele' in der Prädikatenlogik erster Stufe nicht ausdrücken lassen, können viele andere wie 'es gibt genau *n*', 'es gibt mindestens *n*' oder 'es gibt höchstens *n*' Dinge mit einer Eigenschaft systematisch definiert werden. In dieser Aufgabe sollen Sie diese Definitionen nachvollziehen und anwenden.
    a. Wir definieren 'es gibt **höchstens ein** x mit der Eigenschaft A' wie folgt:
    $$\exists_{\leq 1} x A[x] \quad :\leftrightarrow \quad \forall x \forall y (A[x] \wedge A[y] \rightarrow x = y)$$
    Formulieren Sie die semantische Wahrheitsbedingung für diese Formel (d. h. $\mathfrak{I} \models \exists_{\leq 1} x A[x]$ gdw. …).
    b. Wir definieren 'es gibt **genau ein** x mit der Eigenschaft A' als:
    $$\exists! x A[x] \quad :\leftrightarrow \quad \exists x A[x] \wedge \exists_{\leq 1} x A[x]$$
    Zeigen Sie, dass dies äquivalent ist zu der oft verwendeten, kürzeren Form:
    $$\exists x (A[x] \wedge \forall y (A[y] \rightarrow x = y))$$

c. Analysieren Sie die folgenden Definitionen für 'mindestens 2', 'höchstens 2' und 'genau 2':

$$\exists_{\geq 2} x A[x] \quad :\leftrightarrow \quad \exists x \exists y (x \neq y \wedge A[x] \wedge A[y])$$
$$\exists_{\leq 2} x A[x] \quad :\leftrightarrow \quad \forall x \forall y \forall z ((A[x] \wedge A[y] \wedge A[z]) \rightarrow (x = y \vee x = z \vee y = z))$$
$$\exists!_2 x A[x] \quad :\leftrightarrow \quad \exists_{\geq 2} x A[x] \wedge \exists_{\leq 2} x A[x]$$

Geben Sie eine alternative, äquivalente Formel für $\exists_{\leq 2} x A[x]$ an, die (ähnlich wie im Hinweis zu Teil d. mit Existenzquantoren beginnt.

d. Verallgemeinern Sie die obigen Muster, um Formeln für $\exists_{\geq n} x A[x]$ (mindestens n), $\exists_{\leq n} x A[x]$ (höchstens n) und $\exists!_n x A[x]$ (genau n) zu definieren.

Hinweis: Für 'mindestens n' benötigen Sie n verschiedene Variablen und eine Konjunktion von Ungleichheiten. Für 'höchstens n' benötigen Sie $n+1$ Variablen und eine Disjunktion von Gleichheiten.

8 Coda

Wir beginnen dieses abschließende Kapitel mit einem konzisen Blick zurück.

8.1 Ein Blick zurück

Lassen wir die beiden zentralen Sätze (und ihre beiden Versionen) nochmals Revue passieren. Wir haben eine fast magische Korrespondenz zwischen zwei unterschiedlichen Welten aufgedeckt: der rein syntaktischen Welt der formalen Beweise und Herleitungen und der semantischen Welt der prädikatenlogischen Interpretationen, Wahrheit und Modelle.

Die vier zentralen Konzepte, die wir behandelt haben, lassen sich diesen beiden Welten zuordnen. Dabei ist Γ eine $\mathcal{L}$-Formelmenge und A eine $\mathcal{L}$-Formel:

- **Syntaktisches:**
  - Herleitbarkeit ($\Gamma \vdash_{\Upsilon} A$): Eine rein formale, durch Regeln geleitete Manipulation von Symbolen.
  - Widerspruchsfreiheit (Widf(Γ)): Die syntaktische Eigenschaft einer Menge, aus der kein formaler Widerspruch herleitbar ist. Merken Sie sich, dass Herleitbarkeit (und damit auch Widerspruchsfreiheit etc.) immer zu einem formalen System Υ relativiert ist.
- **Semantisches:**
  - Logische Folgerung ($\Gamma \models A$): Eine Behauptung über Wahrheit in allen Interpretationen $\mathfrak{I}$: Wenn alle Formeln von Γ unter $\mathfrak{I}$ wahr sind, dann ist auch A unter $\mathfrak{I}$ wahr.
  - Existenz eines Modells (Mod(Γ)): Die semantische Eigenschaft einer Menge, mindestens eine prädikatenlogische Interpretation zu besitzen, in der alle Formeln von Γ wahr sind unter dieser Interpretation.

Der Korrektheits- und der Vollständigkeitssatz bilden die metatheoretischen Scharniere, die diese beiden Welten miteinander verbinden.

Semantisch haben wir uns überlegt, dass folgende Äquivalenz gilt: $\Gamma \models A$ ist äquivalent zu $\neg\text{Mod}(\Gamma \cup \{\neg A\})$ – das ist Theorem 7. In Worten: Die Formelmenge Γ impliziert logisch die Formel A gdw. die Vereinigungsmenge von Γ und $\neg A$ kein Modell hat. Damit ist die logische Folgerung mit der Nicht-Existenz von Gegenmodellen verknüpft. Man ist geneigt zu sagen, das ist eine *natürliche* Eigenschaft.

Auf der **syntaktischen Seite** gilt Ähnliches: $\Gamma \vdash A$ gdw. $\text{Widv}(\Gamma \cup \{\neg A\})$.

Überlegen wir uns – sprich beweisen wir! –, warum diese Äquivalenz metatheoretisch richtig ist:

1. $\Gamma \vdash A$ (Annahme)
2. $\neg A, \Gamma \vdash A$ (1., (MON))
3. $\neg A, \Gamma \vdash \neg A$ ((TS), (MON))
4. $\Gamma \cup \{\neg A\}$ ist widerspruchsvoll. (2., 3., Def. widerspruchsvoll)
5. **Ergo:** Wenn $\Gamma \vdash A$, dann $\text{Widv}(\Gamma \cup \{\neg A\})$.
6. $\text{Widv}(\Gamma \cup \{\neg A\})$ (Annahme)
7. $\neg A, \Gamma \vdash \neg A$ und $\neg A, \Gamma \vdash A$ (Definition von widerspruchsvoll)
8. $\neg A, \Gamma \vdash A \land \neg A$ (7., (KON_r))
9. $\Gamma \vdash A$ (8., (IB))
10. **Ergo:** Wenn $\text{Widv}(\Gamma \cup \{\neg A\})$, dann $\Gamma \vdash A$.

Deswegen gilt nun auch die betrachtete metatheoretische Äquivalenz. Damit haben wir noch eine weitere Äquivalenz ans Licht befördert, nämlich: $\text{Widv}(\Gamma \cup \{\neg A\})$ gdw. $\Gamma \models A$.

Die Vollständigkeit und Korrektheit der Logik erster Stufe garantieren die gewünschte Harmonie zwischen Herleitung und logischer Folge. Dieses Resultat von Kurt Gödel ist zweifellos eine große Leistung der modernen Logik.

Klassische Logik ist sicherlich auch eine philosophische Logik, obgleich sie von grundlegender Bedeutung im mathematischen Schließen sowie in den Computerwissenschaften und der Linguistik ist. Wir haben mit den Freien Logiken bereits eine Familie von philosophischen Logiken kennengelernt. Betrachten wir das Gebiet nun etwas genauer.

8.2 Philosophische Logiken

Was genau eine *philosophische Logik* ausmacht, ist oft eine Frage der **Zielsetzung** oder **Fragestellung**. Die klassische Logik erster Stufe war extrem erfolgreich darin,

Fragen wie „Was ist Wahrheit?“ (Tarski) oder „Was ist ein formaler Beweis?“ (Gödel, Gentzen) zu klären. Doch viele philosophische Konzepte scheinen sich ihrer Reichweite zu entziehen.

Extensionalität vs. Intensionalität

Ein zentrales Merkmal der Klassischen Logik ist ihre **Extensionalität**: Der Wahrheitswert eines zusammengesetzten Satzes ist eindeutig durch die Wahrheitswerte seiner Teile bestimmt. Ist ein Satzoperator nicht extensional, so nennen wir ihn **intensional**.

Beispielsweise ist die Negation ('¬') extensional – so wie sie in der Klassischen Logik interpretiert wird. Wenn der Satz 'Diego ist ein Hund' wahr ist, ist seine Negation 'Diego ist kein Hund' zwingend falsch und umgekehrt.

Betrachten wir jedoch einen anderen Satzoperator: 'Es ist notwendig, dass…'. Angenommen, der Satz 'Morgen findet eine Seeschlacht statt' ist wahr. Folgt daraus, dass der Satz 'Es ist *notwendig*, dass morgen eine Seeschlacht stattfindet' ebenfalls wahr ist? Sicherlich nicht, denn die Welt könnte auch einen anderen Verlauf nehmen. Der Wahrheitswert des Gesamtsatzes hängt also nicht allein vom Wahrheitswert des Teilsatzes ab. Der Operator 'es ist notwendig, dass' ist somit intensional.

Logiken, die solche intensionalen Operatoren untersuchen, werden als **intensionale Logiken** bezeichnet. Das zentrale Gebiet, das sich mit ihnen befasst, ist die **Modallogik**.

Was ist Modallogik?

Es gibt verschiedene Arten, Modallogik zu charakterisieren:

1. **Als Logik der Modalitäten:**

   Sie untersucht die logische Struktur von modalen Begriffen wie Notwendigkeit und Möglichkeit (alethische Modalitäten), Wissen und Glauben (epistemische Modalitäten) oder Gebot und Erlaubnis (deontische Modalitäten), etc.

2. **Als Erweiterung der klassischen Logik:**

   Sie erweitert die Sprache der Aussagen- oder Prädikatenlogik um neue, intensionale Operatoren (z. B. '□' für Notwendigkeit, '◇' für Möglichkeit).

3. **Als Werkzeug zur Untersuchung relationaler Strukturen:**

   Die Semantik der Modallogik basiert auf sogenannten **Kripke-Strukturen** (oder relationalen Strukturen): eine Menge von Welten (oder Zuständen, Zeitpunkten etc.) und eine Erreichbarkeitsrelation zwischen ihnen.

Bleiben wir beim Beispiel der Seeschlacht. Wir können uns die Welt zu verschiedenen Zeitpunkten vorstellen: w_0 (gestern), w_1 (heute), w_2 (morgen). Eine Erreichbarkeitsrelation R könnte den Zeitfluss darstellen, z. B. $w_1 R w_2$. Wenn der Satz 'Eine Seeschlacht findet statt' in der Welt w_2 wahr ist, dann können wir sagen, dass der Satz 'Es ist *möglich*, dass morgen eine Seeschlacht stattfindet' in der Welt w_1 wahr ist, eben weil von w_1 aus eine Welt – w_2 – erreichbar ist, in der das Ereignis eintritt.

Die systematische Untersuchung solcher relationalen Strukturen ist ein Kernstück der modernen Modallogik und hat viele bedeutende Resultate ans Licht gebracht. Eine formal anspruchsvolle Darstellung findet sich etwa bei Blackburn, de Rijke und Venema [BdRV01]. Graham Priests Buch über Nicht-Klassische Logiken [Pri08] bietet ebenfalls eine Einführung in die Modallogik und zu vielen Nicht-Klassischen Logiken. Das sind solche Logiken, die Erweiterungen von ihr (etwa Modallogik) oder an einem Fundament von ihr rütteln – etwa die Freien Logiken. Wir sagen gleich noch ein paar Worte dazu. Noch feinere Unterscheidungen als in einer intensionalen Logik sind in hyperintensionalen Logiken möglich; dieses neue Forschungsfeld erfreut sich gegenwärtig großer Beliebtheit.

Intuitionistische Logik

Der größte Konkurrent zur Klassischen Logik war anfänglich die **Intuitionistische Logik**. Sie wurde von Arend Heyting ausgearbeitet, um die logischen Grundlagen des Intuitionismus, entwickelt von Luitzen Egbertus Jan Brouwer, abzubilden. Semantisch betrachtet bekommen Formeln eine *konstruktive* Bedeutung durch die berühmte BHK-Interpretation; wobei 'BHK' hier für **Brouwer-Heyting-Kolmogorov** steht:

1. Ein Beweis von $A \wedge B$ besteht aus einem Beweis von A und einem Beweis von B.
2. Ein Beweis von $A \vee B$ besteht aus einem Beweis von A oder einem Beweis von B.
3. Ein Beweis von $A \longrightarrow B$ ist eine Konstruktion, die aus einem Beweis von A einen Beweis von B geweinnt.
4. $\bot$ (das Absurde) kann keinen Beweis haben.

$\neg A$ wird dann definiert als $A \longrightarrow \bot$, das in dieser Interpretation bedeutet: Aus einem Beweis von A kann man einen Beweis des Absurden gewinnen. Das heißt, A ist widerlegbar. Vor diesem Hintergrund ist dann verständlich, warum in der Intuitionistischen Logik das *Tertium non Datur*, $A \vee \neg A$, nicht gilt, denn: Ein Beweis von $A \vee \neg A$ besteht aus einem Beweis von A oder aus einem Beweis von $\neg A$. Es ist aber nun so, dass nicht für beliebige Formeln A gilt, dass A beweisbar oder A widerlegbar ist. Ein fast schon klassisches Beispiel dafür ist die *Goldbach'sche Vermutung*.

Es gibt zahlreiche Untersuchungen zu Zusammenhängen und Unterschieden von Klassischer, Intuitionistischer Logik und Modallogik – siehe etwa [TS00]. Kurt Gödel hat hier ebenfalls einen großen Beitrag geleistet.

Philosophische Logiken

Wir haben Nicht-Klassische Logiken so klassifiziert, dass sie entweder die Klassische Logik erweitern oder an einem Fundament von dieser rütteln. Beispielsweise gelten in der Klassischen Logik: sowohl $A \vdash A \vee B$ als auch $\vdash A \longrightarrow A \vee B$. Ein Beispiel: Diego hat den Lachs gestohlen. Daher Diego hat den Lachs gestohlen oder Norbert hat den Lachs gestohlen. Das ist sicherlich korrekt, aber irgendwie **irrelevant**, wenn es schon wahr ist, dass Diego den Lachs gestohlen hat. Denn das Disjunkt 'Norbert hat den Lachs gestohlen' trägt ja zum Informationsgehalt nichts mehr bei. Also im Schluss 'Diego hat den Lachs gestohlen. Daher Diego hat den Lachs gestohlen oder Norbert hat den Lachs gestohlen' kann 'Norbert hat den Lachs gestohlen' durch einen beliebigen anderen Satz ersetzt werden und er bleibt korrekt. Solche oder so ähnliche Überlegungen haben zum Aufkommen der Familie der **Relevanzlogiken** geführt.

Sätze wie 'Wenn der Wiener Stephansdom in Erding stünde, dann wäre er viel näher an München' nennt man **kontrafaktische Konditionale** und können in der Klassischen Logik nicht wiedergegeben werden. Denn in der Klassischen Logik hat nur eine Form von Konditional Platz, das indikative Konditional – repräsentiert durch die materiale Implikation. Solche materialen Implikationen sind schon wahr (unter einer Interpretation), wenn das Antezedens falsch ist. Unser Beispielsatz 'Wenn der Stephansdom in Erding stünde, dann wäre er viel näher an München' beschreibt ein **hypothetisches Szenario**, das im Gegensatz zu den Tatsachen steht. Das Antezedens ist bekanntermaßen falsch, dennoch sollte das ganze kontrafaktische Konditional nicht als trivialerweise wahr betrachtet werden. Zur semantischen Analyse werden sowohl Mögliche-Welten-Semantiken als auch probabilistische Methoden herangezogen. Das Thema ist sehr aktuell und es ist immer noch nicht abzusehen, ob sich *ein* Zugang durchsetzt. Kontrafaktische Konditionale spielen auch in der Wissenschaftstheorie, Stichwort: Erklärungstheorien, eine Rolle.

Der Satz 'Morgen findet eine Seeschlacht statt' kann in einer **temporalen Logik** (Zeitlogik) analysiert werden. In einer solchen werden Modalausdrücke so interpretiert: *es wird wahr sein, dass...* oder *es war der Fall, dass...*. Derselbe Satz diente auch als eine der Motivationen zur Entwicklung von **mehrwertigen Logiken**, das sind solche, die das Prinzip der Bivalenz zugunsten von mehreren Wahrheitswerten aufgeben. Der bereits erwähnte S.C. Kleene entwickelte wenigstens zwei solche, die jetzt nach ihm als Weak und Strong Kleene benannt sind. Das relative kleine Buch von John P. Burgess "Philosophical Logic" [Bur09] bietet einen guten Einstieg in einige der angesprochenen philosophischen Logiken.

David Makinson charakterisiert **nicht-monotones Schließen** in seinem "Bridges from Classical to Non-monotonic Logic" [Mak05] in etwa so: Wir schließen nicht-monoton wenn wir eine Konklusion aus einer Prämissenmenge ziehen, im Lichte neuer Information nicht mehr ziehen. *Das* Beispiel: Tweety ist ein Vogel. Vögel können fliegen. Also: Tweety kann fliegen. Neue Information: Tweety ist ein Pinguin. Nun, sollte die Leserin nicht mehr geneigt sein, daraus den Schluss zu ziehen, dass Tweety fliegen kann. – Möglicherweise kann man hier auch über das Formalisieren sprechen, jedenfalls ist das Beispiel gegen die strukturelle Schlussregel (MON) gerichtet.

Zum Abschluss sei gesagt: 1. Die hier aufgelisteten Beispiele sind bloß *Appetithäppchen*: Das sind alles große Gebiete der Philosophischen Logik. 2. Die Liste ist extrem unvollständig (in einem ganz naiven Sinne von unvollständig). 3. Sie haben jetzt Grundwerkzeug, um eigenständig weiter zu lernen. Das ist doch schon sehr viel!

8.3 Tarski, Gödel, Gentzen: Grenzen

Wir beginnen diesen Abschnitt mit einer scheinbar harmlosen und intuitiv einleuchtenden Idee über die Natur der Wahrheit, die oft als **semantische** Auffassung bezeichnet wird. Sie wurde von Alfred Tarski in seinem berühmten **T-Schema** formalisiert:

(T-Schema) Der Satz 'p' ist wahr genau dann, wenn p.

Hierbei ist "p" der Name eines Satzes (z. B. in Anführungszeichen) und 'p' ist der Satz selbst. Eine Instanz dieses Schemas scheint trivialerweise korrekt zu sein:

'Diego ist ein Hund' ist wahr genau dann, wenn Diego ist ein Hund.

Dies wirkt wie eine solide Grundlage. Doch dieses scheinbar unschuldige T-Schema führt direkt in eine Paradoxie, wenn wir selbstbezügliche Sätze zulassen.

8.3.1 Ich bin nicht wahr – (Tarski)

Betrachten wir den folgenden Satz, den wir mit dem griechischen Buchstaben λ (Lambda) benennen:

(λ) Dieser Satz ist nicht wahr.

Wenn wir das T-Schema auf diesen speziellen Satz λ anwenden, erhalten wir die folgende Instanz:

(T_λ) Der Satz λ ist wahr genau dann, wenn dieser Satz nicht wahr ist.

Da der Satz 'λ' selbst genau 'dieser Satz ist nicht wahr' ist, können wir die rechte Seite ersetzen. Wir erhalten:

(T_λ) Der Satz 'λ' ist wahr genau dann, wenn λ.

Um die logische Struktur klarer zu sehen, führen wir ein Wahrheitsprädikat $\mathsf{Tr}(x)$ ein, das bedeutet 'der Satz x ist wahr'. Dann können wir die beiden entscheidenden Sätze wie folgt formalisieren:

1. **Die Definition von λ:** Der Satz λ behauptet seine eigene Falschheit.

   $\lambda \leftrightarrow \neg\mathsf{Tr}(\text{'}\lambda\text{'})$

2. **Die Tarski-Bedingung für λ:** Das T-Schema, angewendet auf λ.

   $\mathsf{Tr}(\text{'}\lambda\text{'}) \leftrightarrow \lambda$

Aus 1. und 2. ergibt sich nun unmittelbar eine Formel der Form $P \leftrightarrow \neg P$. Eine solche Formel ist ein logischer Widerspruch, das ist: $\mathsf{Tr}(\text{'}\lambda\text{'}) \leftrightarrow \neg\mathsf{Tr}(\text{'}\lambda\text{'})$.

Tarskis Ausweg und neue Perspektiven

Alfred Tarski [Tar35, Tar44] zog aus dieser Paradoxie eine rigorose Konsequenz: Es ist unmöglich, für eine hinreichend ausdrucksstarke Sprache (wie die natürliche Sprache oder eine formale Sprache, die ihre eigene Syntax beschreiben kann) ihr *eigenes*

Wahrheitsprädikat widerspruchsfrei zu definieren. Die Konvention T kann nicht für alle Sätze einer solchen *semantisch geschlossenen* Sprache gelten.

Tarskis Lösung war die Einführung einer **Hierarchie der Sprachen**: Um über die Wahrheit der Sätze einer **Objektsprache** *OS* zu sprechen, benötigt man eine reichere **Metasprache** *MS*, die ein Wahrheitsprädikat *OS* enthält; um über Wahrheit in *MS* zu sprechen, geht man in die reichere Metametasprache *MMS* ... Wahrheit einer Sprachstufe kann also immer nur von *außen* betrachtet werden.

Seit Tarski ist viel Forschung passiert, die neue Wege aufgezeigt hat. Während Tarski nicht an der Klassischen Logik rütteln wollte, war Saul A. Kripke [Kri75] genau dazu bereit. Kripke zeigte, wie man Tarskis strenge Sprachenhierarchie vermeiden kann, wenn man stattdessen das Prinzip der Bivalenz aufgibt und Wahrheitswertlücken zulässt. Die Frage, welche Eigenschaften eine ideale Wahrheitstheorie haben sollte und welche dieser Wünsche unerfüllbar bleiben, wird beispielsweise in Hannes Leitgeb [Lei07] analysiert.

Sie sehen – so hoffe ich – durch diesen kurzen Exkurs, wie viel intellektuelles Leben in diesem Thema steckt und wie grundlegende logische Fragen zu tiefen philosophischen Debatten führen. Tarskis Arbeiten haben die Semantik und damit die **Modelltheorie** als wichtige wissenschaftliche Disziplinen etabliert. Darüberhinaus sind **axiomatische Wahrheitstheorien** ein fest etabliertes Forschungsgebiet, siehe etwa Volker Halbachs Standardwerk zu Wahrheitstheorien [Hal14]. Hier haben wir noch nicht einmal an der Oberfläche gekratzt.

8.3.2 Ich bin nicht beweisbar – (Gödel)

David Hilbert, einer der berühmtesten Mathematiker seiner Zeit, akzeptierte – in seiner Grundlagenarbeit an der Mathematik – nur ein bestimmtes Fragment der Arithmetik der natürlichen Zahlen als völlig zweifelsfrei. Das unmittelbare intuitive Verständnis der natürlichen Zahlen sind für Hilbert Abfolgen von Strichen, die man durch Löschen oder Hinzufügen von Strichen nach einfachen Regeln konstruieren und manipulieren kann. Die Regeln sollten so präzise wie möglich formuliert werden und nur rein syntaktische Mittel sind dabei zugelassen. Der Rest der Mathematik war für Hilbert nur eine Art formales Spiel mit Symbolen, wobei die Bedeutung, die diesen Symbolen im Laufe des Spiels zugeschrieben wurde, überhaupt nicht relevant war. Wiederum sollte es prinzipiell möglich sein, für jede Abfolge von Formeln – für jede Abfolge von Zügen im Spiel – zu überprüfen, ob die Abfolge ein Beweis gemäß den Regeln des Spiels ist oder nicht. Das heißt, zunächst mussten also alle mathematischen Theorien, in Form von formalen Systemen angegeben bzw. rekonstruiert werden. Siehe etwa [Lei10] für eine sehr *benutzerfreundliche* Hinführung zu diesem Thema.

Hilbert'sches Programm ist ein Forschungsprogramm, das ursprünglich eben von David Hilbert (und seinen Mitarbeitern) entwickelt wurde, um die Widerspruchsfreiheit, idealerweise der gesamten Mathematik, mit finiten – so wie eben skizziert – oder wenigstens konstruktiven Methoden zu beweisen. Wenn solche Methoden genügten, um das große, infinite Gebäude der Mathematik zu tragen, dann wäre das ein enormer Durchbruch.

Gödels Arbeit [Göd31] hat aber gezeigt, dass dieses ursprüngliche Ziel aufgegeben werden musste. Der erste Unvollständigkeitssatz lautet in einer Version:

Satz 9 (Erster Unvollständigkeitssatz). *Zu jedem widerspruchsfreien formalen System* FS, *welches hinreichend viel Arithmetik enthält, gibt es einen Satz der Sprache der Arithmetik, der weder beweisbar noch widerlegbar ist in* FS. *Das heißt,* FS *ist* unvollständig.

Was heißt *hinreichend viel Arithmetik*?

1. Die formale Sprache $\mathcal{L}_{\mathsf{FS}}$ des formalen Systems FS enthält selbst genug Arithmetik, oder aber arithmetische Funktions- und Relationszeichen sind in ihr definierbar. Etwa enthält ZFC nicht das '+', aber wegen der relativen Interpretierbarkeit von PA in ZFC ist es eben dort definierbar. Man kann in ZFC auch die natürlichen Zahlen definieren; siehe dazu auch Abschnitt 6.8.
2. Eine Formalisierung der Arithmetik haben wir schon gesehen, PA. Es gibt auch Arithmetiken ohne Induktionsaxiom, oder mit schwächeren Formen von Induktion.

Aus mathematischer Sicht ist die Peano-Arithmetik (und schwächere Versionen einer Arithmetik) eine sehr *einfache* bzw. *elementare* Theorie. Das heißt aber, da der Erste Unvollständigkeitssatz nur elementare Mathematik benötigt, ist das Resultat umso stärker; selbiges gilt auch für den Zweiten Unvollständigkeitssatz (siehe weiter unten). Denn unter diesen genannten Voraussetzungen gibt es dann immer einen Satz (das ist eine Formel ohne freie Variablen) der Sprache der Theorie, der weder beweisbar noch widerlegbar ist. Wenn Sie jetzt denken, das ist kein Problem, fügen wir doch einfach diesen Satz hinzu, dann klappt das auch nicht, da es dann für die so erweiterte Theorie durch eine Anwendung des Ersten Unvollständigkeitssatzes so ist, dass diese neue, erweiterte Theorie wiederum unvollständig ist usw.

Bleiben wir bei der Peano-Arithmetik PA und ihrer dazugehörenden Sprache $\mathcal{L}_{\mathsf{PA}}$. Der Definition von Unvollständigkeit zufolge gibt es dann eine Formel A von $\mathcal{L}_{\mathsf{PA}}$, sodass weder A noch $\neg A$ in PA beweisbar ist.

Eine semantische Version des Unvollständigkeitssatzes benutzt ein wie oben angesprochenes Wahrheitsprädikat und lautet: In jedem widerspruchsfreien formalen System FS, in dem hinreichend viel Arithmetik enthalten ist, gibt es einen Satz G, der wahr, aber nicht beweisbar ist.

Wie beweist man das?

Gödels **Arithmetisierung der Syntax** ist auch bekannt als Gödel-Nummerierung. Dabei wird jedem Symbol, jeder Formel und jeder Herleitung/jedem Beweis in einem formalen System eine eindeutige natürliche Zahl zugewiesen. Dadurch können Formeln über die Syntax (z. B. 'Diese Formel ist beweisbar') in Formeln über natürliche Zahlen übersetzt werden. Dabei werden natürliche Zahlen gleichzeitig als Codes für syntaktische Ausdrücke wie Terme, Formeln und Herleitungen betrachtet. Dann können die arithmetischen Sätze auch so interpretiert werden, dass sie sich indirekt auf diese syntaktischen Ausdrücke beziehen – indem sie sich auf die Codes dieser Ausdrücke beziehen – und indirekt einiges der syntaktischen Eigenschaften dieser Ausdrücke aussagen – indem sie diese in mathematischen Eigenschaften ihrer Codes der natürlichen Zahlen ausdrücken. Dies ist der schon geniale Gedanke hinter Gödels **Arithmetisierung der Syntax**. Dabei muss die Codierung so beschaffen sein, dass jede Formel einem Code entspricht; und man muss vom Code auch wieder eindeutig zur entsprechenden Formel gelangen können. Wenn C eine Formel von $\mathcal{L}_{\mathsf{PA}}$ ist, dann ist $\ulcorner C \urcorner$ ein Term von $\mathcal{L}_{\mathsf{PA}}$, der die Gödelnummer von C bezeichnet.

Mithilfe der Arithmetisierung konnte Gödel zeigen, dass Beziehungen zwischen Formeln und Herleitungen in einem formalen System arithmetischen Relationen und Operationen auf den Codes der Formeln und Herleitungen entsprechen. Nicht nur das: Gödel hat auch gezeigt, dass solche arithmetischen Eigenschaften im formalen System formal **repräsentierbar** sind.

Damit konnte er weiter zeigen, dass die Relation $Be_{\mathsf{PA}}(x, y)$ besagt: die Folge von Formeln mit Gödelnummer x ist eine Herleitung in PA des Satzes mit Gödelnummer y. Mithilfe dieser Relation kann Beweisbarkeit, $Bew_{\mathsf{PA}}(y)$, jetzt so definiert werden: $\exists x Be_{\mathsf{PA}}(x, y)$. Wegen der Repräsentierbarkeit gilt nun, dass diese Relationen in der Sprache von PA eben (sprachlich) repräsentierbar sind.

In Gödels Originalarbeit spielt **Selbstbezüglichkeit** eine große Rolle. Selbstbezüglichkeit heißt hier schlicht, dass der Satz mittels Codierung *über sich selbst spricht.*

Sei G ein Satz von $\mathcal{L}_{\mathsf{PA}}$, dann beweist PA: $G \leftrightarrow \neg \mathsf{Bew}_{\mathsf{PA}}(\ulcorner G \urcorner)$

Gödel führte den Beweis dieses Satzes mit konstruktiven Methoden. Die inhaltliche Deutung des Äquivalenzsatzes ist: Ich bin nicht beweisbar in PA. Für den Beweis benötigte Gödel noch ein Fixpunktlemma, das mit der schon angesprochenen Diagonalisierung zusammenhängt – das sei hier nur am Rande erwähnt. Der Satz '$G \leftrightarrow \neg \mathsf{Bew}_{\mathsf{PA}}(\ulcorner G \urcorner)$' hat gewisse Ähnlichkeiten mit dem der Lügner, führt aber im Gegensatz zum Lügner nicht in eine Paradoxie, sondern zur Tatsache, dass es unbeweisbare Sätze gibt. Der Lügner enthält semantische Konzepte, der Satz 'Ich bin nicht beweisbar' bzw. sein formales Gegenstück enthält nur Syntaktisches.

1. **Annahme: G ist beweisbar in** PA.
   - Wenn G in PA beweisbar ist, dann ist auch $\mathsf{Bew}_{\mathsf{PA}}(\ulcorner G \urcorner)$ beweisbar (wegen der Repräsentierbarkeit Beweisbarkeitsrelation).
   - Aus der Äquivalenz $G \leftrightarrow \neg \mathsf{Bew}_{\mathsf{PA}}(\ulcorner G \urcorner)$ und der Annahme, dass G beweisbar ist, folgt, dass $\neg \mathsf{Bew}_{\mathsf{PA}}(\ulcorner G \urcorner)$ beweisbar ist.
   - Wir haben angenommen, dass G beweisbar ist. Daraus haben wir den Satz $\mathsf{Bew}_{\mathsf{PA}}(\ulcorner G \urcorner) \wedge \neg \mathsf{Bew}_{\mathsf{PA}}(\ulcorner G \urcorner)$ erschlossen.

- Das ist ein Widerspruch. Da PA widerspruchsfrei ist, folgt mittels (IB):
- Daher: G ist nicht beweisbar in PA.

2. **Annahme: $\neg G$ ist beweisbar in** PA.
   - Das Argument können Sie sicherlich selbst auch wiedergeben! Konklusion:
   - Daher: $\neg G$ ist nicht beweisbar in PA.

Damit ist weder G noch $\neg G$ beweisbar. Das heißt aber, es gibt einen wahren und unentscheidbaren Satz in PA.

Wir haben aber genug gezeigt, um einen ersten Einblick in diese faszinierende Welt zu geben.

Nun gehen wir zum Zweiten Unvollständigkeitssatz von Gödel, der besagt:

Satz 10 (Zweiter Unvollständigkeitssatz). *Für jedes widerspruchsfreie formale System* FS, *das hinreichend viel Arithmetik enthält, gilt: Die Widerspruchsfreiheit von* FS *ist nicht in* FS *beweisbar.*

Dabei wissen wir schon, was es heißt, dass ein formales System hinreichend viel Arithmetik enthält. Es lässt sich beweisen, dass für das Prädikat $\mathsf{Bew}_{\mathsf{PA}}$ die sogenannten **Hilbert-Bernays Herleitbarkeitsbedingungen** in PA gelten:

1. $\mathsf{Bew}_{\mathsf{PA}}(\ulcorner A \rightarrow B \urcorner) \rightarrow (\mathsf{Bew}_{\mathsf{PA}}(\ulcorner A \urcorner) \rightarrow \mathsf{Bew}_{\mathsf{PA}}(\ulcorner B \urcorner))$.
2. $\mathsf{Bew}_{\mathsf{PA}}(\ulcorner A \urcorner) \rightarrow \mathsf{Bew}_{\mathsf{PA}}(\ulcorner \mathsf{Bew}_{\mathsf{PA}}(\ulcorner A \urcorner) \urcorner)$.
3. Wenn PA A beweist, dann beweist PA auch $\mathsf{Bew}_{\mathsf{PA}}(\ulcorner A \urcorner)$.

Wir haben etwas über Modallogik gesprochen. **Beweisbarkeitslogik** ist ein Teilgebiet der Modallogik, das Beweisbarkeit als Satzoperator (und nicht wie hier als Prädikat!) untersucht; Solovays Theoreme geben einen guten Einblick, wie Beweisbarkeitslogik und der Beweisbarkeitsbegriff von PA zusammenhängen. George Boolos hat dazu *das* Standardwerk geschrieben [Boo93].

Doch zurück zum Thema! Was heißt es nun, dass PA seine eigene Widerspruchsfreiheit nicht beweisen kann? Das wird so gemacht, dass man die Widerspruchsfreiheit von PA durch eine Formel ausdrückt, nämlich: $\neg\mathsf{Bew}_{\mathsf{PA}}(\overline{0} = \overline{1})$. Ein Beweis ergibt sich aus der Formalisierung des Beweises des Ersten Unvollständigkeitssatzes. Das führt ebenfalls weit über dieses Buch hinaus.

Viele Standardwerke zu Metatheorie der Logik beinhalten Beweise der Unvollständigkeitssätze (wenigstens des Ersten), ein *benutzerfreundlicher* Zugang findet sich in [Smi25], technisch anspruchsvollere Darstellungen sind in Herbert B. Endertons Werk *A Mathematical Introduction to Logic,* [End01]. Ein weiteres Standardwerk ist die Monographie von George S. Boolos, John P. Burgess, Richard C. Jeffrey. *Computability and Logic* [BBC07]; oder Sie studieren das bereits erwähnte [EFT18]. Als ein Startpunkt, sich tiefergehend mit dem Hilbert'schen Programm auseinanderzusetzen, ist sicherlich [Tap13] und [Zac23].

8.3.3 Ich kann meine Widerspruchsfreiheit (fast) beweisen – (Gentzen)

Gerhard Gentzen [Gen35] hat in seiner Dissertation mittels konstruktiven Methoden die Widerspruchsfreiheit der Klassischen und Intuitionisitschen Logik bewiesen. Dazu entwickelte er eigens sogenannte **Sequenzenkalküle**. Dabei ist eine Sequenz ein syntaktisches Objekt der Form $\Gamma \Rightarrow \Delta$. Je nach Herangehensweise werden Γ, Δ als Folgen von Formeln oder als (bestimmte) Mengen von Formeln betrachtet. Das beeinflusst die Formulierung des entsprechenden Sequenzenkalküls.

Solche Kalküle sind durch ihre feinen metalogischen Eigenschaften ausgezeichnet, etwa die Schnittfreiheit. Das heißt, ist eine Sequenz mit einer Anwendung der Schnittregel herleitbar, dann ist die betreffende Sequenz auch ohne Anwendung der Schnittregel herleitbar. Das ist im Kern der berühmte **Hauptsatz** von Gentzen. Er zeigt weiterhin, dass mithilfe des Hauptsatzes die Widerspruchsfreiheit der Klassischen als auch Intuitionistischen Logik bewiesen werden kann. Das gab dem **Hilbert'schen Programm** Auftrieb, Gödels Sätze – wie wir wissen – haben es zwar nicht beendet, aber drastisch transformiert.

Wie wird Schnittfreiheit erreicht? In den Sequenzenkalkülen von Gentzen werden *strukturelle* Regeln und *logische* Schlussregeln zerlegt. Dabei gibt es für die logischen Zeichen (Quantoren, Junktoren) ein Paar von Regeln, sodass eine Regel angibt, wie das betreffende logische Zeichen links vom Sequenzenzeichen eingeführt wird, und eine Regel, die auf der rechten Seite Analoges fabriziert. Ähnliches gilt für strukturelle Regeln. So gibt es eine linke und eine rechte Regel für Monotonie – im Kontext von Sequenzenkalkülen wird hier oft von *Abschwächung* gesprochen. Als ein weiteres Beispiel einer strukturellen Regel gilt Schnitt. Die Regel kennen wir ja, sie sichert, dass Herleitungsrelation transitiv ist. Die Schlussregeln eines Sequenzenkalküls sind typischerweise so konstruiert, dass von den Prämissen (oder der Prämisse) einer Schlussregel keine Formel in der Konklusion *verloren geht*. In der Konklusion der Schnittregel geht nun eine Formel verloren und damit auch Information.

Der Gentzen'sche Beweis ist *konstruktiv* und er liefert ein Verfahren, einen Algorithmus, der angibt, wie aus einer Herleitung mit Anwendungen der Schnittregel eine Herleitung aufgebaut werden kann, die keine Anwendung der Schnittregel enthält – aber immer noch dieselbe Sequenz herleitet. Gentzen konnte zeigen, dass schnittfreie Herleitungen die Teilformeleigenschaft haben – im Wesentlichen heißt das, dass keine Formel verloren geht. Dadurch konnte er die Widerspruchsfreiheit der Klassischen und Intuitionistischen Logik in der jeweiligen Sequenzenformulierung konstruktiv beweisen.

Im Lichte des Zweiten Unvollständigkeitssatzes liegen die für den Beweis der Schnittelimination erforderlichen mathematischen Mittel klar außerhalb des jeweiligen formalen Systems. Das wird deutlicher in Gerhard Gentzens *Neue Fassung des Widerspruchsfreiheitsbeweises für die reine Zahlentheorie* [Gen38]. Das ist eine Weiterentwicklung seiner bahnbrechenden, früherer Arbeit aus dem Jahr 1936, in der er den ersten Widerspruchsfreiheitsbeweis für die reine Zahlentheorie (heute sagen wir: Peano-Arithmetik) präsentiert hat. Der Gentzen'sche Beweis verwendet Methoden, die über die von Gödel als finit angesehenen Mittel hinausgehen (speziell die transfiniten Ordnungszahlen bis ϵ_0); er wird aber dennoch als konstruktiv gewertet und ist für viele Mathematiker und Philosophen überzeugend. Die „Neue Fassung" von 1938 präsentiert den Beweis in einer modifizierten und oft als klarer empfundenen Form. Die angesprochene Transfinite Induktion bis ϵ_0 liegt außerhalb von dem, was in der Peano-Arithmetik beweisbar ist, und das ist im Lichte des Zweiten Gödel'schen Unvollständigkeitssatzes auch zwingend für die Widerspruchsfreiheit der Peano-Arithmetik erforderlich. Der Gentzen'sche Beweis ist ein bedeutender Erfolg für das Hilbert'sche Programm der Beweistheorie, nachdem Kurt Gödel 1931 mit seinen Unvollständigkeitssätzen gezeigt hatte, dass die Widerspruchsfreiheit der Arithmetik nicht mit finiten (innerhalb der Arithmetik verbleibenden) Mitteln bewiesen werden kann.

Eine schöne und moderne Darstellung der verschiedenen Gentzen'schen Beweise findet sich im Buch von Paolo Mancosu, Sergio Galvan und Richard Zach *An Introduction to Proof Theory: Normalization, Cut-Elimination, and Consistency Proofs* [Man21], oder auch im bereits zitierten [TS00]. Im ziemlich monumentalen Werk von Petr Hajek und Pavel Pudlak *Metamathematics of First-Order Arithmetic* [HP98] werden – wie der Name sagt – verschiedene Arithmetiken mittels metamathematischer Methoden untersucht. Ein Zugang zur Widerspruchsfreiheit der Peano-Arithmetik über die Einbettung dieser in infinitäre Systeme ist in (old but gold) Kurt Schüttes Monographie *Beweistheorie* [Sch60] enthalten; dieses Buch geht in den beweistheoretischen Untersuchungen mathematisch über die Peano-Arithmetik hinaus. Die Beweistheorie hat seither fröhliche Urständ gefeiert sowohl innerhalb der Mathematik (Untersuchung mächtigerer formaler Systeme als Peano-Arithmetik) als auch innerhalb der philosophischen Logik, in der ebenfalls die strukurelle Beweistheorie (siehe etwa [NvP01]) interessant ist. Nun ja, ein ganz kleiner Einblick ist jetzt gegeben.

9 Musterlösungen

Es folgen Musterlösungen zu ausgewählten Übungen. Versuchen Sie dennoch, die Übungen vorher zu lösen. Wenn Sie die Lösung lesen, ist es sozusagen *klar*, wie es funktioniert, und der Lerneffekt ist geringer.

9.1 Musterlösungen: Einleitung

Was sind typische Fragestellungen der Logik im Gegensatz zur Metalogik?

Die Unterscheidung zwischen Logik und Metalogik ist eine Frage der Perspektive: Arbeiten wir *innerhalb* eines logischen Systems, einer formalen Semantik oder sprechen wir *über* ein solches System, *über* eine formale Semantik?

Typische Fragestellungen der Logik (interne Perspektive)

Wir beschäftigen uns mittels der Logik mit der Analyse von Argumenten und der Gültigkeit von Schlüssen. Typische Fragestellungen sind: Welche Beziehungen gelten *zwischen* Formeln – und auch zwischen Mengen von Formeln und Formeln – in einem gegebenen semantischen oder syntaktischen Rahmen? Beispiele dazu sind:

- **Gültigkeit von Argumenten:** Vermutlich *das* Paradigma eines gültigen Argumentes ist: Alle Menschen sind sterblich. Sokrates ist ein Mensch. Daher: Sokrates ist sterblich. Dennoch fragen wir: Ist dieses Argument logisch gültig? (Formal: Gilt $\{\forall x(M(x) \rightarrow S(x)), M(a)\} \models S(a)$?) Kleine Anmerkung: Falls Sie etwas über die aristotelische Syllogistik gehört haben, seien Sie versichert, dass dieses Argument nicht syllogistisch behandelt werden kann.
- **Status von Formeln:** Ist die Formel '$P \vee \neg P$' eine logische Wahrheit (eine Tautologie)? Ist '$P \wedge \neg P$' logisch falsch (eine Kontradiktion)? Ist '$P(a) \wedge P(b) \wedge P(c)$' kontingent?
- **Status von Formelmengen:** Hat '$\{\neg\exists x(x = x)\}$' ein Modell?
- **Herleitbarkeit:** Lässt sich die Formel $\exists x P(x)$ aus den Prämissen $P(c) \rightarrow \exists x P(x)$ und $P(c)$ in unserem Kalkül herleiten? (Formal: Gilt $\{P(c) \rightarrow \exists x P(x), P(c)\} \vdash \exists x P(x)$?)

Typische Fragestellungen der Metalogik (externe Perspektive) Die Metalogik untersucht die *Eigenschaften* dieser Systeme mit mathematischen Methoden. Ihr Gegenstand sind nicht einzelne Formeln, sondern das formale System selbst oder die Beziehungen zwischen formalem System und formaler Semantik. Dabei wird stillschweigend vorausgesetzt, dass sich sowohl das System als auch die Semantik auf eine formale Sprache beziehen. Typische Beispiele für Fragen, die in der Metalogik gestellt werden, sind etwa:

- **Korrektheit:** Ist unser formales System (etwa S) verlässlich im Sinne von korrekt? Garantiert es, dass wir nur logische Wahrheiten herleiten können? (Wenn $\vdash A$, gilt dann auch $\models A$?)
- **Vollständigkeit:** Ist unser formales System (etwa Se) mächtig genug? Können wir jede logische Wahrheit auch tatsächlich herleiten? (Wenn $\models A$, gilt dann auch $\vdash A$?)
- **Entscheidbarkeit:** Gibt es einen Algorithmus, der für jede beliebige Formel in endlicher Zeit entscheiden kann, ob sie ein Theorem des Systems ist oder nicht? Wobei wir hier unter 'Algorithmus' eine endliche Anweisung verstehen wollen, der man völlig mechanisch folgen kann und dabei zu einem Ergebnis kommt.
- **Kompaktheit:** Eine Formelmenge Γ hat ein Modell gdw. jede endliche Teilmenge Δ von Γ ein Modell hat.
- **Umweglose Herleitungen:** Kann man in einem formalen System Beweise so konstruieren, dass keine *Informationen* in einem Beweis verloren gehen?

Was sind Prädikate im logischen Sinne? Wie unterscheiden sie sich von Prädikaten im grammatischen Sinne?

Oben haben wir das Argument 'Alle Menschen sind sterblich. Sokrates ist ein Mensch; also ist Sokrates sterblich.' betrachtet. Aus logischer Sicht sind Ausdrücke der Form '… ist sterblich' und '… ist ein Mensch' *einstellige* Prädikate.

Ein **Prädikat im logischen Sinne** ist ein sprachlicher Ausdruck, der eine oder mehrere *Leerstellen* für singuläre Terme (wie Namen oder Variablen) enthält. Das sind – wie Frege sie nannte – *ungesättigte* Ausdrücke; zur Sättigung benötigen diese Eigennamen, etwa 'Sokrates' oder 'Diego'. Wenn diese Leerstellen gefüllt werden, entsteht ein Aussagesatz, der wahr oder falsch sein kann.

Die Anzahl der Leerstellen bestimmt die **Stelligkeit** des Prädikats:

- **Einstellige Prädikate** drücken *Eigenschaften* aus:
  - '… ist ein Hund' (wird wahr, wenn man 'Diego' einsetzt)
  - '… ist eine Primzahl' (wird wahr, wenn man '7' einsetzt)
- **Zweistellige Prädikate** drücken *Relationen* zwischen zwei Individuen aus:
  - '… liebt …' (wird wahr, wenn man zuerst 'Silvia' dann 'Diego' einsetzt)
  - '… ist größer als …' (wird wahr, wenn man zuerst 'Silvia' und dann 'Diego' einsetzt)
- **n-stellige Prädikate** drücken Relationen zwischen *n* Individuen aus (z. B. '… liegt zwischen … und …').

Der entscheidende Unterschied zum **Prädikat im grammatischen Sinne** liegt im Fokus der Analyse:

Fokus der Grammatik:

1. **Struktur und Regeln:** Sie analysiert die syntaktische Struktur, bestimmt Wortarten und Satzglieder und legt die Regeln für die korrekte Satzbildung fest.
2. **Oberflächenbeschreibung:** Die Grammatik beschreibt, wie Sprache äußerlich in Erscheinung tritt (die *Oberfläche*).
3. **Das grammatische Prädikat:** Ein zentrales Element ist das Prädikat. Es beschreibt die Handlung, das Geschehen oder den Zustand, der dem Subjekt zugeschrieben wird. Es besteht typischerweise aus dem (konjugierten) Verb und allen notwendigen Ergänzungen.

Fokus der Logik:

1. **Abstraktion von der Grammatik:** Die Logik abstrahiert bewusst von der grammatischen Oberfläche. Sie fokussiert stattdessen auf die logische Funktion von Ausdrücken, also darauf, welche Eigenschaften Objekten zugeschrieben werden oder welche Beziehungen zwischen Entitäten bestehen.
2. **Zerlegung in Prädikate:** Ein Satz wie 'Diego ist ein gelber Hund' wird logisch in seine kleinsten Informationseinheiten zerlegt. Er enthält zwei einstellige Prädikate: '… ist gelb' (G) und '… ist ein Hund' (H), angewendet auf das Argument 'Diego' (a). Formale Darstellung: Formal wird dies als Konjunktion ausgedrückt: $G(a) \wedge H(a)$. Ziel ist es, so viel Information wie möglich aus dem Satz zu extrahieren.
3. **Wahrheitsbedingungen und Universalität:** Die logische Analyse zerlegt Aussagesätze in ihre logischen und nicht in ihre grammatischen Bestandteile. Die resultierende logische Form macht die exakten Wahrheitsbedingungen eines Satzes explizit. Diese logische Form ist sprachunabhängig; sie ist für 'Diego ist ein gelber Hund' dieselbe wie für 'Diego is a yellow dog' oder 'Diego es un perro amarillo'.

Darüberhinaus gibt es auch noch **logische Prädikate**, berühmtestes Beispiel: *Identität* beziehungsweise *Gleichheit*, dargestellt durch: =. Die **Bedeutung** des logischen Prädikates der Identität wird eigens in der **Semantik** und durch **Grundschlussweisen/Axiome** in einem formalen System bestimmt.

Das Existenzprädikat '$E!$' in der Freien Logik ist ein weiteres Beispiel für ein solches logisches Prädikat.

In '$\Gamma \models A$' bzw '$\Gamma \vdash A$' treten auch zwei zweistellige Prädikate auf, nämlich '$\models$' und '$\vdash$'. Diese sind unsere **metalogischen** Prädikate und wir untersuchen ihre Eigenschaften und ihre Zusammenhänge.

Ja, denn in beiden Fällen müssen wir das, was nach dem ersten linken oberen Anführungszeichen steht, erwähnen und das geht mit unseren Mitteln nur mit Anführungszeichen.

Was soll das alles? Der Barbier rasiert alle und nur diejenigen Männer, die sich nicht selbst rasieren.

Betrachten wir zwei Fälle:

Fall 1: Der Barbier rasiert sich selbst. Aber er rasiert ja nur die, die sich nicht selbst rasieren, also rasiert er sich nicht selbst. Widerspruch.

Fall 2: Der Barbier rasiert sich nicht selbst. Aber er rasiert ja nur die, die sich nicht selbst rasieren, also rasiert er sich selbst. Widerspruch. Fall 1 und Fall 2 führen zu einem Widerspruch. Somit gibt es so einen Barbier nicht.

9.2 Musterlösungen: Formale Sprache

Bestimmen Sie die Komplexität von:

$$\forall x_1 \exists x_2 \forall x_3 \forall x_4 \exists x_5 \ldots \exists x_{10} P(x_1, \ldots, x_{10})$$

Lösung: Wir wenden die rekursive Definition der Komplexität (k) von innen nach außen an.

1. Die innerste Formel ist die atomare Formel $P(a_1, \ldots, a_{10})$. Gemäß Definition hat sie die Komplexität 0:

   $$\mathsf{k}(P(a_1, \ldots, a_{10})) = 0$$

2. Jeder Quantor, der hinzugefügt wird, erhöht die Komplexität um 1. Die Formel hat insgesamt 10 Quantoren.
3. Also wird zehnmal die Regel $\mathsf{k}(QxA) = \mathsf{k}(A) + 1$ angewendet.

Die Gesamtkomplexität der Formel ist daher $0 + 10 = \mathbf{10}$.

Ist $(P(a) \wedge P(a) \wedge P(a) \wedge P(a) \wedge P(a))$ **eine Formel von** $\mathcal{L}$**?**

Lösung: **Nein**, streng genommen ist diese Zeichenkette keine wohlgeformte Formel gemäß unserer induktiven Definition.

Unsere Formelbildungsregel für die Konjunktion (Def. 2.1, Punkt 5) ist strikt binär: Wenn A und B Formeln sind, dann ist $(A \wedge B)$ eine Formel. Sie erlaubt nur die Verknüpfung von genau *zwei* Formeln.

Die gegebene Zeichenkette müsste durch wiederholte Anwendung dieser binären Regel aufgebaut werden. Gemäß unserer Klammerersparnisregel der Linksklammerung steht der Ausdruck für:

$$((((P(a) \wedge P(a)) \wedge P(a)) \wedge P(a)) \wedge P(a))$$

Nur diese vollständig geklammerte Version ist eine syntaktisch korrekte, wohlgeformte Formel nach unseren Regeln. Die ursprüngliche Zeichenkette ohne die inneren Klammern ist lediglich eine bequeme, aber informelle Abkürzung.

Zeigen Sie mittels Konstruktion, dass $R_1^3(a_1, b_2, a_1) \vee \exists x_5(x_5 = a_1 \wedge P_1^1(a_1))$ nicht exakt den Formelbildungsregeln von $\mathcal{L}$ entspricht. Schreiben Sie diese Formel richtig auf! Bestimmen Sie ihre Teilformeln!

Lösung: Der Konstruktionsbaum scheitert, weil die Formel **nicht vollständig geklammert** ist. Unsere Regel für die Disjunktion verlangt, dass die resultierende Formel die Struktur $(A \vee B)$ hat. Dem gegebenen Ausdruck fehlen die äußersten Klammern.

Korrekte Formel:

Die syntaktisch korrekte Formel lautet:

$$(R_1^3(a_1, b_2, a_1) \vee \exists x_5(x_5 = a_1 \wedge P_1^1(a_1)))$$

Teilformeln:

Die Teilformeln dieser korrekten Formel sind (gemäß Definition 2.3):

- $(R_1^3(a_1, b_2, a_1) \vee \exists x_5(x_5 = a_1 \wedge P_1^1(a_1)))$ (die Formel selbst)
- $R_1^3(a_1, b_2, a_1)$ (atomar)
- $\exists x_5(x_5 = a_1 \wedge P_1^1(a_1))$
- $(a_5 = a_1 \wedge P_1^1(a_1))$ (die Matrix des Existenzquantors)
- $a_5 = a_1$ (atomar)
- $P_1^1(a_1)$ (atomar)

Wenn Sie die Formel aus der vorherigen Aufgabe richtig aufgeschrieben haben, dann übertragen Sie diese in unsere offizielle Notation und bestimmen ihren Code. Lernen Sie dabei die inoffizielle Notation zu schätzen!

Lösung: Dies ist eine Fleißaufgabe, die den Wert von Abkürzungen demonstriert. Wir zerlegen die korrekte Formel in ihre offiziellen Bestandteile und deren Codes.

- $R_1^3 \hookrightarrow P_{,}'''$: Code 4010111
- $a_1 \hookrightarrow a_{,}$: Code 201
- $b_2 \hookrightarrow a_{,,}$: Code 2011
- $x_5 \hookrightarrow x_{,,,,,}$: Code 3011111
- $P_1^1 \hookrightarrow P_{,}'$: Code 40101

Die offizielle Formel ist eine sehr lange Zeichenkette. Ihr Code ist die Konkatenation der Einzelcodes:

$$6040101110602010802011080201070911 0\ldots 707$$

Ohne Trennungs-Null:

$$\underbrace{6}_{(}\ \underbrace{4010111}_{P}\ \underbrace{6}_{(}\ \underbrace{201}_{a_{,}}\ \underbrace{8}_{,}\ \underbrace{2011}_{a_{,,}}\ \underbrace{8}_{,}\ \underbrace{201}_{a_{,}}\ \underbrace{7}_{)}\ \underbrace{911}_{\vee}\ \ldots\ldots\ \underbrace{7}_{)}\ \underbrace{7}_{)}$$

Die vollständige Ausformulierung würde mehrere Zeilen füllen und unterstreicht eindrücklich, warum wir die inoffizielle Notation bevorzugen.

Kniffliger: Der Code einer Formel A (von $\mathcal{L}$) und die syntaktische Struktur von A sind *isomorph*. Können Sie das zeigen?

Lösungsidee: Ja, das kann man zeigen. Der Begriff *isomorph* bedeutet hier *strukturerhaltend* – denken Sie an das Beispiel der zwei Hundeknochen! Wir müssen im Wesentlichen zwei Eigenschaften nachweisen:

1. Die Abbildung von einer $\mathcal{L}$-Zeichenreihe zu ihrem Code, das ist die Codierungsfunktion g, ist eindeutig.
2. Die Umkehrabbildung, das ist die Decodierungsfunktion g^{-1}, das ist die Funktion vom Code zurück zur $\mathcal{L}$-Zeichenreihe (von $\mathcal{L}$), ist eindeutig.

Die Behauptung ist also: Die $\mathcal{L}$-Zeichenreihe, im Speziellen: einer Formel A, und die Reihenfolge ihres Codes $g(A)$ entsprechen sich genau, sie sind isomorph.

Beweisskizze: Wir zeigen dies, indem wir argumentieren, dass die syntaktischen Operationen zum Aufbau einer Formel (wie Negation, Konjunktion, Quantifizierung) exakten Operationen auf den Gödelnummern entsprechen.

1. **Die Abbildung g (Codierung):** Unsere Codierung ist so definiert, dass sie die Struktur erhält. Betrachten wir $(P'''_{,}(a_{,}, a_{,,}, a_{,}) \vee \exists x_{,,,,,}(x_{,,,,,} = a_{,} \wedge P'_{,}(a_{,})))$:
   - Die Formel $(P'''_{,}(a_{,}, a_{,,}, a_{,}) \vee \exists x_{,,,,,}(x_{,,,,,} = a_{,} \wedge P'_{,}(a_{,})))$ wird aus den Teilformeln $P'''_{,}(a_{,}, a_{,,}, a_{,})$ und $\exists x_{,,,,,}(x_{,,,,,} = a_{,} \wedge P'_{,}(a_{,}))$ und den Symbolen '(', '∨', ')' gebildet.
   - Ihr Code, $g(P'''_{,}(a_{,}, a_{,,}, a_{,}) \vee \exists x_{,,,,,}(x_{,,,,,} = a_{,} \wedge P'_{,}(a_{,})))$, wird durch die Konkatenation (das Hintereinanderschreiben) der Codes der Bestandteile gebildet: $g(P'''_{,}(a_{,}, a_{,,}, a_{,}) \vee \exists x_{,,,,,}(x_{,,,,,} = a_{,} \wedge P'_{,}(a_{,}))) = 6 \cdot 0 \cdot g(P'''_{,}(a_{,}, a_{,,}, a_{,})) \cdot 0 \cdot 91 \cdot 0 \cdot g(\exists x'''''(x''''' = a' \wedge P'_{,}(a'))) \cdot 0 \cdot 7$. (Hier steht '·' für Konkatenation).

   Die Operation *Bilde eine Disjunktionsformel* auf der syntaktischen Seite entspricht der Operation *Konkateniere die entsprechenden Codes in dieser spezifischen Reihenfolge* auf der numerischen Seite. Dies gilt für alle Formelbildungsregeln. Die Konstruktion der Formel hat also eine exakte Entsprechung im Aufbau der Gödelnummer aus den Gödelnummern ihrer Teilformeln.

2. **Die Abbildung g^{-1} (Decodierung):** Der entscheidende Punkt ist, dass dieser Prozess umkehrbar ist.
   - Wenn wir die Ziffer 6 . . . 911 . . . 7 sehen, wissen wir, dass es sich um eine Disjunktionsformel handeln muss.
   - Wir können dann die Ziffer in die Codes für '(', die erste Teilformel $P'''_{,}(a_{,}, a_{,,}, a_{,})$, '∨', die zweite Teilformel $\exists x_{,,,,,}(x_{,,,,,} = a_{,} \wedge P'_{,}(a_{,}))$ und ')' zerlegen.
   - Diesen Prozess können wir rekursiv fortsetzen, bis wir bei den Codes für atomare Formeln ankommen.

   Die Reihenfolge des Codes hat also exakt dieselbe Struktur wie die der ursprünglichen Formel. Da die Abbildung in beide Richtungen die Struktur erhält, sind die Strukturen isomorph.

Kniffliger: Die Eindeutigkeit der Codierung (keine zwei Formeln haben denselben Code) ist entscheidend. Haben Sie eine Beweisidee?

Lösungsidee:

Analyse unserer Codes

Betrachten wir unsere Codes für die Junktoren und Quantoren:

- $9 \hookrightarrow \neg$
- $91 \hookrightarrow \wedge$
- $911 \hookrightarrow \vee$
- $9111 \hookrightarrow \rightarrow$
- ...

Codes sind hier ein Präfix eines anderen; allerdings haben und verwenden wir das Trennzeichen '0'. Diese Eigenschaft ist der Schlüssel.

Beweisskizze durch Widerspruch:

Der Kerngedanke ist dieser: Lese die Ziffern von links nach rechts, bis du auf eine 0 triffst. Die gelesene Ziffernfolge (ohne die 0) ist der Code für genau ein Symbol. Wiederhole den Prozess für den Rest der Ziffernfolge.

1. **Annahme:** Die Codierungsfunktion g ist nicht eindeutig (nicht injektiv). Das bedeutet, es existieren zwei syntaktisch verschiedene Formeln A und B, für die aber gilt: $g(A) = g(B)$; sei N dieser Code.
2. **Start der Decodierung:** Wir beginnen, den Code N von links zu lesen. Wir lesen die Ziffern $z_1, z_2, z_3, \ldots, z_k$ bis wir zum ersten Mal auf das Trennzeichen 0 stoßen.
3. **Eindeutige Identifikation des ersten Symbols:** Die Ziffernfolge $z_1, z_2, z_3, \ldots, z_k$ muss exakt dem Code eines der Grundsymbole aus unserer Tabelle entsprechen. Es gibt keine zwei Symbole mit demselben Code. Also ist das erste Symbol der Formel eindeutig bestimmt. Wenn N mit $91110\ldots$ beginnt, ist der erste Block 9111. Dies ist eindeutig der Code für '$\rightarrow$'. Es kann nicht '$\neg$' sein, denn dann müsste der Code $90\ldots$ lauten. Die Sequenz 111 allein ist kein gültiger Start für einen neuen Codeblock.
4. **Rekursive Eindeutigkeit:** Wir entfernen den identifizierten Block (z. B. 91110) vom Anfang von N und wenden denselben Prozess auf den verbleibenden Teil des Codes an. Da dieser Decodierungsschritt in jeder Phase deterministisch und eindeutig ist, erzeugt der gesamte Prozess eine einzige, eindeutig bestimmte Folge von Codes.
5. **Konstruktion der eindeutigen Formel:** Diese eindeutige Folge von Codes entspricht genau einer einzigen Folge von Symbolen. Diese Symbolfolge ist die einzige Formel, die zum Code N decodiert werden kann.
6. **Widerspruch:** Wir haben also gezeigt, dass zu einem gegebenen Code N genau eine Formel rekonstruiert werden kann. Dies widerspricht unserer ursprünglichen Annahme, dass es zwei verschiedene Formeln, A und B, mit demselben Code N gibt.
7. **Daher:** Die Annahme muss falsch sein. Folglich ist die Codierung g eindeutig.

9.3 Musterlösungen: Semantische Methoden

Argumentieren Sie für die Richtigkeit der folgenden Behauptung:

Seien $A_1, \ldots, A_n, B$ Formeln von $\mathcal{L}$: Wenn $A_1 \wedge \cdots \wedge A_n \models B$, dann $A_1, \ldots, A_n \models B$.

Beweisskizze:

Wenn $A_1 \wedge \cdots \wedge A_n \models B$, gilt für alle prädikatenlogischen Interpretationen $\mathfrak{I} = \langle D, \varphi \rangle$, wenn $\mathfrak{I} \models A_1 \wedge \cdots \wedge A_n$, dann $\mathfrak{I} \models B$. Insbesondere bedeutet $\mathfrak{I} \models A_1 \wedge \cdots \wedge A_n$ nichts anderes als $\mathfrak{I} \models A_1$ und $\mathfrak{I} \models A_2 \ldots \mathfrak{I} \models A_n$, also $\mathfrak{I} \models \{A_1, A_2, \ldots, A_n\}$. Gemäß unseren Konventionen gilt: Wenn $\mathfrak{I} \models A_1, \ldots, A_n$, dann $\mathfrak{I} \models B$. Da $\mathfrak{I}$ beliebig gewählt ist, gilt: Für alle $\mathfrak{I}$, wenn $\mathfrak{I} \models A_1, \ldots, A_n$, dann $\mathfrak{I} \models B$. Also: $A_1, \ldots, A_n \models B$.

Die umgekehrte Implikation: Wenn $A_1, \ldots, A_n \models B$, dann $A_1 \wedge \cdots \wedge A_n \models B$ – ist auch korrekt.

Beweisen Sie Theorem 9 – Ersetzbarkeit logisch äquivalenter Teilformeln:

Seien A, B, C Formeln von $\mathcal{L}$: $A \leftrightarrow B \models C \leftrightarrow C[B/A]$ (wobei $C[B/A]$ die Formel ist, die entsteht, wenn alle Vorkommen der Teilformel A in C durch B ersetzt werden, unter Beachtung der Regeln zur Vermeidung von Variablenkollision).

Wir haben an gegebener Stelle eine kurze **Beweisskizze** entworfen. Der Beweis erfolgt mittels Induktion nach der Komplexität von C. Sei $\mathfrak{I}$ eine beliebige Interpretation mit $\mathfrak{I} \models A \leftrightarrow B$, wir müssen zeigen, dass $\mathfrak{I} \models C \leftrightarrow C[B/A]$.

Induktionsbasis: Sei C eine atomare Formel der Form $P(a_1, \ldots, a_n)$. Hier gilt es zwei Fälle zu berücksichtigen.

Fall 1: C ist identisch mit der Formel A: Die Ersetzung $C[B/A]$ ist dann die Formel B. Da aber gilt: $\mathfrak{I} \models A \leftrightarrow B$, ergibt sich $\mathfrak{I} \models C \leftrightarrow B$.

Fall 2: C ist verschieden von der Formel A: Die Ersetzung $C[B/A]$ ist dann die Formel C. Trivialerweise gilt: $\mathfrak{I} \models C \leftrightarrow C$.

Induktionshypothese (IH): Für alle Formeln F (von $\mathcal{L}$) mit geringerer Komplexität als C, gilt: $\mathfrak{I} \models F \leftrightarrow F[B/A]$. Wir nehmen an, dass keine Variablenkollision vorliegt, oder diese bereits behoben ist. Wir zeigen nun, dass das Theorem auch für C gilt.

Fall 1 – C ist von der Form $\neg D$: Wir wissen schon, dass $\mathfrak{I} \models F \leftrightarrow F[B/A]$. Die Ersetzung $C[B/A]$ geht nun so: $(\neg D)[B/A]$ ergibt: $\neg(D[B/A])$. Wir müssen zeigen, dass $\mathfrak{I} \models C \leftrightarrow \neg(D[B/A])$.

1. $\mathfrak{I} \models \neg D$ gdw. $\mathfrak{I} \not\models D$ (Definitionsgemäß)
2. $\mathfrak{I} \not\models D$ gdw. $\mathfrak{I} \not\models D[B/A]$ (IH)
3. $\mathfrak{I} \not\models D[B/A]$ gdw. $\mathfrak{I} \models \neg(D[B/A])$, d.i. $\neg D[B/A]$ (Definitionsgemäß)
4. $\neg D[B/A]$ ist aber $C[B/A]$.

Damit ist dieser Fall erledigt.

Fall 2 – C ist von der Form $D \vee E$: Wir wissen schon, dass $\mathfrak{I} \models F \leftrightarrow F[B/A]$. Die Ersetzung $C[B/A]$ geht nun so: $(D \vee E)[B/A]$ ergibt: $(D[B/A] \vee E[B/A])$. Wir müssen zeigen, dass $\mathfrak{I} \models C \leftrightarrow (D[B/A] \vee E[B/A])$.

1. $\mathfrak{I} \models D \vee E$ gdw. $\mathfrak{I} \models D$ oder $\mathfrak{I} \models E$ (Definitionsgemäß)
2. $\mathfrak{I} \models D$ gdw. $\mathfrak{I} \models D[B/A]$ (IH)
3. $\mathfrak{I} \models E$ gdw. $\mathfrak{I} \models E[B/A]$ (IH)
4. $\mathfrak{I} \models D[B/A]$ oder $\mathfrak{I} \models E[B/A]$ gdw. $\mathfrak{I} \models D[B/A] \vee E[B/A]$ (Definitionsgemäß)
5. $D[B/A] \vee E[B/A]$ ist aber $C[B/A]$.

Damit ist dieser Fall erledigt.

Fall 3 – C ist von der Form $\exists x D[x]$: Wir müssen zwei Fälle unterscheiden.

Fall 3a: C ist die Formel A. Dann ist $C[B/A]$ einfach B, und es gilt $\mathfrak{I} \models C \leftrightarrow B$.

Fall 3b: C und A sind verschiedene Formeln. A ist eine (echte) Teilformel von C, und somit eine Teilformel von D. Nach IH ist D von geringerer Komplexität als C. Die Ersetzung $C[B/A]$ das ist $(\exists x D[x])[B/A]$ ergibt: $\exists x(D[B/A])[x]$.

1. Die Annahme, dass keine Variablenkollision auftritt, bedeutet, dass die gebundene Variable x weder in A noch in B auftritt.
2. $\mathfrak{I} \models \exists x D[x]$ gdw. es gibt ein $d^\bullet$ in $\mathcal{L}(\mathfrak{I})$, sodass $\mathfrak{I} \models D[d^\bullet]$ (Definitionsgemäß)
3. $D[d^\bullet]$ ist von geringerer Komplexität als C, wegen (IH) gilt:
4. Es gibt ein $d^\bullet$ in $\mathcal{L}(\mathfrak{I})$, sodass $\mathfrak{I} \models (D[d^\bullet])[B/A]$.
5. Die Ersetzung $(D[d^\bullet])[B/A]$ ergibt: $(D[B/A])[d^\bullet]$, also gilt:
6. Es gibt ein $d^\bullet$ in $\mathcal{L}(\mathfrak{I})$, sodass $\mathfrak{I} \models (D[B/A])[d^\bullet]$.
7. Es gibt ein $d^\bullet$ in $\mathcal{L}(\mathfrak{I})$, sodass:
   $\mathfrak{I} \models (D[B/A])[d^\bullet]$ $\mathfrak{I} \models \exists x(D[B/A])[x]$. (Definitionsgemäß)

Damit ist auch dieser Fall erledigt. Die restlichen Fälle – $D \rightarrow E$, $D \wedge E$, $\forall x D[x]$ – sind analog dazu zu lösen.

Zeigen Sie, dass $\forall x A[x] \rightarrow A[a]$ eine logische Wahrheit ist.

Beweis:
Wir zeigen (ziemlich genau) die logische Wahrheit mittels eines Indirekten Beweises. Wir nehmen an, die Formel sei *nicht* logisch wahr. Dann gibt es (mindestens) eine Interpretation $\mathfrak{I} = \langle D, \varphi \rangle$, für die gilt:

$$\mathfrak{I} \not\models \forall x A[x] \rightarrow A[a]$$

Nach der Wahrheitsdefinition für die Implikation (Def. 3.2 Punkt 6) bedeutet dies: Es gibt eine Interpretation $\mathfrak{I}$ mit $\mathfrak{I} \models \forall x A[x]$ und $\mathfrak{I} \not\models A[a]$. $\mathfrak{I} \models \forall x A[x]$ gdw. für alle $d^\bullet \in \mathcal{L}(\mathfrak{I})$ mit $\mathfrak{I} \models A[d^\bullet]$. Die Interpretation von einem solchen $d^\bullet$ ist aber identisch mit der Interpretation von a, somit gilt: $\mathfrak{I} \models A[a]$; Widerspruch.

Zeigen Sie, dass gilt $\models \exists y \forall x(A[y] \vee (A[x] \to B))$

Beweisskizze:

Die Beweisidee besteht in einem Indirekten Beweis in der Metasprache. Das heißt, es gibt eine prädikatenlogische Interpretation $\mathfrak{I} = \langle D, \varphi \rangle$ mit $\mathfrak{I} \not\models \exists y \forall x(A[y] \vee (A[x] \to B))$:

1. $\mathfrak{I} \not\models \exists y \forall x(A[y] \vee (A[x] \to B))$ gdw. $\mathfrak{I} \models \neg\exists y \forall x(A[y] \vee (A[x] \to B))$ (Def.gemäß)
2. Gdw. $\mathfrak{I} \models \forall y \exists x(\neg A[y] \wedge (A[x] \wedge \neg B))$ (1., Quantorennegation, DeMorgan)
3. Für alle $d_1^\bullet \in \mathcal{L}(\mathfrak{I})$ gibt es ein $d_2^\bullet \in \mathcal{L}(\mathfrak{I})$ mit $\mathfrak{I} \models \neg A[d_1^\bullet] \wedge (A[d_2^\bullet] \neg B)$ (2., Def.gemäß)
4. Es gilt also: Für alle $d_1^\bullet \in \mathcal{L}(\mathfrak{I})$, $\mathfrak{I} \models \neg A[d_1^\bullet]$.
   Also gilt für alle $d_1^\bullet \in \mathcal{L}(\mathfrak{I})$, $\mathfrak{I} \not\models A[d_1^\bullet]$. (Def.gemäß)
5. Aber es gibt ein $d_2^\bullet \in \mathcal{L}(\mathfrak{I})$ mit $\mathfrak{I} \models A[d_2^\bullet]$. (wegen 3.)
6. Widerspruch zwischen 4. und 5. – Also:
7. $\exists y \forall x(A[y] \vee (A[x] \to B))$ ist logisch wahr.

$\exists x P(x) \to A \models \forall x(P(x) \to A)$, x kommt nicht in A vor – **ist richtig, da:** Wir betrachten eine beliebige prädikatenlogische Interpretation $\mathfrak{I}$, sodass gilt: (1) $\mathfrak{I} \models \exists x P(x) \to A$ und (2) $\mathfrak{I} \not\models \forall x(P(x) \to A)$. Wegen der Annahme (2) gilt nun: Es gibt ein $d^\bullet$ in $\mathcal{L}(\mathfrak{I})$ mit $\mathfrak{I} \not\models (P(d^\bullet) \to A)$ gdw. $\mathfrak{I} \models P(d^\bullet)$ und $\mathfrak{I} \not\models A$ gdw. $\mathfrak{I} \not\models \exists x P(x) \to A$ – im Widerspruch zu (1).

$\exists x(P(x) \to \forall y P(y))$ **ist logisch wahr, denn:** Sei $\mathfrak{I}$ eine beliebige prädikatenlogische Interpretation, dann gibt es zwei Fälle, Fall (1): $\mathfrak{I} \models \forall y P(y)$, dann gilt auch: $\mathfrak{I} \models \exists x(P(x) \to \forall y P(y))$. Fall 2: $\mathfrak{I} \not\models \forall y P(y)$, dann gibt es ein $d^\bullet$ in $\mathcal{L}(\mathfrak{I})$, sodass $\mathfrak{I} \not\models P(d^\bullet)$, somit $\mathfrak{I} \models P(d^\bullet) \to \forall y P(y)$ für ein $d^\bullet$ in $\mathcal{L}(\mathfrak{I})$, somit gilt: $\mathfrak{I} \models \exists x(P(x) \to \forall y P(y))$.

Beweisen Sie, dass $\neg\exists x \forall y(A[x, y] \leftrightarrow \neg A[y, y])$ **– genannt *Der Barbier* – eine logische Wahrheit ist.**

Lösung: Zu zeigen: $\neg\exists x \forall y(A[x, y] \leftrightarrow \neg A[y, y])$ ist eine logische Wahrheit.

Die Strategie ist ein **indirekter Beweis (IB, Beweis durch Widerspruch, reductio ad absurdum r.a.a.)**. Wir nehmen die Negation des Barbiers an und führen diese Annahme zu einem Widerspruch.

Die Annahme ist also die Negation unserer Formel, wegen (DN) gilt:

$$\exists x \forall y(A[x, y] \leftrightarrow \neg A[y, y])$$

Semantischer Beweis: Wir nehmen an, es gibt eine Interpretation $\mathfrak{I} = \langle D, \varphi \rangle$, in der unsere Annahme wahr ist.

1. Wenn $\mathfrak{I} \models \exists x \forall y(A[x, y] \leftrightarrow \neg A[y, y])$, dann muss es per Definition des Existenzquantors mindestens ein Objekt im Universum D geben, nennen wir es d_0, für das die innere Formel wahr ist.
2. Für dieses spezielle Objekt d_0 gilt also in $\mathfrak{I}$:

$$\mathfrak{I} \models \forall y(A[d_0^\bullet, y] \leftrightarrow \neg A[y, y])$$

3. Da dies für *alle* y-Objekte gilt, muss es insbesondere auch für den Fall gelten, dass es für ein spezielles Objekt d_0 gilt. Wir instanziieren also den Allquantor mit $d_0^\bullet$:

$$\mathfrak{I} \models A[d_0^\bullet, d_0^\bullet] \leftrightarrow \neg A[d_0^\bullet, d_0^\bullet]$$

4. Das Formelschema $A[d_0^\bullet, d_0^\bullet] \leftrightarrow \neg A[d_0^\bullet, d_0^\bullet]$ ist ein **logischer Widerspruch**.
5. Ein logischer Widerspruch ist logisch falsch. Es gibt also keine Interpretation, unter der ein logischer Widerspruch wahr ist.

Da unsere ursprüngliche Annahme zu einem Widerspruch führt, ist sie falsch unter jeder Interpretation. Folglich ist ihre Negation, $\neg\exists x\forall y(A[x,y] \leftrightarrow \neg A[y,y])$, unter jeder Interpretation wahr, also eine logische Wahrheit.

Gegenmodelle

Finden Sie ein **Gegenmodell zu**: $\forall x(P(x) \vee Q(x)) \rightarrow \forall xP(x) \vee \forall xQ(x)$.

Gesucht ist eine prädikatenlogische Interpretation $\mathfrak{I} = \langle D, \varphi\rangle$ mit $\mathfrak{I} \models \forall x(P(x) \vee Q(x))$ und $\mathfrak{I} \not\models \forall xP(x) \vee \forall xQ(x)$. Für diese Interpretation sei $D = \{1,2\}$, $\varphi(a) = 1, \varphi(b) = 2$, $\varphi(P) = \{1\}, \varphi(Q) = \{2\}$. Dann gilt $\mathfrak{I} \models \forall x(P(x) \vee Q(x))$, aber es gilt auch, dass $\mathfrak{I} \not\models P(b)$ und $\mathfrak{I} \not\models Q(a)$, also: $\mathfrak{I} \not\models \forall xP(x)$ und $\mathfrak{I} \not\models \forall xQ(x)$.

Finden Sie ein **Gegenmodell zu**: $\forall x(x = x) \rightarrow \forall x(x = a)$.

Wir können die prädikatenlogische Interpretation von vorhin verwenden. Dann gilt (ganz offenbar) $\mathfrak{I} \models \forall x(x = x)$, allerdings gilt auch $\varphi(a) \neq \varphi(b)$, ergo: $\mathfrak{I} \not\models b = a$, daher auch $\mathfrak{I} \not\models \forall x(x = a)$. Die Formel '$\forall x(x = a)$' ist überhaupt nur in Interpretationen wahr, deren Domain genau einen Gegenstand beinhalten.

Finden Sie ein **Gegenmodell zu** $\forall x(P(x) \rightarrow \forall yP(y))$. Ja – in der Tat – wir verwenden wiederum die prädikatenlogische Interpretation von vorhin. Also: $\mathfrak{I} \not\models \forall x(P(x) \rightarrow \forall yP(y))$, das heißt, es gibt ein $d^\bullet \in \mathcal{L}(\mathfrak{I})$ mit $\mathfrak{I} \not\models P(d^\bullet) \rightarrow \forall yP(y))$, sei $\varphi(a) = \varphi(d^\bullet)$. Dann gilt $\mathfrak{I} \models P(d^\bullet)$, aber wir wissen auch, dass $\mathfrak{I} \not\models P(b)$, also gilt: $\mathfrak{I} \not\models \forall yP(y)$.

Die jetzt schon drei Mal benutzte Interpretation liefert auch ein Gegenmodell zu: $\exists xP(x) \wedge \exists xQ(x) \rightarrow \exists x(P(x) \wedge Q(x))$.

$(P(a) \vee Q(a)) \leftrightarrow \neg(P(a) \rightarrow \neg Q(a))$. Sei $\mathfrak{I} = \langle D, \varphi\rangle$ eine prädikatenlogische Interpretation mit $\mathfrak{I} \models P(a)$ und $\mathfrak{I} \not\models Q(a)$, somit: $\mathfrak{I} \models P(a) \vee Q(a)$. Weiterhin $\mathfrak{I} \models \neg Q(a)$, also $\mathfrak{I} \models P(a) \rightarrow \neg Q(a)$. Ergo: $\mathfrak{I} \not\models \neg(P(a) \rightarrow \neg Q(a))$.

Die etwas längere Formel $\exists x\exists y(\neg(x = y) \wedge A[x] \wedge A[y] \rightarrow$

$\exists x\exists y\exists z(\neg(x = y) \wedge \neg(x = z) \wedge \neg(y = z) \wedge A[x] \wedge A[y] \wedge A[z])$ besagt einfach: Wenn es mindestens zwei Gegenstände gibt, die A sind, dann gibt es mindestens drei Gegenstände, die A sind. Jede prädikatenlogische Interpretation mit einer Domain mit (genau) zwei A-Gegenständen erfüllt das Antezedens aber nicht das Konsequent.

Betrachten wir $\forall x\exists yR(x,y) \rightarrow \exists y\forall xR(x,y)$ – dazu verwenden wir die prädikatenlogische Interpretation $\mathfrak{I} = \langle D, \varphi\rangle$ mit $D = \{1,2\}$ (ja!) und $\varphi(R) = \{\langle 1,2\rangle, \langle 2,1\rangle\}$. Das

Antezedens $\forall x \exists y R(x, y)$ besagt nun, dass es für jedes x-Objekt ein y-Objekt (beide aus D) gibt, sodass diese in der R-Relation stehen. Unsere Interpretation leistet das. Das Konsequent $\exists y \forall x R(x, y)$ besagt, dass es ein y-Objekt für alle x-Objekte gibt, die in der R-Relation zueinander stehen. Das leistet unsere Interpretation nicht, etwa sind $\langle 1, 1\rangle$ oder $\langle 2, 2\rangle$ nicht in der Extension von R.

Wie groß ist die Domain?

1. **Finden Sie eine Interpretation, sodass die folgende Formel wahr ist: $\exists x_1 \exists x_2 (x_1 \neq x_2)$. Begründen Sie Ihre Antwort!**

   Lösung: Um diese Formel wahr zu machen, benötigen wir eine Domain, die mindestens zwei verschiedene Objekte enthält.

   Interpretation $\mathfrak{I}_1 = \langle D_1, \varphi_1\rangle$:

   - Domain: $D_1 = \{1, 2\}$
   - Interpretation φ_1: (für diese Formel nicht relevant, da keine deskriptiven Symbole vorkommen)

   Begründung: Die Formel $\exists x_1 \exists x_2 (x_1 \neq x_2)$ ist in $\mathfrak{I}_1$ wahr, weil wir zwei Objekte in der Domain, nämlich '1' und '2', auswählen können, sodass die Formel '$1^\bullet \neq 2^\bullet$' wahr ist unter $\mathfrak{I}_1$. Per Definition der Semantik für '$\neq$' ist dies der Fall, da die Objekte '1' und '2' nicht identisch sind.

2. **Finden Sie eine Interpretation, sodass die folgende Formel falsch ist: $\exists x_1 \exists x_2 (x_1 \neq x_2)$. Begründen Sie Ihre Antwort!**

   Lösung: Um diese Formel falsch zu machen, benötigen wir ein Universum, in dem es unmöglich ist, zwei verschiedene Objekte zu finden. Das ist der Fall, wenn das Universum nur genau ein Objekt enthält.

   Interpretation $\mathfrak{I}_2 = \langle D_2, \varphi_2\rangle$:

   - Domain: $D_2 = \{1\}$

   Begründung: Die Formel $\exists x_1 \exists x_2 (x_1 \neq x_2)$ ist in $\mathfrak{I}_2$ falsch. Um sie wahr zu machen, müssten wir zwei Objekte $d_1, d_2 \in D_2$ finden, sodass $d_1 \neq d_2$. Da unsere Domain aber nur das Objekt enthält, sind die einzigen möglichen Wahlen für d_1 und d_2 beide 1. Die Formel '$1^\bullet \neq 1^\bullet$' ist jedoch falsch unter $\mathfrak{I}_2$. Da es keine andere Wahl gibt, ist die Existenzaussage falsch. (Eine leere Domain ist in der klassischen Logik nicht erlaubt.)

3. **Finden Sie eine Interpretation, in der gilt: Die Domain hat mindestens vier Objekte.**

   Lösung: Wir müssen eine Formel finden, die nur dann wahr sein kann, wenn es mindestens vier verschiedene Objekte gibt. Wir können dies tun, indem wir die Formel aus 1. erweitern.

   Formel:

   $$\exists x_1 \exists x_2 \exists x_3 \exists x_4 (x_1 \neq x_2 \wedge x_1 \neq x_3 \wedge x_1 \neq x_4 \wedge x_2 \neq x_3 \wedge x_2 \neq x_4 \wedge x_3 \neq x_4)$$

   Diese Formel postuliert die Existenz von vier paarweise verschiedenen Objekten.

Interpretation $\mathfrak{I}_3 = \langle D_3, \varphi_3 \rangle$**:**

- Domain: $D_3 = \{d_1, d_2, d_3, d_4\}$

Begründung: Die Formel ist wahr unter $\mathfrak{I}_3$, weil wir $\varphi(d_i^\bullet) = d_i$ mit $1 \leq i \leq 4$ setzen. Da alle diese Objekte verschieden sind, gilt $\mathfrak{I} \models d_i^\bullet \neq d_j^\bullet$ für jedes Konjunkt mit $i \neq j$. Folglich ist die gesamte Konjunktionsformel und somit die Existenzformel wahr.

4. **Bestimmen Sie die minimale Kardinalität des Gegenstandsbereichs (Domain), die notwendig ist, damit die folgende Formel wahr wird:**

$$\forall x \neg R(x,x) \wedge \forall x \forall y \forall z (R(x,y) \wedge R(y,z) \rightarrow R(x,z)) \wedge \forall x \exists y R(x,y)$$

Begründen Sie Ihre Antwort!

Lösung: Um die Formel zu erfüllen, sind **(abzählbar) unendlich viele** Objekte in der Domain notwendig.

Analyse der Formel:

Die gegebene Formel setzt sich aus drei Bedingungen zusammen, die die Eigenschaften der Relation R definieren:

a. $\forall x \neg R(x,x)$: Die Relation ist **irreflexiv**.

b. $\forall x \forall y \forall z (R(x,y) \wedge R(y,z) \rightarrow R(x,z))$: Die Relation ist **transitiv**.

c. $\forall x \exists y R(x,y)$: Die Relation ist **seriell** (d. h. jedes Element hat einen Nachfolger).

Zusammengenommen beschreibt dies eine *strikte Ordnung ohne maximales Element*. Ein intuitives Beispiel hierfür ist die Struktur der natürlichen Zahlen $(\mathbb{N}, <)$, bei der zu jeder Zahl eine größere Zahl existiert.

Beweis (durch Indirekten Beweis):

Wir nehmen an, es existiere eine Interpretation $\mathfrak{I} = \langle D, \varphi \rangle$ mit einer **endlichen** Domain $D = \{d_1, \ldots, d_n\}$, welche die Formel erfüllt.

a. Aufgrund der Serialität ($\forall x \exists y R(x,y)$) muss jedes Element einen Nachfolger haben. Wir beginnen bei einem beliebigen Element d_1 und konstruieren eine Folge:

$$d_1 \xrightarrow{R} d_2 \xrightarrow{R} d_3 \xrightarrow{R} \ldots$$

wobei gilt, dass $\langle d_i, d_{i+1} \rangle \in \varphi(R)$ für alle $i \geq 1$.

b. Da die Domain D endlich ist und nur n Elemente enthält, muss nach dem *Schubfachprinzip* (*Pigeonhole Principle*) in einer Folge von $n+1$ Schritten mindestens ein Element erneut vorkommen. Es gibt also Indizes $j > i$, sodass $d_i = d_j$. Es entsteht ein Zyklus.

c. Aufgrund der **Transitivität** gilt: Wenn eine Kette von R-Beziehungen von d_i zu d_j führt, dann muss auch $R(d_i^\bullet, d_j^\bullet)$ gelten.

d. Da wir festgestellt haben, dass $d_i = d_j$, folgt daraus: '$R(d_i^\bullet, d_i^\bullet)$' ist wahr unter dieser Interpretation.

e. Dies steht im direkten **Widerspruch zur Irreflexivität** ($\forall x \neg R(x, x)$), welche verlangt, dass kein Element in Relation zu sich selbst stehen darf.

Daher: Die Annahme einer endlichen Domain führt zu einem Widerspruch. Folglich muss jede Interpretation, unter der die Formel wahr ist, über eine (mindestens) abzählbar unendliche Domain verfügen.

9.4 Musterlösungen: Syntaktische Methoden

$\neg\exists x \neg A[x] \vdash_S \forall x A[x]$

Herleitung:

1. $\neg A[a] \vdash \exists x \neg A[x]$ (E)
2. $\neg\exists x \neg A[x] \vdash \neg\neg A[a]$ (1., (Kontra))
3. $\neg\neg A[a] \vdash A[a]$ (DN)
4. $\neg\exists x \neg A[x] \vdash A[a]$ (2., 3., (Schnitt))
5. $\neg\exists x \neg A[x] \vdash \forall x A[x]$ (4., AE, VB erfüllt)

Leiten Sie (SIMPa) $\neg(\neg A \vee \neg B) \vdash_{Se} A$ **her:**

Herleitung:

1. $\neg A \vdash \neg A \vee \neg B$ (ADD)
2. $\neg(\neg A \vee \neg B) \vdash \neg\neg A$ (Kontra)
3. $\neg\neg A \vdash A$ ((DN) ist herleitbar)
4. $\neg(\neg A \vee \neg B) \vdash A$ (2., 3., (Schnitt))

Leiten Sie in Se **die starke Kontrapositionsregel her:**

$$\frac{\neg B, \Phi \vdash \neg A}{A, \Phi \vdash B}$$

Herleitung:

1. $\neg B, \Phi \vdash \neg A$ (Prämisse)
2. $\neg A, A, \Phi \vdash B$ ((ECQ), (MON))
3. $\neg B, A\Phi \vdash B$ (1., 2., (Schnitt))
4. $B, A, \Phi \vdash B$ ($B \vdash B$, (MON))
5. $A, \Phi \vdash B$ (3., 4., (Schnitt))

Leiten Sie in Se **her:**

$$\frac{\Phi \vdash A \quad \Phi \vdash \neg A \vee B}{\Phi \vdash B}$$

Herleitung:

1. $\Phi \vdash A$ (Prämisse)
2. $A \vdash \neg\neg A$ (DN)
3. $\Phi \vdash \neg\neg A$ (1., 2., (Schnitt))
4. $\neg\neg A, \neg A \vee B \vdash B$ (DS)
5. $\neg A \vee B, \Phi \vdash B$ (3., 4., (Schnitt))
6. $\Phi \vdash \neg A \vee B$ (Prämisse)
7. $\Phi \vdash B$ (5., 6., (Schnitt))

Leiten Sie in S her:

$$\frac{A, \Gamma \vdash C \quad B, \Phi \vdash C}{A \vee B, \Phi, \Gamma \vdash C}$$

Herleitung:

1. $A, \Gamma \vdash C$ (Prämisse)
2. $\Gamma \vdash A \rightarrow C$ (1., (KB))
3. $B, \Phi \vdash C$ (Prämisse)
4. $\Phi \vdash B \rightarrow C$ (3., (KB))
5. $A \rightarrow C, B \rightarrow C, A \vee B \vdash C$ (DIS)
6. $B \rightarrow C, A \vee B, \Phi, \Gamma \vdash C$ (2., 5., (Schnitt))
7. $A \vee B, \Phi, \Gamma \vdash C$ (3., 6., (Schnitt))

Beweisen Sie: $\vdash \exists y(A[y] \rightarrow \forall x A[x])$ **(Trinker-Paradoxon)**

Lösung: Wir vervollständigen die Beweisskizze, erläutern die Strategie.

Die Beweisstrategie: Die Strategie ist ein **Indirekter Beweis (IB)**. Aus $\neg E \vdash C \wedge \neg C$ können wir nach der Regel (IB) auf $\vdash E$ schließen. Wir starten!

Vervollständigte Herleitung mit Begründungen

1. $\neg\exists y(A[y] \rightarrow \forall x A[x]) \vdash \forall y \neg(A[y] \rightarrow \forall x A[x])$ (Quantorennegation)
2. $\forall y \neg(A[y] \rightarrow \forall x A[x]) \vdash \forall y(A[y] \wedge \neg\forall x A[x])$ (S $\vdash \neg(E \rightarrow C) \leftrightarrow (E \wedge \neg C)$ und Theorem 12)
3. $\forall y(A[y] \wedge \neg\forall x A[x]) \vdash \forall y A[y] \wedge \neg\forall x A[x]$ (S $\vdash \forall y(E[y] \wedge C) \leftrightarrow (\forall y E[y] \wedge C)$)
4. $\forall y A[y] \leftrightarrow \forall x A[x]$ (Ist ein S-Theorem; wird auch als *Alpha-Konversion* bezeichnet.)
5. $\forall y A[y] \wedge \neg\forall x A[x] \vdash \forall x A[x] \wedge \neg\forall x A[x]$ (3., 4., Theorem 12)
6. $\neg\exists y(A[y] \rightarrow \forall x A[x]) \vdash \forall x A[x] \wedge \neg\forall x A[x]$ (Aus 1.-5. mit Schnitten)
7. $\vdash \exists y(A[y] \rightarrow \forall x A[x])$ (6. (IB))

Beweis von Theorem 12, Ersetzbarkeit logisch äquivalenter Teilformeln: Seien A, B, C Formeln von $\mathcal{L}$, dann gilt: $A \leftrightarrow B \vdash C \leftrightarrow C[B/A]$ (wobei $C[B/A]$ die Formel ist, die entsteht, wenn alle Vorkommen der Teilformel A in C durch B ersetzt werden, unter Beachtung der Regeln zur Vermeidung von Variablenkollision).

Der Beweis erfolgt jedenfalls mittels Induktion nach der Komplexität von C.

Induktionsbasis:

C sei atomar/prim; dann gibt es zwei Fälle:

Fall 1: C ist identisch mit A, dann ist $C[B/A]$ identisch mit B. Es gilt aber $A \leftrightarrow B \vdash_S A \leftrightarrow B$. **Fall 2:** C ist prim, aber syntaktisch verschieden von A. Nach Definition 2.3 (Teilformel) kann A kein echter Teil von C sein, da C prim ist, also ist $C[B/A]$ identisch mit C; aber es gilt: $A \leftrightarrow B \vdash_S C \leftrightarrow C$. (Analog für Gleichheitsformeln und nullstellige Prädikate.)

Induktionshypothese (IH): Wir nehmen an, die Behauptung gilt für alle Formeln, die weniger komplex sind als C.

Induktionsschritt: Wir betrachten die verschiedenen Formen von C:

Fall C sei $\neg D$: Dann ist $(\neg D)[B/A]$ die Formel $\neg(D[B/A])$. Da $\mathrm{k}(D) < \mathrm{k}(\neg D)$, gilt nach IH: $A \leftrightarrow B \vdash_S D \leftrightarrow D[B/A]$. Da in S allgemein $E \leftrightarrow F \dashv\vdash \neg E \leftrightarrow \neg F$ gilt, folgt daraus: $A \leftrightarrow B \vdash_S \neg D \leftrightarrow \neg(D[B/A])$.

Fall C sei $D \vee E$: Dann ist $(E \vee E)[B/A]$ die Formel $(D[B/A] \wedge E[B/A])$. Wegen der IH gilt: $A \leftrightarrow B \vdash D \leftrightarrow E[B/A]$ und $A \leftrightarrow B \vdash D \leftrightarrow E[B/A]$. Da in S allgemein $H \leftrightarrow H', F \leftrightarrow F' \vdash (H \vee F) \leftrightarrow (H' \vee F')$ gilt, folgt das gewünschte Resultat.

Fall C sei $\exists x D[x]$ (analog für $\forall x D[x]$):

1. *Unterfall:* C ist identisch mit A. Dann ist $C[B/A]$ identisch mit B, und es gilt trivialerweise $A \leftrightarrow B \vdash_S A \leftrightarrow B$.
2. *Unterfall:* A ist eine echte Teilformel von $D[v]$. Wir nehmen an, dass unsere Ersetzungsregeln Variablenkollisionen verhindern. Gemäß IH gilt:

   a. $A \leftrightarrow B \vdash D[a] \leftrightarrow D[a][B/A]$ für eine frische Variable a

   Daraus leiten wir die beiden Implikationen ab:

   b. $A \leftrightarrow B \vdash D[a] \rightarrow D[a][B/A]$

   c. $A \leftrightarrow B \vdash D[a][B/A] \rightarrow D[a]$

   Wegen IH:

   d. $D[a], A \leftrightarrow B \vdash D[a][B/A]$

   e. $D[a][B/A], A \leftrightarrow B \vdash \exists x D[x][B/A]$

   f. $D[a], A \leftrightarrow B \vdash \exists x D[x][B/A]$

   g. $\exists x D[x], A \leftrightarrow B \vdash \exists x D[x][B/A]$ (f., (EE*), VB!)

   h. $A \leftrightarrow B \vdash \exists x D[x] \rightarrow \exists x D[x][B/A]$ (g., (KB))

   i. $A \leftrightarrow B \vdash \exists x D[x][B/A] \rightarrow \exists x D[x]$ (aus c., analog zu eben)

Daher:

j. $A \leftrightarrow B \vdash \exists x D[x][B/A] \leftrightarrow \exists x D[x]$ (h., i., (Ä1))

Beweis von Theorem 14 – das ist: $\vdash a = b \rightarrow A[a] \leftrightarrow B[b]$.

Wir starten mit G-Basis, das ist:

$$a = b, (P(t_1, \ldots, a, \ldots, t_n) \vdash P(t_1, \ldots, b, \ldots, t_n)) .$$

Wir zeigen (praktisch gleichzeitig) mittels Induktion, dass sowohl: $a = b, A[a] \vdash A[b]$ als auch $\vdash a = b \rightarrow A[a] \leftrightarrow B[b]$ in S zulässig sind.

Beweisskizze:

Der Beweis – wie gewohnt nach der Komplexität von A.

Induktionsbasis:

1. $a = b, (P(t_1, \ldots, a, \ldots, t_n) \vdash P(t_1, \ldots, b, \ldots, t_n))$ (G-Basis)
2. $a = b \vdash (P(t_1, \ldots, a, \ldots, t_n) \rightarrow P(t_1, \ldots, b, \ldots, t_n))$ (1., (KB))
3. $a = b, (P(t_1, \ldots, b, \ldots, t_n) \vdash P(t_1, \ldots, a, \ldots, t_n))$ (G-Basis)
4. $a = b \vdash (P(t_1, \ldots, b, \ldots, t_n) \rightarrow P(t_1, \ldots, a, \ldots, t_n))$ (3., (KB))
5. $P(t_1, \ldots, a, \ldots, t_n) \rightarrow P(t_1, \ldots, b, \ldots, t_n), P(t_1, \ldots, b, \ldots, t_n) \rightarrow P(t_1, \ldots, a, \ldots, t_n)$
   $\vdash P(t_1, \ldots, a, \ldots, t_n) \leftrightarrow P(t_1, \ldots, b, \ldots, t_n)$ (Ä1)
6. $a = b \vdash P(t_1, \ldots, a, \ldots, t_n) \leftrightarrow P(t_1, \ldots, b, \ldots, t_n)$ (2., 4., 5., 2x(Schnitt))
7. $\vdash a = b \rightarrow (P(t_1, \ldots, a, \ldots, t_n) \leftrightarrow P(t_1, \ldots, b, \ldots, t_n))$ (6., (KB))

Induktionshypothese: Beide Theoreme gelten für Fälle von Komplexität $k < m$.

Fall A **sei** $\neg B$:

Wir gehen's noch einmal langsamer an:

1. $a = b, B[a] \vdash B[b]$ (wegen IH)
2. $a = b, \neg B[b] \vdash \neg B[a]$ (1., (Kontra))
3. $a = b \vdash \neg B[b] \rightarrow \neg B[a]$
4. $a = b, B[b] \vdash B[a]$ (wegen IH)
5. $a = b \vdash \neg B[a] \rightarrow \neg B[b]$ (4., (Kontra), (KB))
6. $\neg B[b] \rightarrow \neg B[a], \neg B[a] \rightarrow \neg B[b] \vdash \neg B[a] \leftrightarrow B[b]$ (Ä1)
7. $a = b \vdash \neg B[a] \leftrightarrow \neg B[b]$ (3., 4., 6., 2x(Schnitt))

Fall A **sei** $B \vee C$:

Wir gehen schneller vor und vertrauen darauf, dass die geneigte Leserin genug Energie aufbringt, die nötigen Schritte in S selbst aufzuschreiben.

1. $a = b \vdash B[a] \leftrightarrow B[b]$
2. $a = b \vdash B[a] \leftrightarrow B[b]$
3. $a = b \vdash B[a] \vee C[a] \leftrightarrow B[b] \vee C[b]$ (1., 2., S)

Die Fälle $B \wedge C, B \rightarrow C$ sind analog.

Fall A sei $\exists x B[v, x]$:

1. $a = b, B[a, c] \vdash B[b, c]$ (IH)
2. $B[b, c] \vdash \exists x B[b, x]$ (E)
3. $a = b, B[a, c] \vdash \exists x B[b, x]$ (1., 2., (Schnitt))
4. $a = b, \exists x B[a, x] \vdash \exists x B[b, x]$ (3., (EE*))
5. $a = b, \exists x B[b, x] \vdash \exists x B[a, x]$ (analog zu oben)
6. $a = b \vdash \exists x B[a, x] \leftrightarrow \exists x B[b, x]$ (4., 5., S)

Fall A sei $\forall x B[v, x]$ ist analog zu $\exists x B[v, x]$.

Beweisen Sie das folgende Metatheorem (die *Zulässigkeit der Substitution*) für das formale System S: Wenn $\Gamma[a] \vdash A[a]$, dann $\Gamma[b] \vdash A[b]$. Dabei ist $\Gamma[a]$ analog zur Schreibweise $A[a]$ zu verstehen.

Beweisskizze: Der Beweis verläuft mittels Induktion nach der Höhe der Herleitung in S.

Induktionsanfang ($k = 0$): Dazu müssen wir beweisen, dass Grundschlussweisen mit Vorkommnissen der freien Individuenvariable a in Grundschlussweisen mit Vorkommnissen der freien Individuenvariablen übergehen. Etwa geht (DS) der Form $\neg P(a, c), P(a, c) \vee \exists x \exists y Q(x, y) \vdash \exists y Q(x, y)$ über in $\neg P(b, c), P(b, c) \vee \exists x \exists y Q(x, y) \vdash \exists y Q(x, y)$; oder aber $P(a, c_1, c_2) \vdash \exists x P(a, x, c_2)$ geht durch Substitution über in $P(a, c_1, c_2) \vdash \exists x P(b, x, c_2)$. Ein heikler Fall für Grundschlussweisen ist etwa: $\forall x Q(x, b) \vdash Q(a, b)$, dieser würde ohne Vorkehrungen übergehen in: $\forall x Q(x, b) \vdash Q(b, b)$. Das schließt die Besprechung von Herleitungen der Höhe 0 in S ab.

Induktionshypothese (IH): Wir nehmen an, dass $P(m)$ für alle Herleitungshöhen $m < k$ wahr ist.

Induktionsschritt ($k > 0$): Die Prämisse(n) hat/haben die gewünschte Eigenschaft; zu zeigen: Die Konklusion der Basisschlussregel hat ebenfalls die gewünschte Eigenschaft. Dabei bilden die heiklen Fälle die Schlussweisen (AE*) und (EE*). Wir besprechen (AE*); (EE*) ist analog zu argumentieren. Der letzte Schluss in einer Herleitung $\Gamma[a] \vdash A[a]$ ist eine Anwendung der Basisschlussregel (AE*), mit $A[a]$ sei $\forall x B[x, a]$ und die Variablenbedingung sei erfüllt; die Prämisse dieser Anwendung von (AE*) ist dann $\Gamma[a] \vdash B[c, a]$, mit VB ist für c erfüllt. Wegen der IH gilt, dass wir alle Vorkommnisse von a durch b ersetzen können und wir erhalten: $\Gamma[b] \vdash B[c, b]$, mit einer Anwendung von (AE*) erhalten wir das gewünschte Resultat. Der andere Fall, der eintreten könnte, wäre $\Gamma[a] \vdash B[b, a]$. Da die IH erfüllt ist, gehen wir wie folgt vor: In der Herleitung von $\Gamma[a] \vdash B[b, a]$ ersetzen wir jedes Vorkommnis von b durch eine frische (noch nicht in dieser Herleitung vorkommende) freie Individuenvariable c; des Weiteren ersetzen wir jedes Vorkommnis der freien Individuenvariablen a durch b – dies ist ebenfalls durch die IH gewährleistet. Mittels einer Anwendung von (AE*) erhalten wir das gewünschte Resultat.

9.5 Musterlösungen: Widerspruchsfreiheit & Modell

Beweisen Sie Lemma 5, das ist:

Seien Γ, Δ Formelmengen der Sprache $\mathcal{L}$:

Widf(Γ) gdw. für alle endlichen Teilmengen Δ von Γ gilt: Widf(Δ).

Beweis:

⇒:

1. Widf(Γ) (Annahme)
2. Nicht für alle endlichen Formelmengen Δ mit $\Delta \subseteq \Gamma$ gilt: Widf(Δ). (Annahme)
3. Es gibt eine endliche Formelmenge Δ mit $\Delta \subseteq \Gamma$ und Widv(Δ). (2., Logik, Def. Widf)
4. Sei Δ′ so eine endliche Formelmenge.
5. Also gilt: $\Delta' \vdash A$ und $\Delta' \vdash \neg A$.
6. Also gilt: $\Delta' \subseteq \Gamma$. (wegen 3.)
7. Also gilt: $\Gamma \vdash A$ und $\Gamma \vdash \neg A$.
8. Also gilt: Widv(Γ).

⇐:

1. Für alle endlichen Teilmengen Δ von Γ gilt: Widf(Δ).
2. Widv(Γ) (Annahme)
3. Es gibt endlich viele Formeln $B_1, \ldots, B_n$ von Γ sodass gilt:
   $B_1, \ldots, B_n \vdash A$ und $B_1, \ldots, B_n \vdash \neg A$. (2., Def. ⊢)
4. Sei $\{B_1, \ldots, B_n\} = \Delta$, klarerweise ist Δ endlich.
5. Es gilt: $\Delta \subseteq \Gamma$.
6. Widv(Δ).
7. Es gilt (wegen 1.) auch: Widf(Δ).

Beweisen Sie Lemma 6:

a. $\Phi \vdash A$ gdw. Widv($\Phi \cup \{\neg A\}$) und *b*. $\Phi \vdash \neg A$ gdw. Widv($\Phi \cup \{A\}$).

c. Wenn Widf(Γ), dann ist Widf($\Gamma \cup \{A\}$) oder Widf($\Gamma \cup \{\neg A\}$)

Teil *a*.

⇒:

1. $\Phi \vdash A$ (Annahme)
2. $\Phi, \neg A \vdash \neg A$ ((TS), (MON))
3. $\Phi, \neg A \vdash A$ (1., (MON))
4. Widv($\Phi \cup \{\neg A\}$) (2., 3., Def. Widv(Δ))

$\Leftarrow$:

1. Widv($\Phi \cup \{\neg A\}$) (Annahme)
2. $\Phi, \neg A \vdash A$ (1., Lemma)
3. $\Phi, A \vdash A$ ((TS), (MON))
4. $\Phi \vdash A$ (2., 3., (FU))

Idee für Beweis von *c*. Das ist ein Wenn-Dann-Satz, Antezedens wird angenommen; das Konsequens ist ein Disjunktionssatz. Wir probieren es mit r.a.a. (auch bekannt als IB), das heißt, wir fügen als weitere Annahme die Negation des Disjunktionssatzes hinzu.

1. Widf(Γ) (Annahme)
2. Nicht der Fall, dass (Widf($\Gamma \cup \{A\}$) oder Widf($\Gamma \cup \{\neg A\}$)) (Annahme)
3. Widv($\Gamma \cup \{A\}$) und Widv($\Gamma \cup \{\neg A\}$) (2., Logik)
4. $\Gamma, A \vdash B \wedge \neg B$ (3., Def.Widv)
5. $\Gamma, \neg A \vdash B \wedge \neg B$ (3., Def.Widv)
6. $\Gamma \vdash B \wedge \neg B$ (4., 5., FU)
7. Widv(Γ) (5., Def. Widf)
8. Widf(Γ) und Widv(Γ)
9. Also: Widf($\Gamma \cup \{A\}$) oder Widf($\Gamma \cup \{\neg A\}$) (1.-8. IB)
10. Also: Wenn Widf(Γ), dann ist Widf($\Gamma \cup \{A\}$) oder Widf($\Gamma \cup \{\neg A\}$).

Kniffelig: Sei A eine $\mathcal{L}$-Formel und sei $\mathfrak{I}$ eine prädikatenlogische Interpretation. Wir definieren eine spezielle $\mathcal{L}$-Formelmenge Ξ, wie folgt: $\Xi := \{A \in \mathcal{L} \mid \mathfrak{I} \models A\}$. Zeigen Sie, dass diese Menge saturiert ist.

Das heißt, wir müssen zeigen, dass Ξ maximal-widerspruchsfrei ist und Instanzen enthält.

Ξ ist maximal-widerspruchsfrei, denn für alle A von $\mathcal{L}$ gilt: $\mathfrak{I} \models A$ oder $\mathfrak{I} \models \neg A$, also ist $A \in \Xi$, oder $\neg A \in \Xi$, somit gilt: $\Xi \vdash A$ oder $\Xi \vdash \neg A$.

Ξ enthält Instanzen, denn:

Fall 1: $\mathfrak{I} \not\models \exists x A[x]$, dann gilt: $\mathfrak{I} \models \neg\exists x A[x]$ und somit auch $\mathfrak{I} \models \neg\exists x A[x] \vee A[d^\bullet]$.

Fall 2: $\mathfrak{I} \models \exists x A[x]$, dann gilt: Es gibt ein $d^\bullet$ in $\mathcal{L}(\mathfrak{I})$ mit $\mathfrak{I} \models A[d^\bullet]$, damit gilt aber $\mathfrak{I} \models \neg\exists x A[x] \vee A[d^\bullet]$.

Somit gilt in beiden Fällen $\mathfrak{I} \models \neg\exists x A[x] \vee A[d^\bullet]$, somit ist $\neg\exists x A[x] \vee A[d^\bullet] \in \Xi$ also: $\Xi \vdash \neg\exists x A[x] \vee A[d^\bullet]$.

Kniffelig: Führen Sie den Beweis des Vollständigkeitssatzes für Ser auf der Basis von MaxWidf$_2$ durch.

Lösungsskizze:

Die Standarddefinition von maximal widerspruchsfrei – MaxWidf$_2$ – lautet:

Eine Menge Φ ist maximal widerspruchsfrei (kurz MaxWidf$_2$), wenn gilt:

1. Φ ist widerspruchsfrei (Widf(Φ)).
2. Für jede Formel A, die nicht in Φ ist ($A \notin \Phi$), gilt, dass die Menge $\Phi \cup \{A\}$ widerspruchsvoll ist (Widv($\Phi \cup \{A\}$)).

Jetzt müssen wir Schritt für Schritt zentrale Definitionen und Lemmata anpassen. Zunächst adaptieren wir die Definition von Henkin-vollständig:

Definition 9.1: Henkin-vollständig (Alternative)

Eine Menge Φ von $\mathcal{L}$-Formeln ist Henkin-vollständig (bzw. enthält Instanzen bzw. Zeugen bzw. ist bezeugt) :gdw. für alle $\mathcal{L}$-Formeln der Form $\exists x A[x]$ gibt es eine freie Individuenvariable c, sodass gilt: $\neg\exists x A[x] \vee A[c] \in \Phi$.

Wir definieren *saturierte Menge* neu:

Definition 9.2: Saturierte Menge (Alternative)

Eine Formelmenge Φ der Sprache $\mathcal{L}$ heißt saturiert :gdw. sie die (1) maximal-widerspruchsfrei (nach Version 2) und (2) Henkin-vollständig (in der alternativen Version) ist.

Das neu gefasste Lemma über saturierte Mengen ist nun wie folgt formuliert.

Lemma 11 (Saturierte Mengen (Alternative)). *Sei Φ eine saturierte $\mathcal{L}$-Formelmenge, dann:*

1. $\neg A \in \Phi$ *gdw.* $A \notin \Phi$.
2. $A \vee B \in \Phi$ *gdw.* $A \in \Phi$ *oder* $B \in \Phi$.
3. $\exists x A[x] \in \Phi$ *gdw. es gibt eine freie Individuenvariable a, sodass gilt:* $A[a] \in \Phi$.

Der **Beweis** verläuft analog zum Beweis von Lemma 7. Weiter geht's mit der alternativen Definition von **kanonischem Modell**.

Definition 9.3: Das kanonische Modell (Alternative)

Sei Φ eine saturierte $\mathcal{L}$-Formelmenge. Das **kanonische Modell** bzw. **Term-Modell** für Φ, bezeichnet als $\mathfrak{I}^\Phi = \langle D^\Phi, \varphi^\Phi \rangle$, ist wie folgt definiert:

Domain D^Φ

Die Domain des Modells ist die Menge aller freien Individuenvariablen von Φ.

Interpretation von Termen φ^Φ

Die Interpretationsfunktion φ^Φ bildet jeden Term auf sich selbst ab:

$$\varphi^\Phi(a) = a \quad \text{für jeden Term } a\,.$$

Interpretation von Prädikaten φ^Φ

$$\langle a_1, \ldots, a_n \rangle \in \varphi^\Phi(P^n) \text{ :gdw. } P^n(a_1, \ldots, a_n) \in \Phi$$

Mithilfe dieser Definition können wir eine alternative Version von Henkins Theorem formulieren und wie gehabt über die Komplexität von A beweisen.

Theorem 29 (Henkins Theorem (Alternative)).
Sei Φ eine saturierte Formelmenge und $\mathfrak{I}^{\Phi}$ ihr kanonisches Modell. Für jede Formel A der Sprache $\mathcal{L}$ gilt:

$$\mathfrak{I}^{\Phi} \models A \quad \textit{genau dann, wenn} \quad A \in \Phi \,.$$

9.6 Musterlösungen: Konsequenzen & Anwendungen

Beweisen Sie Theorem 22 (Kompaktheit):

Wir beweisen Teil b. Sei Γ eine $\mathcal{L}$-Formelmenge: Mod(Γ) gdw. für alle endlichen Teilmengen Δ von Γ gilt: Mod(Δ).

Beweis:

1. Mod(Γ) gdw. Widf(Γ). (Adäquatheitssatz)
2. Widf(Γ) gdw. für alle endlichen Teilmengen Δ von Γ gilt: Widf(Δ). (Synt. Kompakt.)
3. Für alle endlichen Teilmengen Δ von Γ gilt: Widf(Δ) gdw. gilt für alle endlichen Teilmengen Δ von Γ: Mod(Δ). (Adäquatheitssatz)
4. Mod(Γ) gdw. für alle endlichen Teilmengen Δ von Γ: Mod(Δ).

Skizze des Beweises von Theorem 6: Sei T eine Theorie in einer abzählbaren Sprache, die ein unendliches Modell hat. Dann hat T für jede unendliche Kardinalzahl κ auch ein Modell der Mächtigkeit κ.

Der Beweis des Upward-Theorems kann wiederum mit dem Kompaktheitssatz durchgeführt werden.

Beweisskizze:

Im Beweis der Existenz von Nicht-Standardzahlen haben wir ein Objekt hinzugefügt und postuliert, dass dieses verschieden ist von 1 und von 2 usw., wir haben damit die Menge Ψ definiert. Dann haben wir argumentiert, dass jede endliche Teilmenge ein Modell hat und mittels Kompaktheitssatz geschlossen, dass die Menge Ψ ein Modell hat. Jetzt ist die **Beweisidee** so: Es werden κ-viele verschiedene Objekte zur Domain des bereits unendlichen Modells hinzugefügt. Die Umsetzung dieser Idee geht dann Schritt für Schritt (stark vereinfacht) so:

1. **Schritt 1: Erweiterung der Sprache**
   Die Sprache $\mathcal{L}$ der Theorie T wird um κ-viele neue Individuenkonstanten c erweitert. Wir erhalten so $\mathcal{L}'$.

2. **Schritt 2: Theorienerweiterung**
   Wir gehen von einer Theorie T zu T′ über, indem man alle Formeln der Form $(c_i \neq c_j)$ mit $i \neq j < \kappa$ hinzufügt. Das ist: $\mathrm{T}' = \mathrm{T} \cup \{c_i \neq c_j \mid i \neq j < \kappa\}$.
3. **Schritt 3: Anwendung des Kompaktheitssatzes**
   Jetzt können wir durch eine Anwendung des Kompaktheitssatzes zeigen, dass T′ ein Modell hat, da jede endliche Teilmenge von T′, die nur endlich viele neue, verschiedene Individuenkonstanten und nur endlich viele negierte Identitätsformeln enthält, ein Modell hat. Nach dem Kompaktheitssatz hat T′ ein Modell.
4. **Also:** Da dieses Modell alle Formeln $(c_i \neq c_j)$ erfüllt, enthält die Domain mindestens κ Elemente. Mittels einer Anwendung des Downward-Löwenheim-Skolem-Theorems auf dieses Modell erhalten wir ein neues Modell, deren Domain genau die Mächtigkeit κ hat – denn: Die Sprache $\mathcal{L}'$ hat die Mächtigkeit κ.

Beweisen Sie Theorem 23: Seien zwei Interpretationen $\mathfrak{I}_1 = \langle D_1, \varphi_1 \rangle$ und $\mathfrak{I}_2 = \langle D_2, \varphi_2 \rangle$ gegeben und es gilt: $\mathfrak{I}_1 \simeq \mathfrak{I}_2$, dann auch $\mathfrak{I}_1 \models A$ gdw. $\mathfrak{I}_2 \models A$ für alle Formeln A von $\mathcal{L}$.

Beweis:

Wir erinnern uns: Es seien zwei Interpretationen $\mathfrak{I}_1 = \langle D_1, \varphi_1 \rangle$, und $\mathfrak{I}_2 = \langle D_2, \varphi_2 \rangle$ der Sprache $\mathcal{L}$ gegeben. $\mathfrak{I}_1$ ist isomorph mit $\mathfrak{I}_2$ (notiert als: $\mathfrak{I}_1 \simeq \mathfrak{I}_2$) :gdw. es gibt eine bijektive Funktion $\pi\colon D_1 \longrightarrow D_2$, sodass gilt:

1. Für jede freie Individuenvariable a von $\mathcal{L}$: $\pi(\varphi_1(a)) = \varphi_2(a)$.
2. Für jede Individuenkonstante c von $\mathcal{L}$: $\pi(\varphi_1(c)) = \varphi_2(c)$
   Für jeden Standardnamen $d^\bullet$ von $\mathcal{L}(\mathfrak{I}_1)$: $\pi(\varphi_1(d^\bullet)) = \varphi_2(d^\bullet)$.
3. Für jedes n-stellige f Funktionszeichen von $\mathcal{L}$, für alle $d_1, , \ldots, d_n \in D_1$:
   $\pi(\varphi_1(f)(d_1, \ldots, d_n)) = \varphi_2(f)(\pi(d_1), \ldots, \pi(d_n))$.
4. Für jedes n-stellige Prädikat P von $\mathcal{L}$, für alle $d_1, \ldots, d_n \in D_1$:
   $\langle d_1, \ldots, d_n \rangle \in \varphi_1(P)$ gdw. $\langle \pi(d_1), \ldots, \pi(d_n) \rangle \in \varphi_2(P)$.

Der Beweis wird mittels Induktion nach der Komplexität von A von $\mathcal{L}$ geführt. Hier sind einige Schritte.

A sei $P(a_1, \ldots, a_n)$:

1. $\mathfrak{I}_1 \models P(a_1, \ldots, a_n)$ gdw. $\langle \varphi_1(a_1), \ldots, \varphi_1(a_n) \rangle \in \varphi_1(P)$ (Def.gem.)
2. Es gilt für alle a_i mit $1 \leq i \leq n$: $\mathcal{L}$: $\pi(\varphi_1(a_i)) = \varphi_2(a_i)$ (Def. isomorph)
3. Für jedes n-stellige Prädikat P von $\mathcal{L}$, für alle $d_1, \ldots, d_n \in D_1$:
   $\langle d_1, \ldots, d_n \rangle \in \varphi_1(P)$ gdw. $\langle \pi(d_1), \ldots, \pi(d_n) \rangle \in \varphi_2(P)$. (Def. isomorph)
4. $\langle \varphi_1(a_1), \ldots, \varphi_1(a_n) \rangle \in \varphi_1(P)$ gdw. $\langle \varphi_2(a_1), \ldots, \varphi_2(a_n) \rangle \in \varphi_2(P)$ (2., 3., Logik)
5. $\mathfrak{I}_1 \models P(a_1, \ldots, a_n)$ gdw. $\mathfrak{I}_2 \models P(a_1, \ldots, a_n)$ (1., 4., Logik)

Wir besprechen noch den Fall für existenzielle quantifizierte Formeln. Den Rest können Sie selbst lösen.

A sei $\exists x B[x]$:

1. $\mathfrak{I}_1 \models \exists x B[x]$ gdw. es gibt ein $d^\bullet \in \mathcal{L}(\mathfrak{I}_1)$ mit $\mathfrak{I}_1 \models B[d^\bullet]$. (Def.gem.)
2. Für jeden Standardnamen $d^\bullet$ von $\mathcal{L}(\mathfrak{I}_1)$: $\pi(\varphi_1(d^\bullet)) = \varphi_2(d^\bullet)$ (Def.gem.)
3. Es gibt ein $d^\bullet \in \mathcal{L}(\mathfrak{I}_1)$ mit $\mathfrak{I}_1 \models B[d^\bullet]$ gdw. es gibt ein $d^\bullet \in \mathcal{L}(\mathfrak{I}_2)$ mit $\mathfrak{I}_2 \models B[d^\bullet]$. (1., 2., Logik)
4. $\mathfrak{I}_2 \models \exists x B[x]$ gdw. es gibt ein $d^\bullet \in \mathcal{L}(\mathfrak{I}_2)$ mit $\mathfrak{I}_2 \models B[d^\bullet]$ (Def.gem.)
5. $\mathfrak{I}_1 \models \exists x B[x]$ gdw. $\mathfrak{I}_2 \models \exists x B[x]$ (1., 4., Logik)

Damit ist dieses Lemma bewiesen.

Beweisen Sie: Alle Axiome von PA sind im Standardmodell $\mathcal{N}$ wahr.

Lösung: Wir müssen für jedes Axiom von PA zeigen, dass es im Standardmodell $\mathcal{N} = \langle \mathbb{N}_0, \varphi \rangle$ wahr ist.

Beweisskizze der Axiome (PA1)–(PA6):

Diese Axiome drücken grundlegende arithmetische Wahrheiten aus. Wir zeigen den Beweis exemplarisch für (PA3), (PA4) und für (PA7) – (PA7) ist ein Axiomschema, wie Sie wissen!

Beweis von (PA3): $\mathcal{N} \models \forall x(x\overline{\times}\overline{0} = \overline{0})$

1. Nach der semantischen Definition von $\forall$ müssen wir zeigen: Für jede natürliche Zahl n in der Domain $\mathbb{N}_0$ gilt, dass die Formel $(\overline{n}\overline{\times}\overline{0} = \overline{0})$ unter $\mathcal{N}$ wahr ist.
2. Sei $n \in \mathbb{N}_0$ ein beliebiges, aber fest gewähltes Element.
3. Wir werten den Term $\overline{n}\overline{\times}\overline{0}$ im Modell aus:

   $$\varphi(\overline{n}\overline{\times}\overline{0}) = \varphi(\overline{\times})(\varphi(\overline{n}), \varphi(\overline{0})) = n \times 0$$

   (Dabei ist '$\overline{n}$' der Standardname, das Numeral, für die Zahl n, z. B. ist $\overline{2} = \overline{S}(\overline{S}(\overline{0}))$).
4. Da $n \times 0 = 0$ gilt, ist der semantische Wert des Terms $\overline{n}\overline{\times}\overline{0}$ identisch mit dem semantischen Wert des Terms $\overline{0}$.
5. Nach der semantischen Definition der Identität ('=') ist die Formel $\overline{n}\overline{\times}\overline{0} = \overline{0}$ also in $\mathcal{N}$ wahr.
6. Da n beliebig gewählt war, gilt dies für alle natürlichen Zahlen. Somit ist das Axiom $\forall x(x\overline{\times}\overline{0} = 0)$ in $\mathcal{N}$ wahr.

Beweis von (PA4): $\mathcal{N} \models \forall x \forall y(x\overline{\times}\overline{S}(y) = (x\overline{\times}y)\overline{+}x)$

1. Nach der semantischen Definition von $\forall$ müssen wir zeigen: Für alle Objekte n, m in der Domain $\mathbb{N}_0$ gilt, dass die Formel $\overline{n}\overline{\times}\overline{S}(\overline{m}) = (\overline{n}\overline{\times}\overline{m})\overline{+}\overline{n})$ in $\mathcal{N}$ wahr ist.
2. Seien $n, m \in \mathbb{N}_0$ beliebige, aber fest gewählte Elemente.
3. Wir werten den Term $\overline{n}\overline{\times}\overline{S}(\overline{m})$ im Modell aus:

   $$\varphi(\overline{n}\overline{\times}\overline{S}(\overline{m})) = \varphi(\overline{\times})(\varphi(\overline{n}), \varphi(\overline{S}(\overline{m}))) = n \times S(m)$$

4. Da in der Arithmetik $n \times S(m) = (n \times m) + n$ gilt, ist der semantische Wert des Terms $\overline{n}\overline{\times}\overline{S}(\overline{m})$ identisch mit dem semantischen Wert des Terms $(\overline{n}\overline{\times}\overline{m})\overline{+}\overline{n})$.
5. Nach der semantischen Definition der Identität ('=') ist die Formel $\overline{n}\overline{\times}\overline{S}(\overline{m}) = (\overline{n}\overline{\times}\overline{m})\overline{+}\overline{n})$ also in $\mathcal{N}$ wahr.
6. Da n, m beliebig gewählt waren, gilt dies für alle natürlichen Zahlen. Somit ist das Axiom $\forall x \forall y(x\overline{\times}\overline{S}(y) = (x\overline{\times}y)\overline{+}x)$ in $\mathcal{N}$ wahr.

Die Beweise für die restlichen Axiome von PA funktionieren analog, da sie sich auf die bekannten rekursiven Definitionen der Addition und die Eigenschaften der Nachfolgerfunktion in $\mathbb{N}_0$ stützen.

Beweis für das Induktionsschema (PA7): Wir müssen zeigen, dass jede Instanz des Induktionsschemas in $\mathcal{N}$ wahr ist. Sei $A[v]$ eine beliebige Formel der Sprache $\mathcal{L}_{\mathrm{PA}}$. Wir müssen zeigen:

$$\mathcal{N} \models (A[\overline{0}] \land \forall x(A[x] \to A[\overline{S}(x)])) \to \forall x A[x]$$

Dazu führen wir einen Konditionalen Beweis in der Metasprache. Das geht jetzt so:

Annahme: Nehmen wir an, $\mathcal{N} \models A[\overline{0}] \land \forall x(A[x] \to A[\overline{S}(x)])$. Da die Annahme eine Konjunktion ist, ergibt sich damit:

i. $\mathcal{N} \models A[\overline{0}]$

ii. $\mathcal{N} \models \forall x(A[x] \to A[\overline{S}(x)])$

Zu zeigen: $\mathcal{N} \models \forall x A[x]$. Gemäß unserer Semantik müssen wir jede natürliche Zahl n zeigen, dass in $\mathbb{N}_0$ gilt: $\mathcal{N} \models A[\overline{n}]$.

Jetzt geht es weiter mit einer Induktion in der Metasprache! Und zwar so, dass wir von den Annahmen i. und ii. Gebrauch machen.

Induktionsbasis ($n = 0$): Wir müssen zeigen, dass $\mathcal{N} \models A[\overline{0}]$. Dies folgt direkt aus unserer Annahme i.

Induktionsschritt ($n \hookrightarrow n+1$): Wir nehmen als Induktionshypothese an, dass für eine beliebige Zahl n gilt: $\mathcal{N} \models A[\overline{n}]$. Zu zeigen: $\mathcal{N} \models A[\overline{S}(\overline{n})]$. Das folgt aber unmittelbar aus Annahme ii. Wir instanziieren ii. auf $\overline{n}$. Also gilt: $\mathcal{N} \models A[\overline{n}] \to A[\overline{S}(\overline{n})]$.

Wegen Induktionshypothese ist Antezedens wahr, mittels modus ponens in der Metasprache gilt also: $\mathcal{N} \models A[\overline{S}(\overline{n})]$. Da $\overline{n}$ beliebig war können wir mit All-Einführung in der Metasprache abschließen.

Daher: Da Induktionsbasis und Induktionsschritt gelten, haben wir nach dem Prinzip der mathematischen Induktion die Gültigkeit des Induktionsschemas der PA bewiesen. Ja.

Zum Beweis der Existenz der PNF:

In der Klassischen Logik kann jede Formel mittels eines dreistufigen Prozesses in eine äquivalente Pränexe Normalform überführt werden. Im Folgenden beziehen wir uns auf Formeln von $\mathcal{L}$, das zugrunde liegende formale System ist S.

1. **Schritt 1: Vorbereitung**
   a. **Implikationen eliminieren:** Ersetzen Sie alle Vorkommen von $\rightarrow$ durch die äquivalente Disjunktion: $A \rightarrow B \leftrightarrow \neg A \vee B$. (Dieser Schritt ist optional; er ergibt eine Pränexe Disjunktive Normalform, PDNF.)
   b. **Variablen umbenennen:** Damit verhindern wir eine Variablenkollision. Benennen Sie gebundene Variablen so um, dass jeder Quantor eine Variable bindet, die noch von keinem Quantor gebunden wird.
2. **Schritt 2: Negationen nach innen schieben**
   Wenden Sie die Quantoren-Negationsregeln (und die De Morgan'schen Gesetze) wiederholt an, bis das Negationszeichen $\neg$ nur noch direkt vor atomaren Formeln steht:

   Quantorennegation: $\neg\forall x A[x] \leftrightarrow \exists x \neg A[x]$

   Quantorennegation: $\neg\exists x A[x] \leftrightarrow \forall x \neg A[x]$
3. **Schritt 3: Quantoren nach außen ziehen**
   Wenden Sie die folgenden Distributionsregeln an.
   - $(\forall x A[x]) \wedge C \leftrightarrow \forall x(A[x] \wedge C)$
   - $(\exists x A[x]) \wedge C \leftrightarrow \exists x(A[x] \wedge C)$
   - $(\forall x A[x]) \vee C \leftrightarrow \forall x(A[x] \vee C)$
   - $(\exists x A[x]) \vee C \leftrightarrow \exists x(A[x] \vee C)$
   - $(\forall x A[x]) \wedge (\forall x B[x]) \leftrightarrow \forall x(A[x] \wedge B[x])$
   - $(\exists x A[x]) \vee (\exists x B[x]) \leftrightarrow \exists x(A[x] \vee B[x])$
   - $C \rightarrow (\forall x A[x]) \leftrightarrow \forall x(C \rightarrow A[x])$
   - $(\exists x A[x]) \rightarrow C \leftrightarrow \forall x(A[x] \rightarrow C)$

Sind die eben genannten Äquivalenzen auch in SN beweisbar?

Zwei Beispiele

$\forall x(P(a) \rightarrow \exists y \forall z(Q(y, x) \rightarrow R(z, x))$

a. $\forall x(\neg P(a) \vee \exists y \forall z(\neg Q(y, x) \vee R(z, x)))$ Disjunktion statt Implikation.
b. $\forall x \exists y(\neg P(a) \vee \forall z(\neg Q(y, x) \vee R(z, x)))$ Existenzquantor nach außen ziehen.
c. $\forall x \exists y \forall z(\neg P(a) \vee (\neg Q(y, x) \vee R(z, x)))$ Allquantor nach außen ziehen.

$\forall x P(x, a) \rightarrow \exists x(Q(x) \rightarrow \forall x R(x, b)$

a. $\forall x P(x, a) \rightarrow \exists y(Q(y) \rightarrow \forall z R(z, b))$ Umbenennung der Geb. Variablen.
b. $\neg\forall x P(x, a) \vee \exists y(Q(y) \rightarrow \forall z R(z, b))$ Implikation zu Disjunktion.
c. $\exists x \neg P(x, a) \vee \exists y(Q(y) \rightarrow \forall z R(z, b))$ Negation nach innen ziehen.
d. $\exists x \neg P(x, a) \vee \exists y(\neg Q(y) \vee \forall z R(z, b))$ Implikation zu Disjunktion.
e. $\exists y \exists x \forall z(\neg P(x, a) \vee (\neg Q(y) \vee R(z, b)))$ Quantoren nach außen.

9.7 Musterlösungen: Platons Bart

Positive vs. Negative Freie Logik (Konzeptuell)

Lösung: Diese Aufgabe verlangt, die semantischen Grundlagen der Negativen Freien Logik zu modifizieren, um die semantischen Grundlagen für eine Positive Freie Logik zu schaffen.

Teil (a): Änderung der Wahrheitsbedingung

Der Kern der Negativen Freien Logik steckt in der Wahrheitsbedingung für atomare Formeln (Definition 7.2, Punkt 1): $\mathfrak{I}^- \models P(t_1, \ldots, t_n)$ gdw. i. jeder Term t_i bezeichnet/denotiert und ii. das Tupel der Referenten in der Extension von P liegt.

Bedingung i. ist der Grund, warum 'Pegasus ist ein Pferd' immer falsch ist: Der Term 'Pegasus' bezeichnet nicht.

Um eine Positive Freie Logik zu erhalten, müssen wir diese strikte Bedingung aufheben und eine Unterscheidung einführen, die dem Hinweis folgt. Wir modifizieren die Semantik grundlegend:

io-Semantik: Eine Interpretation für eine Positive Freie Logik, $\mathfrak{I}^+$, besteht aus einem Tripel $\langle D_\mathrm{i}, D_\mathrm{o}, \varphi^+ \rangle$:

- D_i ist die **innere Domain** (inner domain) der *existierenden* Objekte. Die Quantoren ($\forall, \exists$) beziehen sich ausschließlich auf diese Domain; kann leer sein.
- D_o ist die **äußere Domain** (outer domain) der *subsistierenden* (oder bloß möglichen) Objekte; kann leer sein.
- Die Interpretationsfunktion φ^+ ordnet nun *jedem* singulären Term einen Gegenstand in der Domain D zu; wobei $D = D_\mathrm{i} \cup D_\mathrm{o}$. Insbesondere werden auch Namen wie 'Pegasus' ein Objekt zugeordnet und zwar ein Objekt in der *äußeren Domain* D_o.
- $D_\mathrm{i} \cap D_\mathrm{o} = \emptyset$, $D_\mathrm{i} \cup D_\mathrm{o} \neq \emptyset$.

Vor diesem Hintergrund formulieren wir die Wahrheitsbedingung für atomare Formeln neu:

Neue Wahrheitsbedingung für atomare Formeln (Positiv):

$\mathfrak{I}^+ \models P(t_1, \ldots, t_n)$ gdw. $\langle \varphi^+(t_1), \ldots, \varphi^+(t_n) \rangle \in \varphi^+(P)$.

Die Bedingung i. – dass alle Terme bezeichnen müssen – ist nun überflüssig, da in dieser Semantik alle Terme etwas in D bezeichnen. Ein Term bezeichnet nur dann Existierendes, wenn sein Referent in der inneren Domain D_i liegt. Die Wahrheitsbedingung für das Existenzprädikat wird entsprechend angepasst:

$\mathfrak{I}^+ \models E!t$ gdw. $\varphi^+(t) \in D_\mathrm{i}$.

Teil (b): Philosophische Vorteile

Diese semantische Änderung hat philosophische Vorteile für die Analyse von Sätzen über Fiktion. Betrachten wir die Beispielsätze:

a. **Pegasus ist ein geflügeltes Pferd:** In der Negativen Freien Logik ist dieser Satz falsch (in der natürlichen Interpretation von 'Pegasus'). In der Positiven Logik kann dieser Satz wahr sein. Wir können eine Interpretation konstruieren, in der (das Objekt) Pegasus in der äußeren Domain liegt und sich in der Extension des Prädikats 'ist ein geflügeltes Pferd' befindet. Das entspricht oft besser unserer Intuition über fiktionale Wahrheiten.

b. **Pegasus ist identisch mit Pegasus:** In der Negativen Freien Logik ist '$a = a$' dann und nur dann wahr, wenn a existiert. Daher ist 'Pegasus = Pegasus' falsch (in der natürlichen Interpretation). In der Positiven Logik ist dieser Satz wahr, da der Term 'Pegasus' auf ein (subsistierendes) Objekt verweist, das mit sich selbst identisch ist. Reflexivität der Identität ist logisch wahr. Es ist so, dass in der Positiven Freien Logik alle Terme bezeichnen/denotieren.

c. **Wenn Pegasus ein geflügeltes Pferd ist, dann existiert Pegasus:** Formal: $P(a) \rightarrow E!a$. In der Positiven Freien Logik ist diese Implikation falsch. Wir können eine Interpretation bauen, in der das Antezedens wahr ist (siehe a.), das Konsequens aber falsch ist (weil der Referent von 'Pegasus' nur in der äußeren, nicht aber in der inneren Domain liegt). Dies kann als Vorteil betrachtet werden: Die Verbindung zwischen Prädikation und Existenz wird aufgebrochen – im Unterschied zur Klassischen und Negativen Freien Logik.

d. **Quantrupinus ist ein Hund.** Dieser Satz kann wahr sein. Je nachdem, ob die Extension von 'Quantrupinus' in der Extension von 'ist ein Hund' liegt. Intuitiv ist hier die Sachlage weniger klar, da wir mit dem Ausdruck 'Quantrupinus' vermutlich keine Erzählungen verbinden.

e. **Alles existiert:** Formal: $\forall x E!x$. Dieser Satz ist auch in der Positiven Freien Logik logisch wahr. Diese Formel drückt formal die Anforderung an die Freie Logik aus, dass die Quantoren *existenzielles Gewicht* haben.

Fazit: Positive Freie Logik bietet etwa eine formale Grundlage für eine Meinong'sche Ontologie. Sie erlaubt es uns, zwischen verschiedenen *Seinsweisen* (Existenz und Subsistenz) zu unterscheiden und Sätze über fiktionale Objekte als potenziell wahr zu behandeln, ohne die ontologische Sparsamkeit bezüglich der existierenden Welt aufzugeben. Es muss noch gesagt werden, dass die Meinong'sche Ontologie komplexer ist als die io-Semantik blicken lässt, siehe etwa [Mar24].

Es gibt weitere semantische Zugänge zur Positiven Freien Logik. Die hier skizzierte Semantik ist aber sehr üblich und sehr intuitiv, wenn auch philosophisch hinterfragbar.

Simultan-rekursive Definition der Sprache $\mathcal{L}_f^\iota$

Zunächst erweitern wir das *Alphabet* um abzählbar viele Konstanten, dargestellt als c; und um abzählbar viele Funktionszeichen, dargestellt als f. Wir benötigen noch den ι-Operator und ein weiteres logisches Prädikat: $E!$. Erinnern Sie sich an die offizielle und inoffizielle Notationskonventionen.

Definition 9.4: Terme und Formeln der Sprache $\mathcal{L}_f^\iota$ (simultan-rekursiv)

Die Mengen der Terme und der (wohlgeformten) Formeln der Sprache $\mathcal{L}_f^\iota$ (einer Sprache mit Individuenkonstanten und Funktionszeichen) werden simultan (gleichzeitig) durch die folgenden Regeln induktiv definiert:

1. **Einfache Terme:**
   - Jede freie Individuenvariable ist ein Term.
   - Jede (Individuen-)Konstante ist ein Term.
   - Wenn f^n ein n-stelliges Funktionszeichen ist und $t_1, \ldots, t_n$ bereits als Terme definiert sind, dann ist auch $f^n(t_1, \ldots, t_n)$ ein Term.
2. **Atomare Formeln:**
   Wenn $t_1, \ldots, t_n$ Terme sind und P^n ein n-stelliges Prädikat ist, dann ist $P^n(t_1, \ldots, t_n)$ eine Formel. Wenn s und t Terme sind, ist auch $(s = t)$ eine Formel. Wenn t ein Term ist, dann ist $E!t$ eine Formel.
3. **Komplexe Formeln:**
   Wenn A und B Formeln sind, dann sind auch $\neg A$, $(A \wedge B)$, $(A \vee B)$, $(A \rightarrow B)$ und $(A \leftrightarrow B)$ Formeln. Wenn $A[a]$ eine Formel ist, in der die gebundene Individuenvariable x nicht vorkommt, dann sind auch $\forall x A[x]$ und $\exists x A[x]$ Formeln.
4. **Kennzeichnungsterme:**
   Wenn $A[a]$ eine Formel ist, in der die gebundene Individuenvariable x nicht vorkommt, dann ist $\iota x A[x]$ ein Term.
5. **Abschlussklausel:** Nichts anderes ist ein Term oder eine Formel von $\mathcal{L}_f^\iota$.

Anzahlquantoren / Numerische Quantoren (Numerical Quantifiers)

Manche numerische Ausdrücke sind in der Sprache der ersten Stufe $\mathcal{L}$ nicht ausdrückbar – wie zum Beispiel: ‘es gibt höchstens abzählbar unendlich viele’ oder ‘für unendliche viele’. Kopf hoch! Nicht alles ist verloren! Wir wissen ja schon, dass einige Anzahlquantoren ausdrückbar sind.

Wir definieren ‘es gibt höchstens 1 …’ als:

$$\exists_{\leq 1} x A[x] :\leftrightarrow \forall x \forall y (A[x] \wedge A[y] \rightarrow x = y)$$

In einer prädikatenlogischen Interpretation $\mathfrak{I} = \langle D, \varphi \rangle$ ist die entsprechende Wahrheitsbedingung:

$\mathfrak{I} \models \exists_{\leq 1} x A[x]$:gdw. es gibt höchstens ein $d^\bullet \in \mathcal{L}(\mathfrak{I})$, sodass: $\mathfrak{I} \models A[d^\bullet]$.

Wie bekannt definieren wir ‘es gibt genau 1 …’ als:

$$\exists! x A[x] :\leftrightarrow \exists x A[x] \wedge \exists_{\leq 1} x A[x]$$

Des Weiteren:

- $\exists_{\geq 2} x A[x] :\leftrightarrow \exists x \exists y(\neg x = y \wedge A[x] \wedge A[y])$
- $\exists_{\leq 2} x A[x] :\leftrightarrow \exists x \exists y \forall z(A[z] \rightarrow z = x \vee z = y)$
- $\exists!_2 x A[x] :\leftrightarrow \exists_{\geq 2} x A[x] \wedge \exists_{\leq 2} x A[x]$
- $\exists_{\geq 3} x A[x] :\leftrightarrow \exists x \exists y(\neg x = y \wedge \neg x = z \wedge \neg y = z \wedge A[x] \wedge A[y] \wedge A[z])$
- $\exists_{\leq 3} x A[x] :\leftrightarrow \exists x \exists y \exists z \forall u(A[u] \rightarrow x = u \vee y = u \vee z = u)$
- $\exists!_3 x A[x] :\leftrightarrow \exists_{\geq 3} x A[x] \wedge \exists_{\leq 3} x A[x]$

$\vdots$

Allgemeiner:

- $\exists_{\geq n} x A[x] :\leftrightarrow \exists y_1 \exists y_2 \ldots \exists y_n(\neg y_1 = y_2 \wedge \cdots \wedge \neg y_1 = y_n \wedge \neg y_2 = y_3 \wedge \cdots \wedge \neg y_{n-1} = y_n \wedge A[y_1] \wedge \cdots \wedge A[y_n])$
- $\exists_{\leq n} x A[x] :\leftrightarrow \exists y_1 \exists y_2 \ldots \exists y_n \forall z(A[z] \rightarrow z = y_1 \vee z = y_2 \vee \cdots \vee z = y_n)$
- $\exists!_n A[x] :\leftrightarrow \exists n x A[x] \wedge \exists_{\leq n} x A[x]$

Literatur

[Ari06] Aristoteles. *Kategorien: Übersetzt und erläutert von Klaus Oehler*. Akademie Verlag, 4., durchgesehene Auflage, 2006.

[Bay25] Timothy Bays. Skolem's Paradox. In Edward N. Zalta and Uri Nodelman, editors, *The Stanford Encyclopedia of Philosophy*, Spring 2025 edition. Stanford University, 2025. URL = *https://plato.stanford.edu/archives/spr2025/entries/paradox-skolem*

[Bet53] Evert W. Beth. On Padoa's Method in the Theory of Definition. *Indagationes Mathematicae*, 15:330–339, 1953.

[BdRV01] Patrick Blackburn, Maarten de Rijke, and Yde Venema. *Modal Logic*. Cambridge University Press, 2001.

[BBC07] George S. Boolos, John P. Burgess, Richard C. Jeffrey. *Computability and Logic*. Cambridge University Press, 5. Auflage, 2007

[Boo93] George Boolos. *The Logic of Provability*. Cambridge University Press, 1993.

[Bur09] John P. Burgess. *Philosophical Logic*. Princeton University Press, 2009.

[BW18] Tim Button und Sean Walsh. *Philosophy and Model Theory*. Oxford University Press, Oxford, 2018.

[CK90] Chang, C.C. und H.J. Keisler. *Model Theory*. 3. Auflage, Elsevier, 1990.

[Cra57] William Craig. Three Uses of the Herbrand-Gentzen Theorem in Relating Model Theory and Proof Theory. *The Journal of Symbolic Logic*, 22(3):269–285, 1957.

[Cze78] Johannes Czermak. *Einführung in die Logik*. Universität Salzburg (unveröffentlichtes Manuskript), 1978.

[Dei04] Oliver Deiser. *Einführung in die Mengenlehre: Die Mengenlehre Georg Cantors und ihre Axiomatisierung durch Ernst Zermelo*. Springer, Berlin, 2004.

[Ebb03] Heinz-Dieter Ebbinghaus. *Einführung in die Mengenlehre*. Spektrum Akademischer Verlag, Heidelberg, 4. Auflage, 2003.

[EFT18] Heinz-Dieter Ebbinghaus, Jörg Flum und Wolfgang Thomas. *Einführung in die mathematische Logik*. Springer Spektrum, Berlin, 6. Auflage, 2018.

[End01] Herbert B. Enderton. *A Mathematical Introduction to Logic*. Academic Press, 2. Auflage, 2001.

[Fie08] Hartry Field. *Science Without Numbers*. Oxford University Press, Oxford, 2008.

[Fre79] Gottlob Frege. *Begriffsschrift, eine der arithmetischen nachgebildete Formelsprache des reinen Denkens*. Verlag von Louis Nebert, 1879.

[Gen35] Gerhard Gentzen. *Untersuchungen über das logische Schließen. I. und II.* Mathematische Zeitschrift, 39(1):176–210 und 405–431, 1935.

[Gen38] Gerhard Gentzen. Neue Fassung des Widerspruchsfreiheitsbeweises für die reine Zahlentheorie. *Forschungen zur Logik und zur Grundlegung der exakten Wissenschaften*, 4:19–44, 1938.

[Göd31] Kurt Gödel. *Über formal unentscheidbare Sätze der Principia Mathematica und verwandter Systeme I*. Monatshefte für Mathematik und Physik, 38(1):173–198, 1931.

[GPN25] Norbert Gratzl, Edi Pavlović, and John Nolt. Free Logic. In Edward N. Zalta und Uri Nodelman (Hg.), *The Stanford Encyclopedia of Philosophy*. Metaphysics Research Lab, Stanford University, Summer 2025 Edition, 2025. *https://plato.stanford.edu/archives/sum2025/entries/logic-free*.

[HP98] Petr Hajek and Pavel Pudlak. *Metamathematics of First-Order Arithmetic*. Springer, Berlin, 1998.

[Hal14] Volker Halbach. *Axiomatic Theories of Truth*. Cambridge University Press, Cambridge, 2nd edition, 2014.

[HB34] David Hilbert und Paul Bernays. *Grundlagen der Mathematik, Erster Band*. Springer, 1934.

[Hun73] Geoffrey Hunter. *Metalogic: An Introduction to the Metatheory of Standard First Order Logic*. University of California Press, Berkeley, 1973.

[Jec08] Thomas J. Jech. *The Axiom of Choice*. Dover Publications, Inc., Nachdruck der Ausgabe von 1973 durch North-Holland Publishing, 2008.

[Kle52] Stephen Cole Kleene. *Introduction to Metamathematics*. North-Holland Publishing Company, 1952.

[Kri75] Saul A. Kripke. Outline of a Theory of Truth. *The Journal of Philosophy*, 72(19):690–716, 1975.

[Kür(iV)] Nils Kürbis. Definite Descriptions. In: Hilary Nesi & Petar Milin (Hg.), *International Encyclopedia of Language and Linguistics*, Seiten 407–447. Elsevier (erscheint).

[LM17] Karel Lambert und Edgar Morscher. *Free Logics*. Academia, 1. Auflage, 2017. (Reihe: ProPhil – Projekte zur Philosophie).

[Lam99] Karel Lambert. Logically Proper Definite Descriptions. *Dialectica*, 53(3–4):271–282, 1999.

[Lei10] Hannes Leitgeb. Logic and Philosophy of Mathematics. *Journal of the Indian Council of Philosophical Research*, 27(2): 129–154, 2010.

[Lei07] Hannes Leitgeb. What Theories of Truth Should Be Like (but Cannot Be). *Philosophy and Phenomenological Research*, 74(2):334–376, 2007.

[Mak05] David Makinson. *Bridges from Classical to Nonmonotonic Logic*. King's College Publications, London, 2005.

[Man21] Paolo Mancosu, Sergio Galvan, und Richard Zach. *An Introduction to Proof Theory: Normalization, Cut-Elimination, and Consistency Proofs*. Oxford University Press, 2021.

[Mar24] Johann Marek. Alexius Meinong. In Edward N. Zalta and Uri Nodelman (Hg.), *The Stanford Encyclopedia of Philosophy*. Metaphysics Research Lab, Stanford University, Spring 2024 Edition, 2024.

[Mat78] Benson Mates. *Elementare Logik: Prädikatenlogik der ersten Stufe*. Vandenhoeck & Ruprecht, 2. Auflage, 1978.

[MS01] Edgar Morscher und Peter Simons. Free Logic: A Fifty-Year Past and an Open Future. In Alexander Hieke und Edgar Morscher (Hg.), *New Essays in Free Logic: In Honour of Karel Lambert*, Seiten 1–34. Springer, 2001.

[NvP01] Sara Negri and Jan von Plato. *Structural Proof Theory*. Cambridge University Press, Cambridge, 2001.

[Ost98] Gary Ostertag. *Definite Descriptions A Reader*. MIT Press, 1998.

[Pri08] Graham Priest. *An Introduction to Non-Classical Logic: From If to Is*. Cambridge University Press, 2. Auflage, 2008.

[Qui48] Willard Van Orman Quine. On What There Is. *The Review of Metaphysics*, 2(5):21–38, 1948.

[Rob56] Abraham Robinson. A Result on Consistency and its Application to the Theory of Definition. *Indagationes Mathematicae*, 18:47–58, 1956.

[Rob49] Julia Robinson. Definability and Decision Problems in Arithmetic. The Journal of Symbolic Logic, Vol. 14, No. 2, pp. 98–114, 1949.

[Rus19] Bertrand Russell. *Introduction to Mathematical Philosophy*. George Allen and Unwin, 1919.

[Rus05] Bertrand Russell. On Denoting. Mind, 14(56):479–493, 1905.

[SKP12] Dagmar Schönfeld, Herbert Klimant und Rudi Piotraschke. *Informations- und Kodierungstheorie*. Vieweg+Teubner Verlag, Wiesbaden, 4. überarbeitete und erweiterte Auflage, 2012.

[Sch60] Kurt Schütte. *Beweistheorie*. Springer, 1960.

[Sch21] Gerhard Schurz. *Logik*. De Gruyter, 2. Auflage, 2021.

[Sho01] Joseph R. Shoenfield. *Mathematical Logic*. Association for Symbolic Logic and A. K. Peters, 2001.

[Sko22] Thoralf Skolem. Some remarks on axiomatized set theory. In Jean van Heijenoort, editor, *From Frege to Gödel: A Source Book in Mathematical Logic, 1879–1931*, pages 290–301. Harvard University Press, 1967.

[Smi25] Peter Smith. *Gödel Without (Too Many) Tears*. Selbstverlag; Logic Matters, 2. Auflage, 2025.

[Syl80] Richard Sylvan. *Exploring Meinong's Jungle and Beyond: An Investigation of Noneism and the Theory of Items*. Departmental Monograph, Research School of Social Sciences, Australian National University, 1980.

[Tap13] Christian Tapp. *An den Grenzen des Endlichen. Das Hilbertprogramm im Kontext von Formalismus und Finitismus*. Springer, 2013.

[Tar35] Alfred Tarski. Der Wahrheitsbegriff in den formalisierten Sprachen. *Studia Philosophica*, 1:261–405, 1935.

[Tar44] –. The Semantic Conception of Truth and the Foundations of Semantics. *Philosophy and Phenomenological Research*, 4:341–376, 1944.

[TMR68] Alfred Tarski, Andrzej Mostowski, und Raphael M. Robinson. *Undecidable Theories*. North-Holland Pub. Co., Amsterdam, 1968.

[TS00] Anne S. Troelstra und Helmut Schwichtenberg. *Basic Proof Theory*. Cambridge University Press, Cambridge, 2. Auflage, 2000.

[WR10] Alfred North Whitehead und Bertrand Russell. *Principia Mathematica, Volume I*. Cambridge University Press, 1910.

[Zac23] Richard Zach. Hilbert's Program. In Edward N. Zalta und Uri Nodelman (Hg.), *The Stanford Encyclopedia of Philosophy*. Metaphysics Research Lab, Stanford University, Winter 2023 Edition, 2023. *https://plato.stanford.edu/archives/win2023/entries/hilbert-program*.

Autor

Norbert Gratzl hat Philosophie sowie Politikwissenschaft und Soziologie an der Paris Lodron Universität Salzburg studiert, an der er auch promoviert hat. Der logische Zugang zu philosophischen Fragestellungen faszinierte ihn von Beginn an und prägt seither seinen akademischen Weg. Seit 2010 ist er an der Ludwig-Maximilians-Universität München tätig – zunächst als Postdoc, derzeit als Akademischer Rat. Das vorliegende Buch basiert auf seinem regelmäßig gehaltenen Logik-II-Seminar und bietet eine systematische Einführung in die Metatheorie der Prädikatenlogik erster Stufe.

Kontakt: N.Gratzl@lmu.de

Foto von Bettina Niedermann

Index

G

H

I

K

L

M

N